用文字照亮每个人的精神夜空

早稻田MBA系列

提高你的业务能力

就是这样的 MBA 单词书

〔日〕杉浦正和 著

米彦军 译

天津出版传媒集团

天津人民出版社

图书在版编目 (CIP) 数据

提高你的业务能力.就是这样的 MBA 单词书 /（日）
杉浦正和著；米彦军译.—天津：天津人民出版社，
2023.9

（早稻田 MBA 系列）
ISBN 978-7-201-19580-3

Ⅰ.①提… Ⅱ.①杉… ②米… Ⅲ.①工商行政管理
Ⅳ.① F203.9

中国国家版本馆 CIP 数据核字（2023）第 127980 号

BUSINESSMAN NO CHITEKISHISAN TOSHITENO MBA TANGOCHO
Written by Masakazu SUGIURA.
Copyright © 2012 by Masakazu SUGIURA.
All rights reserved.
Originally published in Japan by Nikkei Business Publications, Inc.
Simplified Chinese translation rights arranged with Nikkei Business Publications, Inc.through CREEK &
RIVER Co., Ltd.
图字：02-2022-190号

提高你的业务能力：就是这样的 MBA 单词书
TIGAO NI DE YEWU NENGLI JIUSHI ZHEYANG DE MBA DANCISHU

出　　版	天津人民出版社
出 版 人	刘　庆
地　　址	天津市和平区西康路 35 号康岳大厦
邮政编码	300051
邮购电话	（022）23332469
电子信箱	reader@tjrmcbs.com

责任编辑	李　荣
装帧设计	欧阳颖

印　　刷	北京金特印刷有限责任公司
经　　销	新华书店
开　　本	880 毫米 ×1230 毫米　1/32
印　　张	9
字　　数	220 千字
版次印次	2023 年 9 月第 1 版　　2023 年 9 月第 1 次印刷
定　　价	68.00 元

序言

战略和战术有什么区别？管理和控制有什么区别？PDCA（plan-do-check-action）循环中的"do"和"action"有什么区别？

上述这些问题突然被问起来的话，一定会有人陷入沉思。商务人士在日常工作中经常使用这些词，却没有深究过这些词的意思，也没有有正确的理解。或许读者会感到意外，但这的确是实际情况。

这本书名为《提高你的业务能力：就是这样的 MBA 单词书》，其目的如下："在商务工作中有大量的关于商务和管理的重要术语，必须深入理解才能胜任工作。这本书为理解这些术语提供启迪。"可以说这本书对致力于取得 MBA 学位的人来说，是最基础的专业术语集。

商务词汇是世界通用的，不论到什么地方，都使用同一个关键词。最令人头疼的是，商务术语大部分是舶来的词汇（特别是英语）。就有关商务的英语单词而言，光理解是不行的，要确认自己是否理解了它根本的含义。想解决这个问题，有效的方法是同时学习英语和商务。

在这本《提高你的业务能力：就是这样的 MBA 单词书》中，我们选出了120个最基本的商务英语关键词，在解释单词意思的基础上，就与此相关的商务知识进行了解读。

一、翻译的局限性和凑词

打个比方，单词就类似于宏伟建筑物的砖瓦，只有扎扎实实地理解了一个个单词，才能构筑不可动摇的世界观。在商务领域要加强相互理解，必须切实烧好单词这块砖。

然而在实际工作中，经常出现同一个公司、同一个办公室的同事们，自认为讲的是同一个词，实际上各自想的是不同内容的情况。一旦交流上出现误解和障碍，误解进一步加深误解，鸿沟会变得越来越深。只一个词就有如此大的区别，如果词汇不同的话，误解将更深。商务全球化正在加速，正确理解在商务领域频繁使用的英语关键词越来越重要。

但遗憾的是，原则上来说，翻译是有局限性的。这是因为"世界的切割方法"因语言体系而异。比如在英语中没有"牛"这个词，只有"ox"（公牛）或者"cow"（母牛）或者"bull"（斗牛）。词汇的历史及其背后的文脉，以及和其他的词汇组合的时候，词汇的语感和词义范围也有微妙区别，英语和日语并非一一对应的关系。

有时候，尽管自以为正确地将外语进行了翻译，这反而妨碍了正确理解。比如被翻译为"管理"的词可能是"management""control""administration"中的任一个。一旦词汇被翻译成日语之后，如果不回到原书去对照，就不会明白原词是哪一个。

因此，学界普遍认为"用起来方便总比翻译蹩脚要好得多"，遇到外来词，不再翻译，直接使用。但是，因为没有翻译，导致人们不明白词汇意思就使用，这种情况也不少。另外，直接使用英语，英语单词本身具有的细腻含义和氛围也发生了变化。

为了在英语文化圈中进行交流，必须核对词汇的意思。因此，了解语言、词汇的灵魂十分重要。这里的"灵魂"是指语言词汇的真正含义，只有对词汇的真正含义达成共识，才能够进行交流。之所以这样说是因为交流"communication"这个词的灵魂就是共享、共识（common）。

无障碍交流才能产生团队精神，才能发挥组织的力量，学习型组织的基础就是把想法用语言、词汇表达出来，从而进行交流。为了进行有意义的讨论，有必要对正在使用的词汇的意思进行核对，这就是核对词汇的含义。只有就词汇的含义、印象和外延达成共识，才能做到无障碍交流。

二、外语和两双眼睛

如上所述，核对单词的意思即便是在本国语言中也很困难，在内心深处理解外语更是一件困难的事情，我们与外国人生活在不同的国度，这也是没有办法的事情。虽说如此，我们和外国人不能互相骂对方是野蛮人，说的是鸟语，也不能拒绝相互理解，因为这样做毫无益处。在与外国人交流或是阅读外语时，也不能因一知半解而满足，那样的话会对外语的意思造成误解，加深沟通上的困难。

不知为什么，"naive"这个词在日语中用作褒义，如在自我介绍时，日本人会说"我这人比较naive（单纯）"，但最好不要这样说。"你这人可真naive（单纯）"更是犯忌讳的话。这是因为"naive"这个词的意思是"单纯的傻瓜"。

在日常生活中，经历上述语言表达、词汇运用的失败，不断努力改进，在某一个瞬间你会发现视野一下子开阔了。更准确地说，不仅视野开阔了，而且发现自己所处的空间都变换了。

我们每天用左眼和右眼以略微不同的角度看待同一个东西，这样一来我们就能够感知事物的深度，能够立体地看东西。同样的现象也出现在语言、词汇上。比起用单种语言理解某个词的人，用多种语言理解同样一个词的人，更能感觉到这个词的深层含义，可以把这种现象称作词汇的3D效应。

如果真正理解了一个词的含义，就能够表达得很清楚。母语这个词在英语中是"mother tongue"，直译的话就是"母亲的舌头"。表达"语言"这个意思的英语"language"的词根就是拉丁语"lingua",意思是"舌头"。要忠实于词根地翻译"bilingual"这个词的话,就是"两个舌头",这可不是日语中的"二枚舌"(撒谎)的意思,而是"用两个舌头来表达"。

而今,讲两国语言乃至三国语言的人才不断涌现。比如来到日本的中国精英,很多都能讲中文、英文、日文。我们正在和这样的人才合作、竞争。

① 列出英语单词

② 列举出具有代表性的汉语翻译

③ 词汇的"心""灵魂"

也就是这个词的真正的本质含义。

④ 词根

知道一个词是怎么来的,就意味着知道了思维方式的根源,就能理解这个词的精华。这个词是经过怎样的发展过程演变为我们现在使用的意思的?通过考察这个词汇的历史和掌故,明白这个词汇的精华所在。

⑤ 解说

除了词汇的基本意思之外,还要加上商务第一线不可或缺的实务性视角。

Asset

资产、财产、强项

是自己的宝贝,任何时候都能够还债

"Set"的词根是拉丁语"satis",意思是"满意的、充分的"。"Satis"和"satisfaction"(满意)的"satis"的意思是一样的。前缀词"as-"的意思是"向着……"。因此,"as-set"本来的意思是"任何时候都可以用来还债的地产",这个词的词义进一步延伸指所有资产。英语"asset"是从古法语"assez"来的。

"Balance sheet"(资产负债表)的左侧是资产部分(asset),右侧是负债部分(liability)和资本部分(equity)(参照"equity"一项)。

笔者在美国的商学院学习时,教财经的教授这样说道:"有的时候我担心明天世界末日会不会到来,半夜痛苦得睡不着觉,感觉胸闷,使劲抓挠胸口。这个时候,想起这句咒语就好——即便这个世界到了末日'资产=负债+自有资本'这个公式也不会发生变化。"

"Balance sheet"(资产负债表)的左右取得平衡的确是永远不变的真理。如果资产部分的金额低于负债部分的金额的话,就会出现负债情况,确实这个词的意思忠实于词根。

资产项目按照容易变现的顺序从上到下排列,排在最上面的项目是流动资产。现金、存款、支票、应收账款等都是在一年内能够变现的项目。

下一个项目是固定资产,这是指一年以上持续性拥有的资产,进而细分为有形固定资产、无形固定资产。有形固定资产是指土地、建筑物、机械等有形的东西。其中,除了土地以外都随着时间的流逝而贬值,成为折旧的对象。无形固定资产是指没有形状的资产,包括各种权力、企业的信誉。

另外,日语中常说"人是城,人是石墙"。长期以来,人们尝试把"作为资产的人"这一想法引进到会计中。但是,在资产负债表中有多双眼睛和多个舌头是很重要的，但眼睛和舌头不能从别人那里借。为此，不要仅掌握了词汇表层的含义，就自以为理解了其含义，要用自己的脑子来梳理，这一点非常重要。

刚开始学习英语的时候，大家都制作过单词本吧。希望读者把本书当作专为忙于商务的人们制作的单词书的模板。各个单词的解说步骤如下：

除了"物""钱"之外，如果把"人"直接加进去的话，会面临很大的问题。这是因为人才与存款、设备不同，不知道什么时候会离职。

高桥俊介对人才的看法如下："人才产生的智慧是资产，人才本身并不是资产。不受约束的东西就不叫资产。将人才产生的智慧归属企业或公司，充分利用这一智慧产生利润，这才是知识资本经营。"

随着人才流动不断加剧，更难把人才计入资产。这是因为非正式员工的比例有所增加，即便是大企业的正式员工，一生在一个公司工作的这个大前提已经崩溃了。在这一倾向不断加剧的情况下，有人主张只把组织的核心人才看作资产。然而，核心人才什么时候离职还是个未知数。

但是，就个人而言，可以把钱包、财产及自己的能力等看作资产价值。对个人来说，人力资产就是自己拥有的知识、能力、经验、人脉和评价。这些都是陪伴人的一生的财富。特别是在已经进入网络时代的今天，可以认为那些拥有丰富、高质量的人脉、维持着很高声誉的人具有很高的资产价值。如果有这样的人才的话，即便有一些负债，也很快就能还上去。

读者在商学院学习、增加知识、提高能力的同时，也要扩展人脉。这不仅能够提高简历的价值，也能够为提高个人的资产价值做出贡献。笔者对这一点非常确信。

> "Financial asset" 的意思是"金融资产"，"human asset" 的意思是"人力资产"，"asset management" 的意思是"资产管理"。在对资产进行管理之后，要对 "asset class"（资产类别：股票、债券、现金、存款等）进行资产分配。"Knowledge is an asset" 如果直译的话，就是"知识就是资产"，也可以翻译为"知识就是财产"。

相关词汇 ── **Equity, Network** ●

⑥ 用法和例子

能够在现实的商务工作中使用词汇是很重要的。一个词和什么样的词组合使用，在什么样的文章中使用？在这部分笔者给出了具体的使用方法。

⑦ 相关词汇

首先，笔者讲解英语单词的词根，让读者领会这些单词的灵魂（④）。解说部分，以在商学院介绍的理论框架为中心阐释了笔者的见解（⑤）。在这一过程中，笔者尽可能以在商务第一线积累的经验为基础，从实务角度进行论述。笔者在对单词的解说中有说明性的内容，也有根据商务实务经验得到的内容，有对理论的阐释，也有随笔式的内容。不同的单词上面这些内容的混合方式、所占比例也有所不同。此外，笔者认为阐述词汇的具体使用方法是很重要的，因此在最后（⑥）一边举例，一边总结了该单词的各种用法（⑦）。

三、词根和衍生含义

在这本书中，笔者以词根开始解说，以词的具体例子结束。也就是考虑了词从哪里产生、如何发展的问题。

我们将事物的发祥地称作起源，是事物产生的场所、源头、原点、发端。起源在语言学中称作词根。根据词根来进行理解，与其说是原创的方法，不如说是正统的方法。

知道词汇产生的根源就是知道词汇思维的根源，理解其精华。之后，这个词是如何发展、演变成现在我们在使用的这个意思的？了解词汇的历史和故事，就可以理解词汇的精华了。乍一看词典中译词杂乱无章地排列着，但从支流到上游，最后找到水源地的话就会明白为什么发生了这样的变化。

比如我们来思考一下"起源"这个词本身的源头。词根"ori-"就是"爬""开始"的意思，"orient"就是太阳升起的方向，也就是东方。因此，"orient"文明就是东方文明。"origin"就像太阳升起，涌出智慧，故事开始一样，是事物开始的场所，是源头和起点。"originality"不仅在科学、艺术上，在商业领域，也是最重要的价值。"original"从出发点上就很独特。"orientation"就是在一开始就定向。如果明白起点的话，从那里派生出来的词汇的意思就迎刃而解了，而且能够正确理解词汇的意思。

有关词根的学问叫作"etymology"词根学，这个词或许有点陌生。这个词由"ethos"（本质特性和精神）的"etymo"和意为语言的"logos"组合而成。词根就是"词汇的灵魂"的意思。

尽管如此，仅仅关注、拘泥于词根是跟不上商务节奏的，只有使用才有意义。能够在各种各样的现实场合使用词汇，才是最重要的。

和什么样的词汇组合？在什么样的文章中使用？这需要一个一个来进行解释，于是就有了用法栏列举的一个个具体例子。而在正文的解说中，笔者将努力采用实务性案例和在教室中的会话。

四、做到真正理解

笔者之所以强调词根和派生的用法，是希望既然要理解某个词的意思，最好彻底理解，不要一知半解。也就是说，不要仅限于在头脑表层理解其含义，而要把词汇的理解渗透到自己的五脏六腑。

要是理解了词汇的深层含义的话，就会情不自禁地拍膝会意，在英语中叫："Aha!"在这种情况下，会分泌出某种脑内物质，心情也会变好，心情更愉快的话，就进一步想加深理解。这个过程不断重复，就会掌握熟练。

笔者认为"understand"这个词的含义就是"接近全身心的理解"。这是因为"understand"是由"under＋stand"组成，意思是"站在下面或者近处"，不是视线很高的分析式思考，而是将身体重心下移，用整个身体来理解，这是一种很认真的态度。

Do you understand？那么，我们现在开始学习从 A 打头的词汇到 Z 打头的词汇。

目录

Action

商务、管理

"Act"做动词使用的话，就是"进行"，做名词使用的话就是"戏剧"。戏剧的"幕"也是"act"，比如第一幕就是"act one"。"Act"是从拉丁语"agere"（做）的过去分词"actus"派生出来的。据说希腊语中表示游戏、比赛、战争的"agon"是"agere"的词根。游戏中打的一方就是"action"，"action"是最具有能动性的一个词。

"Action"是指实际上做某件事情。但是，表示"做"的有各种各样的词。比如在 PDCA 循环中，"Do"和"Action"有什么区别呢？答案就在"PDCA"这个词中。

"Do"是指按照计划来进行，与此相比，"action"是对经过检查的结果采取措施，"quick action"是指以敏捷的动作来应对问题。

"Action"这个词的本质可以在"in action"这个词组中看到端倪，可以译为正在活动、正在作业、正在实践、正在交战，可以看出"in"的意思是"正在……"。"Action"是指进入其中能够活动下去。在舞台上演出的是"actor"（演员），演员要进入角色中，这个动作就是"action"。人都会站在商业的舞台上、恋爱的舞台上、人生的舞台上，等等。站在那样的舞台上，如果进入角色的话，都会表演得很好。

和"action"配套使用的词是"theory"（理论）。商务、管理说到底就是实践性问题。但是，实践需要理论来支撑。"Theory"的词根就是"theater"，与演员演出的地方是同一个词，"action"的背景就是"theory"。

为了理解词汇的含义，从这个词语与其反义词的关系来思考也是很有效的。"Action"（行为）的反义词是"passion"（激情），笔者这么一说，会有人感觉诧异："行为和激情怎么会是反义词？"

但是，如果笔者说"active"（能动态）的反义词是"passive"（被动态）的话，那么就不会有人有异议了。从这个角度看，"action"的反义词是"passion"就可以说得通了。

因为"passion"是激情、热情的意思，这个词给人的感觉是主动性、能动性很强。但是，实际上，"passion"的意思是受苦，被绑在十字架上，受刑而死。看起来，"passion"是一种很有激情、很积极的样子，实际上是最消极、被动的意思。

但是不论做什么，只有激情是不够的，工作会空转不前，只有将内部的热情和一个个具体的行为组合在一起，才能推进事物前行。有激情而且能够采取行动的人就是领导（参照"leadership"一项）。而激情是肉眼看不到的，员工实际上能够看到的是领导的一举一动，也就是"action"。

笔者认为，领导的行为中包括五个要素：倡议、发起一项事情（起）；让周围人参与这项事情（卷）；分配资源和"心情"（配）；不断进行改正，坚持不懈（改）；要有包容的气度（包）。这五个日语汉字中都包含一个"己"字，也就是说"action"的意思是：自己针对世界积极主动地采取措施。进而，一边冷静地对自己的措施进行检查；一边不断改进，向着胜利迈进。

与此同时，"action"也有演出的意思：自己一边呼吁，一边进入角色。"Action"这个词完美地解释了这层含义。

"Course of action"的意思是今后的行动、活动方针。"Take action"的意思是"采取行动"。"Take action against"的意思是"对抗，以强硬的态度做某事"。"Take an action"的意思是"从数个选项中选一个"。"Action"的意思是"拿走的东西"，做好心理准备"采取措施"。"Action learning"是一个针对现实问题制订解决方案并予以实施的过程，是一个对自己采取的行动进行回顾，并提高组织的学习能力的方法。

相关词汇 **Behavior, Leadership, Planning, Role**

Administration

MBA 中的"A"

"Administration"是"administer"（治理、操持）的名词形式。这个词中有"minister"（大臣）这个词。"Minister"中有"mini"（微小）这个词。"Ministrate"的意思是服务，"minister"是牧师、管家，是为人民服务的。"Administration"这个词在政治、行政、商务等领域有不同的含义。

商学院是学习商务和管理的地方，毕业后被授予 MBA 学位。MBA 是"Master of Business Administration"的省略。在商学院的课堂上笔者问道："同学们是不是因为想成为'admi'（管理）达人而来这里学习的呢？"同学们都回答说："不是这样的。"那么，MBA 的"A"到底是什么意思？

"Administration"这个词在政治、管理、商务等领域有着不同的用法。本来这个词的意思是统治、支配，在政治领域属于重量级的词汇。比如，"the Obama administration"就是指"奥巴马政权"，"public administration"就是指"行政"。管辖汽车公司的是国土交通省、经济产业省，管辖金融机构的是金融厅，管辖制药公司的是厚生劳动省，管辖教育领域的是文部科学省。这些衙门哪里是什么"mini"（微小、低微），简直就是"大老爷"。

在商务领域，"administration"有时候缩写为"admin"使用。单词缩短之后在语感上总觉着接近后勤、总务的意思。比如，"那份文件交给 admin（后勤）吧""最近 admin（杂务）增加不少，真心烦"。

从政权到后勤、杂务，"administration"有各种含义，意思相差较大，外延不断扩展。尽管如此，"administration"的各种含义之间还是有共性的，这就是"service"（服务），亦即含在"administration"这个词中的"mini"，不是"大老爷"而是"public servant"（公仆）（参照

"service"一项）。

MBA 这个词最早产生于哈佛大学商学院，当时是1908年。那个时候社会上需要能够管理"人、物、钱"的人才，这就是管理职位。据说1885年夏天，哈佛大学的查尔斯·耶利奥特（Charles Elliot）校长受到亲身体验过经营组织和成本计算（参照"cost"一项）重要性的乔治·雷顿（George Layton）的小说的影响。乔治主张把铁路经营看作科学。因此，查尔斯·耶利奥特校长最初的课题是培养能够科学管理经营的人才。

"Administration"这个词还有一个含义是"扎扎实实地完成定下来的事情，进行运营、管理"。但是，商务的环境越来越复杂，且不确定（参照"complexity""uncertainty"项），而"management"（管理能力）能够或多或少减少环境的复杂性，"leadership"（领导能力，参照"leadership"一项）能够给不确定的黑暗带来一缕光明，这两个词作为商务领域的关键词越来越重要。"Management"和"leadership"的重要性不断提高，"administration"这个词或许已经把在商务领域的主角位置让了出来。

电通公司作为广告代理店，认为能做好"administration"和工作能力强是同义词。"Administration"就是指能够很好地执行决定下来的事情，笔者认为这个词需要进一步引起重视。

"Foreign policy of the Barack Obama administration"的意思是"奥巴马政府的外交政策"。"The administration for protection of labors"的意思是"保护工人的行政措施"。"Administrative authority"的意思是"行政当局"。"Administration office"的意思是"（大学等的）办公室"。"Administration costs"的意思是"管理、运营所花费的成本"。

相关词汇 **Complexity, Leadership, Management, Service, Uncertainty**

Agent

被委任的主体推进者（代理）

"Agent"是从拉丁语"agere"（按照决定的那样做）的现在分词"agens"转化来的。"Agent"是代替委托人实际上来做某件事情的"主体者"。这层含义再经过"推进者"演变为"代理人"的意思。代理和中介就是"agent"，代理和中介的组织就是"agency"。由同一个词根派生出来的"agenda"是"按照计划所做的事情"。"Secret agent"就是"间谍"。

CIA 的职员就是"agent"。棒球选手、足球选手要转会需要通过体育经纪人来实施。大家要跳槽时，或许会经过职业中介公司。因为"agent"具有上述一些用法，有很多人认为"agent"是个特殊的存在。不信试着问一下"你是'agent'吗？"，大部分人会回答说"我不是"。

但是，说实话你和我都是"agent"。经济学上有个理论叫作"principal theory"（委托人理论）。"Principal"是委托人，"agent"是受委托者。这二者属于委托和被委托的关系。

利益相关者委托董事会进行经营，期待股价上涨。董事会命令管理层提高业绩，将第一线的具体工作交给管理层来做。管理层会对工作负责人说："今天也要好好工作""后面的工作就交给你了"。这样，委托人和被委托人的关系就持续着。而且委托人和被委托人就像链条一样连在一起，人在有的情况下是委托人，同时在其他情况下又是被委托人。

被委托人如果按照委托人委托的那样工作的话，事情就会进展顺利。但是，事情并不能完全按照委托人的意愿顺利进行。委托人并不能完全掌握被委托人的活动，明白这一点的被委托人会趁委托人不注意采取符合自己利益的行动，这种情况是完全有可能发生的。我们把这样的现象称作"被委托人的松弛"。被委托人采取不符合委托人的行动的现象就是"被委托人的背信问题"。

事情进展不顺利多是因为这个原因。之所以设计激励制度，思考、建立监督机制，制定评估体系就是为了解决"被委托人的背信问题"。

在组织改革领域，有个词叫"change agent"，意思是变革的推进者。决定组织变革的是高层，但是被委托做具体的组织变革工作的则是被委托人。

在计算机科学领域有一个概念叫"software agent"（软件被委托人）。虽然被委托人自己不能决定启动什么项目，但是可以在某种程度上自律地完成被委托的工作。为了让用户达到目的，被委托者可以一边和其他用户、软件设计师进行交流，一边完成被委托的工作。

上面笔者介绍了"agent"的各种用法，这些用法是有共性的。首先，"agent"自己不启动。就这一点而言，"agent"属于"他律型"亦即被动的存在。一旦签订合同，作为代理被委托了工作或者业务，就开始启动，之后，"agent"为了完成任务，就演变为活动的主体。在这一点上，"agent"就是自律性的存在。"Agent"虽然在形式上是代理，一旦被委托了业务或者工作之后，就变为自主性采取行动的主体性推动者。

"代理"不是"主体"，这样想也不是没有道理。但是，借助理论来思考的话，我们虽然在行为上具有主体性、主观能动性，但都是某个人的代理人。做工作的人都是"agent"，代理人或者被委托人的背信问题是大家的问题。

"Travel agency"的意思是"旅行代理店"，即旅行社。"Advertising agency"的意思是"广告公司"。"Real estate agency"的意思是"房地产公司"，是典型的中介行业。与"agent"相比，"principal"有两个含义：其一是把房产委托出售的卖方；其二是寻找房产的买方。"Ninja was a secret agent in feudal Japan"的意思是"忍者是封建时期日本的秘密间谍"。

相关词汇 > **Action, Delegation**

Allocation

分发、分配、配置

对有限的资源进行最佳分配

"Locus"（场所）、"local"（地方的）、"location"（场所）等以"loc-"开头的词都与场所有关。"Al-"是前缀词，表示到某个地方（to）。因此，"allocation"就是把位置等安排在特定的场所。拉丁语"allacare"的过去分词"allocatus"进入英语后演变成"allocate"。

"Allocate"的意思是分配，本来的意思是"这个放在这里，那个放在那里"，也就是说确定场所。到底要分配什么？要分配的就是"有限的资源"。资源就是指"人、物、钱"等，这里"有限的"这几个字很重要。

"Allocation"这个词与战略决策有关。在商学院学习的很多学生都想参与决定组织命运的决策，因此，战略决策是最重要的一个关键词。战略决策的代表性定义就是"optimal allocation of limited resources"，也就是"对有限的资源进行最佳分配"。

如果拥有无限的资源，如何在竞争中胜出？答案很简单，就是"在所有方面都最大限度地投入资源"。即便不制定战略也能获胜，也没有必要动脑筋。

之所以有必要制定战略是因为资源是有限的。因此，必须思考如何进行最佳分配，而且还要确定优先顺序，就选择什么舍去什么做出决策。战略决策说白了就是资源分配问题。

最有代表性的有限资源就是钱，特别是预算一定会有上限。对预算进行分配就是"budget allocation"，"allocation"这个词也经常在资产运用领域使用。在这种情况下，资金是有限的，把有限的资金分配到哪些资产上？国内股票、国外股票、国内债券、国外债券分别以多大比例进行投资？就此做出决策就是"asset allocation"（资产分配）（参照

"portfolio"一项）。

在成本计算中，将共同的成本均摊到个别的产品、部门，这种方法称作"cost allocation"（成本分摊）。这也属于一种战略决策（参照"cost"一项）。

资金的分配的确属于战略决策，同时也属于日常性的问题。我们在日常生活中，通过合理支配钱包中的钱能获得最大的幸福。

有限的资源不仅仅是金钱，人也是如此。人口数本来就是有限的，更何况能力高的人才、工作热情高的人才、能与团队协调的人才。具备这三条的人才堪称"稀缺人才"。所以，让谁做什么是非常重要的战略决策。这就是"人才的allocation"，在日语中称作"人才的配置"（参照"staffing"一项）。把谁安排到什么地方就是名副其实的"确定allocation"。

人、人才是有上限的，这不仅仅是指人数的上限。就每个人的时间而言，即便彻夜不眠也只有24小时。被安排或者配置的人在什么任务上使用了多少时间？"Time allocation"（时间分配）也属于战略决策。

人的心情也是有上限的。无限地操心的话，人就会倒下。对谁要用多少心思？这就是"操心"（在日语中叫"配虑"）。"配置""分配""配虑"这些词中有一个共同的汉字就是"配"，"配"这个字的本来含义就是"分酒"。"Allocation"就是战略，同时还很有人情味。

"Allocation of time and money is critical to business"的意思是"如何分配时间和金钱对商务活动至关重要"。"Allocation of stock options to employees"的意思是"向员工分配股票期权"。"Internal capital allocation"的意思是"公司或企业内部的资本分配"。"Compulsory allocation of production"的意思是"生产的强制性配置"。

相关词汇 〉 **Asset, Cost, Investment, Optimization, Portfolio, Staffing**

Allowance

资本金的使用、折扣、赞助金、减免、津贴、酌情处理

酌情允许的操作

"Allow"的意思是"允许做某件事情，不妨碍做某件事情"。"Allow"的名词形式是"allowance"，"allowance"的含义是"得到允许、得到认可的东西"。有时，"allowance"还有"被忽视的东西"的意思。不过，要得到允许的话必须有相应的理由，还要规定限度、限额。因为"allow"及其名词形"allowance"具有上述含义，在转用到商务领域后，在各个领域派生出不同的含义。

如果问："Allowance是什么意思？"领域、部门不同，回答也完全不同。如果问会计："Allowance是什么意思？"会回答说："是计入借贷对照表的负债额的准备金"，这就是"allowance"作为会计术语的基本意思。在公司或企业运营过程中，会出现不能回收应收账款而蒙受损失的情况，企业或公司在员工退休时还要支付员工一笔退职慰劳金（不同于养老金）。为了应对将来会出现的这些支付项目，将此计入借贷对照表。这样一来，公司或者企业经营中会有富余资金，做到有备无患。

如果问营销人员："Allowance是什么意思？"会回答说："是折扣的意思。""Sales allowance"就是折扣的意思，商品打折的话就容易卖出去。但是，如果折扣太多，就没有利润了。笔者认为"sales allowance"是"折扣额最多能到这个程度"，也就是公司或者企业作为特例而允许负责营销的员工进行折扣销售的范围。

如果问促销人员："Allowance是什么意思？"会回答说："赞助金。"让小卖店做自己公司商品的广告时，支付的报酬就是广告赞助金。促销活动时，对公司或企业提供合作的支付费用就是促销赞助金。赞助金和用于贿赂、回扣的资金不同，其使用基准是公开透明的。

如果问采购人员："Allowance是什么意思？"或许会回答说："以防有残次品，稍微多采购一些。"尽管采购了零部件、资材，但是

可能会有一部分有质量问题。为了防止这种情况影响公司或企业的生产，要多买一些，这种情况是常有的。这种现象用术语来说就是"scrap allowance"，意思是废料宽容量。如果采购的零部件、资材大于需要的数量的话，就意味着相应地降低了公司或企业的利润。但是，这样做的好处是可以防止出现缺货的情况。

如果问搞财务的人："Allowance 是什么意思？"或许会回答说："这是减免吧。""Capital allowance"就是资本减免的意思，具体是指在计算自有资本比率之际的减免项目。自有股份就是资本的减免项目。

如果问做人事工作的人："Allowance 是什么意思？"或许会惊讶地回答说："哎？是指各种津贴吧。除此之外，还有别的意思吗？"日本企业的人工费用、工资费用总额中，规定内的基本工资约占45%，而各种津贴约占10%，这是一个不可小觑的金额。

工作时间以外需支付加班津贴，这是法律规定的企业或公司必须履行的义务。但是其他津贴则是由企业或公司任意规定的，其内容各种各样，具体分为职务津贴、技能津贴、全勤津贴等与职务相关的津贴，还有家属津贴、住宅津贴等各种津贴。即便是今天，这些津贴在很多组织中还在采用。津贴的种类多也是日本企业薪酬制度的特征。

迄今为止，日本企业的家属津贴是根据家属人数来确定额度的，而今开始对这一薪酬制度进行改革。其原因之一是工资的性质从"生活工资"转向"业绩工资"。不管怎么说，各种名目有各种名目的理由，这就是"allowance"的内涵所在。

如上所述，"allowance"这个词有各种各样的含义，宛如词汇的种子撒落在各个领域，并在不同的领域开出不同的花朵一样。但是，它们的词根是相同的，因此有共性。首先"有若干的富余"；其次"如果有它，会感到受益匪浅"；再次"它是有上限的"；最后，"必须有某种理由，因为它是作为特例得到许可的"。

就像掌控汽车的方向盘要有富余、回旋余地一样，做任何事情都要有富余和回旋余地。个人也是如此，在时间上和心情上都要有"allowance"，有富余和回旋余地，这样生活下去才快乐。

"Indication of allowances for bad debts" 的意思是"显示呆账准备金"，在会计学中经常用这个术语。"The monthly allowance is a thousand dollars" 的意思是"每个月的津贴是1000美元"，这句话经常用在薪酬方面。"Without allowances" 的意思是"毫不马虎大意"，是指认真做某件事情。

相关词汇 **Asset, Promotion, Sales**

Appraisal

评估、鉴定、考核、估价

对人的业绩进行评估

拉丁语"pretium"是褒奖、表扬、价值的意思，"pretium"这个拉丁语派生为"praise"（夸奖）、"price"（价值）、"prize"（奖）等几个词。另外，为了决定是否褒奖，需要衡量价值，于是就出现了"appraise"这个词。在"appraise"这个词末尾加"-al"就是其名词形"appraisal"，意思是人事评价、人事考核，"appraise"和"appreciate"（认可其真正价值，欣赏）同样都是从拉丁语"appretiare"派生出来的。

无论谁都会在意自己被别人如何评价。"Performance appraisal"（业绩评估）简称PA，其设计颇类似于通讯簿，有的企业称之为"performance evaluation"（性能赋值或评估），简称PE。有人说这两个词意思相同，但是笔者认为这两个词有微妙的差别。

从词根上来说，"appraisal"就是对业绩进行评估，而"evaluation"是个人的劳动带来的固有价值。把"evaluation"中的"e"去掉就是"valuation"，指在M&A（企业并购）之际，评估企业的价值，将市价总值和本来的企业价值进行比较（参照"Value"一项）。

不论是"appraisal""evaluation""valuation"中的哪一个，评估都是极为困难的。要评估书画不动产或者企业价值，都需要由该领域的专家来进行。可以说，人评价人更是一种天不怕地不怕的大胆行为。尽管如此，这是一个不能回避的问题。

要评价业绩需要一个标准。在引进了目标管理制度的企业，起初设定的目标就是标准，如果不制订清楚的目标是无法进行评价的。因此，如何用文字表述目标，关乎目标管理制度的成败，进而影响绩效奖励制度本身是否能够实施下去（参照"goal"一项）。

进行业绩评估时需要考虑的是目标的完成程度、能力、工作热情、团队精神或者综合贡献程度。态度及人品不包括在评估项目内。笔者经常从对部下进行评估的上司那里，听到在评估栏里填写内容非常困难的抱怨。不过，通过文字形式写评价效果还不错，因为这样做可以把自己的模糊想法形成文字。实际上，在评价之后开会，听反馈意见非常重要。这是因为有很多人没有和上司面对面讨论自己的工作和业绩的经验，如果没有这个环节的话，这些人就没有申诉的机会。即便不情愿申诉，也要说出来。笔者希望以业绩考核的名义创造一个下属与上司一对一进行讨论的机会。这样做具有重要的意义。

业绩考核说到底评价的是"业绩"，而不是对人品、性格、人物进行评价，是对特定期间的特定业务的成绩、表现进行评价。要把业绩考核与"assessment"区别对待，"assessment"是指从长期、综合视角对人进行综合评价。能否正确评估人才不仅决定着这个人才的将来，还决定着企业的命运。

读者是否听人说起过："你在去人事那里培训的时候，这件事本身就是对你的评价，你要小心点。"假如培训地点在评估中心的话，上述建议正说到点子上。评估中心想方设法搞各种演习、模拟，通过这些措施来开发和培养管理层的管理能力，与此同时评估管理层的管理能力。也就是说，评估中心也是"品评"中心，亦即评估管理层的综合能力中心。

"Assessment"在语感上接近《源氏物语》里的"雨夜品评"。"雨夜品评"讲的是在阴雨连绵的夜晚，三个男子对各种各样的女人进行评价的故事，最终得出的结论是"很少有没有缺点的女人"。在企业的人事评价中似乎也能得出类似的结论。

"Performance appraisal" 的意思是 "业绩评估"。为业绩评估进行的 "appraisal interview" 就是 "业绩评估面谈"。"Appraisal of value" 的意思是 "价值评估"。"The investment was made based on an appraisal by a real estate appraiser" 的意思是 "该投资是以房地产鉴定师给出的评估为基础进行的"。

相关词汇 〉 **Commitment, Competency, Goal, Meritocracy, Team, Value**

Assertiveness

传递想法的魔药

　　"Sert-"的意思是"连在一起"，其词根是拉丁语的动词"serere"。"As-"是表示"朝着、向"的前缀词。因此，"assert"本来是"和（自己的主张、说法）连在一起"的意思，转义为"主张权利"。"Assert"的形容词"assertive"中有两个名词形式：其一，"assertion"，能言善辩；其二，"assertiveness"，能够说出想说的话，给人的感觉良好。

　　遗憾的是，在日语中没有与"assertiveness"这个单词完全对应的词汇。"Assertiveness"的意思是"很爽快地表明自己的想法"，虽然态度礼貌，但是清清楚楚向对方传达自己该说的事情，虽然尊重对方，但是该说的话也要说。

　　"Assertiveness"是能力强的人的共同特征。"Assertiveness"的上述意思乍一听觉得没什么，但是实际上做到这一点并不容易。这一点日本人更难做到。在日本提倡"阿吽之息"，即与大家保持步调一致最重要，而且日本人经常受教育要谨言慎行，因此很不习惯直截了当说出想说的事情来。但好在"assertiveness"这种能力是可以在后天获得的，如果掌握了这种能力，自己就会被日本社会、组织接受，也容易生存下去。

　　"Assertiveness"并非"aggressive"（好争斗的），也并非"non assertive"（非自我主张型的），而是位于这二者之间，非常微妙。"Aggressive"积极得有点过头，给人的感觉是攻击性的，缺乏替对方着想的意识，不愿站在对方立场上考虑问题，强硬地否定对方，我行我素，强迫对方接受自己的意见。"Aggressive"这种态度的前提是"你错了 + 我是正确的（You are wrong, I am right）"。

　　相反，"non assertive"则是逆来顺受，把自己的真心话烂在肚子里不说出来。笔者将这种态度称作"磨磨叽叽交流型"。乍一看，这种人属于替别人着想的那种人，但是总是把自己的不满憋在心里，总有一天会爆发出来的，而且会转化为"aggressive"。造成这一结果的根源在于"你是正确的 + 我是错误的（You are right，I am wrong）"。

既非"强加于人交流型"也非"磨磨叽叽交流型"就是"assertiveness"。"Assertiveness"的大前提是"你是正确的 + 我也是正确的（You are right，I am right）"，一面照顾到对方的立场和心情，一面向对方直率地传达自己的心情和想法。

松任谷由实有一首歌叫作《魔药》，里面有句歌词非常有名，是"想要的东西就要明说想要，这样才能得到"（收在其1978年的唱片集《流线型'80》里）。这句歌词可以看作"assertiveness"的典型例子。在"assertiveness"中掌握率直和礼貌的平衡，这样的话，你就会成为一个给人感觉很好的人，受到好评。商务活动最终也会变得顺利，更重要的是自己的心情也会变得轻松、快乐，一切都会进入良性循环。

人常说"说起来容易，做起来难"，如果做到上述这一点的话，应该就不会心累了。不过"assertiveness"是可以在后天获得的，只要记住几个要领，在日常生活中进行实践的话，是可以掌握的。因为原理非常简单，首先在和别人的会话中，经常用"我"这个人称代词。笔者将此称作"I communication"（"我"式交流法）。在日语中，第一人称经常省略，因此做起来很难。但是，在会话中要有意识地使用"我"。这样的话，你说出的想法就明确成为你的想法，谁都不会去否定的。如果对方对你的主张说"你这样说不对"，就会吵起来，对方不敢轻易否定你。

向别人说自己的想法时要加上目的、理由，这样你实现自己想法的可能性就会进一步提高。这是因为如果你有理由的话，对方很难否定你所说的事情。如果没有理由的话，你就和对方说："虽然理由不充分，但是我希望你这样做。"然后，你再进行思考，向对方提出解决方法："我希望你这样做。为什么这么说呢？……如果不行的话，这样做怎么样？"如果你试着这样说的话，肯定会奏效，这确实是"魔药"。

"Assertive sentence"既不是疑问句也不是否定句，而是陈述句。"Show an assertive attitude toward"的意思是"对……表示积极的态度"。"Assertiveness equals success"的意思是"积极的态度就等于成功"。"Assertion training"的意思是"训练和学习自我主张的技巧"。

相关词汇 〉 **Questioning**

Asset

是自己的宝贝，任何时候都能够还债

"Set"的词根是拉丁语"satis"，意思是"满意的、充分的"。"Satis"和"satisfaction"（满意）的"satis"的意思是一样的。前缀词"as-"的意思是"向着……"。因此，"as-set"本来的意思是"任何时候都可以用来还债的地产"，这个词的词义进一步延伸指所有资产。英语"asset"是从古法语"assez"来的。

"Balance sheet"（资产负债表）的左侧是资产部分（asset），右侧是负债部分（liability）和资本部分（equity）（参照"equity"一项）。

笔者在美国的商学院学习时，教财经的教授这样说道："有的时候我担心明天世界末日会不会到来，半夜痛苦得睡不着觉，感觉胸闷，使劲抓挠胸口。这个时候，想起这句咒语就好——即便这个世界到了末日'资产＝负债＋自有资本'这个公式也不会发生变化。"

"Balance sheet"（资产负债表）的左右取得平衡的确是永远不变的真理。如果资产部分的金额低于负债部分的金额的话，就会出现负债情况，确实这个词的意思忠实于词根。

资产项目按照容易变现的顺序从上到下排列，排在最上面的项目是流动资产。现金、存款、支票、应收账款等都是在一年内能够变现的项目。

下一个项目是固定资产，这是指一年以上持续性拥有的资产，进而细分为有形固定资产、无形固定资产。有形固定资产是指土地、建筑物、机械等有形的东西。其中，除了土地以外都随着时间的流逝而贬值，成为折旧的对象。无形固定资产是指没有形状的资产，包括各种权力、企业的信誉。

另外，日语中常说"人是城，人是石墙"。长期以来，人们尝试把"作为资产的人"这一想法引进到会计中。但是，在资产负债表中除了"物""钱"之外，如果把"人"直接加进去的话，会面临很大的问题。这是因为人才与存款、设备不同，不知道什么时候会离职。

高桥俊介对人才的看法如下："人才产生的智慧是资产，人才本身并不是资产。不受约束的东西就不叫资产。将人才产生的智慧归属企业或公司，充分利用这一智慧产生利润，这才是知识资本经营。"

随着人才流动不断加剧，更难把人才计入资产。这是因为非正式员工的比例有所增加，即便是大企业的正式员工，一生在一个公司工作的这个大前提已经崩溃了。在这一倾向不断加剧的情况下，有人主张只把组织的核心人才看作资产。然而，核心人才什么时候离职还是个未知数。

但是，就个人而言，可以把钱包、财产及自己的能力等看作资产价值。对个人来说，人力资产就是自己拥有的知识、能力、经验、人脉和评价。这些都是陪伴人的一生的财富。特别是在已经进入网络时代的今天，可以认为那些拥有丰富、高质量的人脉，维持着很高声誉的人具有很高的资产价值。如果有这样的人才的话，即便有一些负债，也很快就能还上去。

读者在商学院学习、增加知识、提高能力的同时，也要扩展人脉。这不仅能够提高简历的价值，也能够为提高个人的资产价值做出贡献。笔者对这一点非常确信。

"Financial asset" 的意思是 "金融资产"，"human asset" 的意思是 "人力资产"。"asset management" 的意思是 "资产管理"。在对资产进行管理之际，要对 "asset class"（资产类别：股票、债券、现金、存款等）进行资产分配。"Knowledge is an asset" 如果直译的话，就是 "知识就是资产"，也可以翻译为 "知识就是财产"。

相关词汇 **Equity, Network**

Assignment

安排、任命、被安排的工作、作业、让渡

签字、指派工作

拉丁语"signare"的意思是做标记。在"sign"上加上表示"向……"的前缀词"as-"就是"assign"。本来，"assignment"是法律术语，意思是"签字让渡权利"，也是签字后的让渡证书。之后，"assignment"这个词广泛用于指定什么。后来发生转义，成为商务领域经常使用的术语，意思是"安排任务"。

在欧美企业中，人员配置的基本概念是"right person for right job"，意思是合适的工作安排合适的人来做，要合理安排人才的使用。这种做法的思维方式是先有工作和职位，然后在那里安排人来做。也可以说先有组织图，若因为某种原因，职位出现空缺的话，就进行人员配置。

相反，也有因人设岗的情况。"Assignment"的意思是给人分配业务、角色，比如，"你来做这项工作，你就担当这个角色。"这种思维方式就是"right job for the right person"，意思是"合适的人才，要给一个合适的岗位"。有时候企业或者公司估计将来业务会有所发展，会安排新的工作。作业是老师对学生分配的某种业务，从这个意义上讲，"assignment"就是"被安排的业务或者作业"。

"因岗位而安排人"的做法正确还是"因人设岗"的做法正确？某个公司的业务部门的部长曾经主持过很多项目，如下说道："不是说哪种做法正确，而是两种情况会同时发生。"

的确如此，首先有项目，然后再考虑安排谁来做这个项目。他是不是合适？谁闲着呢？如果他要是忙的话，是不是安排别人来做？但是，在下达通知时，事情不知不觉就反了过来，就变成了因人设岗，为闲着的人找事情做了。

"Assignment"这个词里含有"sign"（签字）的意思。假如认为主语是"公司或者上司"的话，就是上司在文件上签完字交给部下，如果主语是员工或者部下的话，就是员工或者部下要做某项工作，让上司签字。

被安排的工作各种各样，有的工作是决定公司命运的大规模工作，有的则是日常的业务分工。不论事情大小，都要负责任地完成，这才是"assignment"这个词的本质含义。签字伴随着权限的让渡和担负责任。

有一个词容易和"assignment"混淆，这就是"delegation"（权限的委让）。"Delegation"的原意是把代表派到远方，言外之意就是"之后的事情都委托给代表了"（参照"delegation"一项）。与此相比，"assignment"则是上司在看得见的地方把工作委托给部下来做。可以看出这两个词是有区别的。

把项目分解成具体的任务，落实到具体的措施中，这就是让"assignment"更加明晰的窍门。这样的话，目标就会清晰，员工就会有工作积极性。因此，如何做才能实现"assignment"是有基准的。相关人员要事先就这一基准进行讨论、商量，就基准达成共识，这一点非常重要。

当上司对部下说"你把这个事情处理一下"时，部下很难分清楚这是"assignment"还是"delegation"。假如部下自己做主去处理这件事情的话，上司会说："谁让你这么干的？""为什么你不跟我商量？"相反，有一种情况是部下去找上司商量，上司会说："我不是说了吗？你就放手干吧！"为了防止意思上的误解，还是从平时就进行商量、沟通，这一点非常重要，这一结论其实也是个常识。

"Mr X was assigned to be the CEO"的意思是"X被任命为CEO了"。"A logical assignment to the position"的意思是"这项任命是非常合理的"。上面的例子都是因岗位而安排人。"Room assignment"的意思是"给人安排房间"，"work assignment"的意思是"给人安排工作"。

相关词汇 **Action, Delegation, Positioning, Staffing**

Behavior

行动、举动、举止

行为举止要有人样

"Be-"是前缀词，表示强调。词根"have"就是"拥有"的意思，是字面意思，而且是指"以某种方法拥有"。因此，"behave"的原意就是"持己"，指对自身言行的把握。"Behavior"是"behave"的名词形式，就是"行为举止"的意思。"Behave"和"self"在一起使用就是"彬彬有礼"的意思。

"Behave"可以译为行动。但是，行动和行为有什么区别呢？（参照"action"一项）"Behave"这个词是"have"加前缀词"be-"形成的。《牛津英语词典》解释为："向别人表演自己的方法。"简而言之，在日语中就是"振舞"，按照指挥的动作舞蹈，引申为表演。而且同时要以符合自己个性的方法来"have"自己，做到"持己"（参照"role"一项）。

"Behave"就是要"持己"，而且"根据指令的动作舞蹈"。能够做到这一点的前提是具备下述能力：正确理解别人的意图，好好演出，符合别人的要求。"Behave oneself"就是"行为举止符合规范"。要做到行为举止符合规范，首先要具备很强的认知自己的能力和认知他人的能力。接着要在理解周围情况、前因后果的基础上采取行动，并能够克制自己。

在管理学中，和"behave"一起使用的重要词汇至少有以下三个：其一是"administrative behavior"（管理行为），这也是哈伯特·西蒙（Herbert Simon）的管理学经典著作。这本书中，哈伯特·西蒙指出人的决策的合理性是有局限性的，并以此为焦点论述了"behavior"。其二是"consumer behavior"（消费者行为学），这是市场营销领域的术语，是指在认真分析顾客行动的基础上，挖掘顾客需求的一种思维方式。其三是"organizational behavior"（组织行为论），是一门开发工作动机，研究在组织中人才如何行动的学问。这门学问也称作"微观组织论"。

在"behavioral"（行为学）这一学问领域，研究活动非常活跃。比如"behavioral economics"（行为经济学）就是一个典型。埃马提亚·森（Armartya Sen）在20世纪70年代发表了有关"合理的愚者"的论文，就"人类经济学"的人类观进行了批判。人类经济学是新经典派经济学的理论基础。

财经领域也进行了同样的研究，这就是"behavioral finance"（行为财经学）。迄今为止，财经学是用数学公式进行研究的。而行为财经学应用心理学的方法开创了一个新的研究领域，其中最有影响力的是丹尼尔·卡内曼（Daniel kahneman）和阿莫斯·特贝尔斯基（Amosi Tversky）的繁荣理论（参照"finance"一项）。

最近对行为操作管理的研究越来越多。对于行为操作，不应过分注重合理性，应该从人性化角度进行观察。迄今为止的行为观，是以决策中的认知偏差为重点进行论述的。相比之下，行为操作管理的理论又前进了一步，它从包括社会交流和文化束缚的关系在内的更广阔的视角进行了讨论。

不论是从事管理工作，还是从事领导工作，不光要思考，还要采取行动，只有这样才能胜任。笔者认为"behavior"既是人的存在方式，也是行为方式，今后会和更多领域相结合。

"Stock market behavior" 的意思是 "股票市场的动向"。"Behavior analysis" 的意思是 "行为分析"。"Ethical behavior is required of good business" 的意思是 "按照道德规范行事对商务活动来说是不可或缺的"。"His erratic behavior makes him unfit for such a high profile position" 的意思是 "他的言行没有一贯性，不适合担任这样一个重要职务"。

相关词汇 **Action, Finance, Operation, Role**

Bureaucracy

官僚制、官僚主义、官僚、烦琐的手续

权限、阶层、专业、文书主义

"Bureau"的意思是大桌子，进而追本溯源就是"burel"，意思是铺在办公桌上的布。"Bureau"从"有很多桌子的地方"这层含义引申为"办公室"，后面再加上表示支配的后缀词"-cracy"，就形成了"bureaucracy"这个词。希腊语"-kratia"是"-cracy"的词根，意思是"……的力量"。比如"democracy"是"民众的力量"，也就是"民主主义"。

"Bureaucracy"这个词现在不能说是褒义词，它的形容词是"bureaucratic"，意思是官僚的、官僚制的、官僚主义的，在词典里特意注上"主要表示贬义、轻蔑"。

本来，官僚制是近代合理主义的一个精华，马克斯·韦伯认为官僚制是"合理的组织"，是重视效率的近代组织。古代社会是靠地缘、血缘关系维系的，是不合理的，而官僚制是根据合理性规则进行了系统性分工。

"Bureaucracy"中有四个原则，这就是权限、阶层、专业、文书。因此，如果忠实地翻译"bureaucracy"的话就是"合理的权限阶层的专业文书主义"。考虑到马克斯·韦伯生活的时代，和之前的前近代组织相比，马克斯·韦伯对官僚制给予高度评价是可以理解的。

但是，无论什么事情，优点过头了就变成缺点，过犹不及。罗伯特·K.莫尔顿（Robert K.Merton）尖锐地指出，官僚制针对本来的目的具有反向功能。马克斯·韦伯曾经主张官僚制是合理的组织，而罗伯特则认为官僚制实际上是典型的非合理性组织，不无讽刺地说"官僚制是受训练的无能"。针对官僚制的批判可以总结为以下七点：

1. 规则主义。必须按照规则来做，一旦定下来的事情，必须沿袭前面的例子来做下去。规则上没有规定的事情原则上是不能做的。

2. 整齐划一主义。一律整齐划一地办事，一刀切式削减预算就是一个典型例子。

3. 权威主义。这是指制定规则并被赋予执行权限的官僚拥有权威。权威主义主张人们必须服从权威。

4. 专业主义。将一些业务规定为只有自己才能做，自己只做属于自己专业的那块业务，不允许其他人插嘴、插手。

5. 形式主义。最关注的是必须满足各个形式要素。在多数情况下，不管实际情况如何，只要符合形式要求就可以了。

6. 逃避责任。如果这件事情没有先例，是新事物的话，是绝对不会做的。如果出了问题，就会说"我这样做的理由是：我只是按照规定做了而已、我只是按照先例做了而已"，借此来逃避责任。

7. 文件、文书主义。这种现象也叫繁文缛节。写文件和保存文件本身就成了工作，喜欢撰写厚厚的文件。规则制定得很细致，使得手续更烦琐。

官僚主义的弊端也在企业蔓延，所谓的大企业病就是指官僚主义。随着企业组织不断扩大，有必要合理管理企业。或多或少会出现官僚主义作风，这也是不得已的，但是企业中的官僚主义的负面影响加大的话，就会出现罗伯特所说的逆向功能。

某方面过头会导致官僚制度出现弊端，尽管如此，官僚对一个国家的将来负有重大责任，有着重大影响，这一点是毋庸置疑的。毕竟，官僚主义是人们就近代以前的政治统治进行思考的智慧结晶。马克斯·韦伯关于官僚制度的观点本来是进步的，而且笔者认为马克斯·韦伯的这一视角也是正确的。笔者认为我们应该对官僚制持下述态度：既不能毫无批判地进行称赞，也不能盲目地将官僚制批判得一文不值，应该回顾官僚制本来的优点是什么。官僚制是由于优点过了头转化为缺点，我们应该采取措施防止这一现象的发生。

"A bureaucracy was established" 的意思是 "制定了官僚制度"。"Bureaucracy creates inefficiency" 的意思是 "官僚主义导致效率低下"。在读 "bureaucracy" 这个词时要注意，"au" 这个部分要重读。带 "cracy" 的词都要在 "cracy" 前面的部分重读。比如 "democracy"（民主主义）要重读 "o"，"autocracy"（专制政治）要重读 "o"。

相关词汇 〉 **Function, Hierarchy, Officer, Organization**

Business

总是很操心、很忙

"Business"的词根是拉丁语"bisig",意思是"担心的事情、顾虑、忙碌"。一直被某件事情缠身,这是忙碌的原因,"busy"加上将形容词等变为名词的后缀词"-ness",转化成"工作"的意思。现在,"business"的意思进一步延伸,用于各种各样的意思。有同样含义的是"occupation","business"是一种心被占有的状态。

"Business"既有职业、实业、营业、企业的意思,也有一直忙碌并牵挂的事情的意思,也有总是操心、花费很多时间的事情的意思。也就是说,作为个人而言,在战略上进行资源的重点分配的对象就是"business"(参照"allocation"一项)。

表示"职业"这个意思也能用"occupation"这个词,在文件的职业栏中有这个词。"Occupy"的意思是"占有",因此在"占有"上,"business"和"occupy"是类似的。笔者认为这两个词的区别如下。

1. "Business"是指在主观上占有"心""心思""时间",而"occupation"是指在客观上占有时间。

2. "Business"是指值得珍惜、重视的事情、东西,包括价值观。与此相比,"occupation"是指客观上被比较清晰的事情占有时间,指的是一天中使用大部分时间这个事实,而讲的不是对自己来说是否重要等有价值的事情。

"It is none of your business"的意思是"这是你该知道的事情吗""这不关你的事"。这句话比较生硬,给人带来不快感。同样,"Mind your business",意思是"你管好你自己的事情吧""不用管我"。这是一句在吵架时常用的话。

"What is your business here？"意思是"你来这里做什么？"只不过表示问对方来这里的目的而已。如果被人问起"What is your business？"就很难回答，如同被人问起"What are you？"（你是做什么的？）一样，也很难回答。对这一问题最感到困惑的是公司职员。如果回答"我是工薪阶层"，就答非所问。因为这只是说"我是每个月领固定工资的受雇佣者"。对这个问题的一个回答方法是"我是某公司的员工"，但是这只是回答了你所属的工作单位，而没有回答"你是什么？你是做什么的？"这个问题，只是含糊其词而已。对"What are you？"这个问题的答案应该还有别的。笔者认为你一直寻找的这个问题的答案就是"business""career"。

"Business"可以被翻译为职业、实业、营业、企业等，这几个汉语词汇的共性是"业"字。"业"这个字根据上下文有上述四种意思，可以说这四种意思合起来就是"business"。

"业"在日语中如果读"gyou"，意思就是职业，也就是在法律上所说的"以……为职业"的意思，用"以……为业"这种表达方式。比如"family business"就是"家业"。

"业"在日语中如果读"gou"，就是佛教术语，是行为的意思。"自业自得"意思是自己行为的结果由自己来承担，自作自受。虽然在深度上和佛教的意思有所不同，"business"中也有"自我责任"一词。在佛教中的"三业"就是指行为中的"身业"、营业中的"口业"、意志中的"意业"。如果将佛教中的这些概念和本书的概念进行对照的话，可以发现这些概念都意味深长。

"业"这个字也可以训读为"waza"，其意思是付出辛苦才能成就的事情。日语中还有"修业"这一说法，意思是搞学问、学习技艺。其结果就是"业绩"。

"Business"是多义词，可以理解为职业、自我责任，也是一个与技术、业绩相关的词汇。

"Big business" 的意思是"大规模的交易"或者"大企业"。"Business plan" 的意思是"事业计划"。"Monkey business" 的意思是"不正当的生意"。"Do business on line" 的意思是"在线做生意"。"Do online business" 的意思是"做在线生意"。"Some business do well in a weak economy" 的意思是"即便经济萧条也有业绩好的公司"。

| 相关词汇 | **Allocation, Career, Competition, Sales, Vocation, Work** |

Capital

资本、本钱、首都、大写字母、主要的

最重要的，但是不是一切

"Capital"来自拉丁语"capitalis"，这个词的意思是"与……有关的"或者"处于首位"，"capt"的意思是"头"，由此派生出"captain"（头）这个词。"Capital"是最初的东西、基本的东西或者最重要的意思。基于这个含义，在法律领域"capital"这个词也有"可以处以极刑"的意思。

"Capital"的本来意思是"最重要的东西"。国家的首都是"capital"，"capital"也是"大写"的意思，它作为形容词使用时，意思是"最重要的"。

在做生意时，本钱是最重要的，因此资本是"capital"，若第一个字母大写则意思是资产阶级、资本家，"capitalism"就是资本主义。在社会上资本的确是最重要的，也就是说，"capital"由"最重要的东西"演变为"资本"时，资本主义就成立了。股票市价总额就是"market capitalization"，在金融界略称为"market cap"。资本主义是指资本是一切活动的基本原理。把钱用在哪里是自由的，买了就是自己的东西。我们认为这是理所当然的，这是因为我们是在资本主义制度这一大前提下生活着。

不论什么事情都有光明的一面和黑暗的一面。资本主义光明的一面是指自由，黑暗的一面是指社会差距。要么选择自由接受社会差距，要么牺牲自由消除社会差距。这是近代社会的大问题。

资本主义是指站在资本家的立场理解世界。经常听到的是"企业的目的首先是将利益相关者的利益最大化"这句话。但是，这一想法会导致下述极端的结论："只要利益相关者的利益最大化就足够了"，也就是"只要让股票的市价总额最大化就可以了"。很多经历过2008年金融风暴的人对此持不同意见，认为"企业的目的不仅仅是使得股价的市价总额最大化"。企业有很多利害相关方（参照"stakeholder"一项）。2011年，发生东日本大地震，日本人再次感觉到企业对社会做贡献的重要性。

的确，"capital"非常重要。但是，并非只有"capital"是重要的。而且，资本主义说到底是经济制度，而非社会制度、政治制度（参照"system"一项）。资本固然重要，但是资本并非一切。在思考这一问题时有一个线索，这就是迈克尔·穆阿（Michael Moore）导演的《资本主义：一个爱情故事》（*Capitalism: a love story*）。笔者推荐读者们看一下。

从20世纪60年代开始，"capital"这个词也开始应用在人才管理领域。一般来讲，表达"人才"或者"人力资源"这个意思的英语是"human resource"。但是"human resource"这个说法中包含着长期来看人力资源的价值会减少或者会枯竭的含义，具有贬义。于是，赛奥多·舒尔茨（Theodore Schultz）引进了"human capital"这个概念，意思是如果进行持续性投资的话，人才的价值会增加。也就是说，舒尔茨把人才理解为投资对象。

知识的社会化正在不断推进，这是一个不可避免的趋势。今后，越来越多的人认为归属自己，而且可以期待回报的投资就是"知识投资"。笔者认为在人是"capital"这个意义上的资本主义是不错的。

"Foreign capital affiliated compan"的意思是"外资企业"。"Paid in capital"的意思是"资本公积"。"Capital structure"的意思是"资本构成"。"Working capital"的意思是"营运资金"，是为企业的日常活动而进行的短期投资。"Facebook's market capitalization is now about＄70 billion"的意思是"脸书的市价总额现在是700亿美元"。除资本以外，其他的例子有："capital A"的意思是"大写字母A"，"capital punishiment"的意思是"极刑"。

相关词汇 **Asset, Labor, Stakeholder, System**

Career

经历、履历、职业、生涯

走过来的路

"Career"这个词的词根是拉丁语"cararia",词义是"车道","carrus"也是拉丁语,意思是"车"。而法语中的"carriere"是"赛马场"和"赛场"的意思,之后演变为路线、路径、足迹的意思,进而引申为经历、游历等意思。现在"career"加上了"需要特别技能的职业"这层意思。"Carrier"(载体)这个单词的拼写与"career"相似,二者属于近义词。

"Career"这个词是从哪里来的?一个答案是"车"。保时捷的名车"carrera"就是"career"这个词的西班牙语。"Carrera"这个词的意思是"疾驰",意思是"在人生道路上赛跑",其足迹就是"career"。

"Career"这个词之所以与"车"关系密切是因为究其本源这个词在中世纪的拉丁语中意思是"车道"。法语中"carriere"的意思是赛马场、赛场。赛马场的路线、路径、足迹,之后引申为经历、游历的意思。

在开车的时候,会换低速挡减速或者换高速挡加速,根据道路状况、目的切换挡,这就是"shift"。"Shift"有切换的意思,在说到个人职业生涯时也使用"shift"这个词。在换工作、职业时也叫"career shift"。不管怎么说,"career"就是自己开的车的意思。

另外,对"career"还有一个解释很有代表性,与上述解释不同。这种观点就是把"career"解释为"演戏"。多纳尔多·舒博(Donald Super)把"career"解释为"终生的舞台""终生的角色"。舞台和角色都是戏剧术语。无论是工作还是人生都有舞台和角色。

演戏和"career"有着不可分割的关系。还有一种观点关注舞台换幕这一段时间。用竹子来打比方的话就是关注的不是竹子的笔直的部分,而是"节"的部分,这就是"career"的转机或者转换。也就是说,如何实现职业的转换对职业生涯管理来说也是非常重要的。

笔者一直认为"career"的形式就是根号（$\sqrt{\ }$）。根号中有三个角，曲折部分就是"transition"，直直的常态部分就是舒博所说的舞台。

　　"Career"并非一帆风顺。感觉形势不错，有可能马上就会急转直下。有时候会感到："我是不是快完蛋了？"然而好运却来了。刚认为会好运连连，结果又碰壁或遇到了挫折，这才是"career"。根号不是一次就完了，而是要重复几次。这就是笔者对职业生涯做出的解释。

　　最近笔者又感觉到"career"像"高音谱号（$\&$）"。高音谱号最初从最中间开始，这就是高音产生时的原点。以这里为始点向右转画圆，反转向上突出。刚认为会朝着这个方向前进的时候，突然又以曲别针样的形式急转直下。那么，是不是朝着别的方向发展呢？也并非如此，而是再次回到自己的原点。这宛如是在确认自己的原点。进一步强力突破这里，最后好像回头似的又回到自己这里。高音谱号很形象地表现了"career"的发展和不动的中心"anchor"的关系。

　　"Career development"的意思是"职业生涯的开发、发展"。"Career goals are long-term milestones in a people's career path"的意思是"职业目标是某个人的职业生涯中的长期的里程碑"。"A career anchor is one element in a person's self-concept that he or she will not give up, even in the face of difficult choices"的意思是"职业定位是人拥有的自我概念的一个要素，即便在面临艰难选择的情况下，也绝不能放弃"。

相关词汇 〉 **Development, Management, Role**

Commitment

话柄、承诺、公约、献身、委任

宣布"进行到底！"

"Commitment"的词根是"mittere"，意思是"送"。因此，含有词根"mit"的词汇都与"送"有关系，加上表示"一切"的"com-"，"commit"就是"送一切"的意思，进而引申为"委托"的意思。"Commit"的意思是说出口来，承诺，并积极去履行承诺。或者是把对方逼入无法逃避的状况。"Commit"加后缀"-ment"，就变成名词"commitment"。另外，"commit"当动词用时也有"犯罪"的意思。

"Commitment"的意思是从主体上进行参与，承诺"我来做"或者宣布"我一定进行到底"，这是一种心情的表露。笔者认为"commitment"这个词在日本很多情况下意思是和组织休戚与共。这或许是因为"commitment"这个词和儒教价值观的"忠"的意思是吻合的。

卡洛斯·戈恩（Carlos Ghosn）在使用"commitment"时，和上述意思完全不同。卡洛斯·戈恩在对日产公司进行改革时最早使用了"commitment"这个概念，意思是"必须达到的目标"。1999年10月，卡洛斯·戈恩提出了名为"日产复兴计划"的经营重建计划。同时，卡洛斯·戈恩提出了三个"commitment"，并当众表示如果有一个"commitment"完不成，自己就辞职，最终实现了复兴日产汽车公司的计划。

当众宣布必须达到的目标，自己也会鼓足干劲，能够让对方颤抖。因此，在进行决斗时自绝退路，背水一战。"Commitment"旗帜鲜明地宣布不向其他人妥协、不与其他人为伍，其反义词是"脚踩两只船"。强烈的"commitment"本身就是评价的对象。有时候通过给予对方评价、褒奖（参照"Appraisal""compensation"项）能够换取对方的"commitment"，也有人为了得到评价和褒奖而处心积虑地"commit"。

"Commitment"有以下两种含义：其一，自己主动、积极地、执着地做某件事；其二，因为没有其他的选择而不得不尽力而为，处于一种消极被动的状况。

一般认为在传统的日本大企业中，个人和企业的一体化程度很强，但是其背景是劳动力的流动性很低。在离开组织就没有其他选择的情况下，员工只能够向组织尽忠。与此相比，在欧美，员工更忠实于职务。欧美的员工因为职业意识很强，对职业有自豪感，因此工作很认真，劳动力的流动性很高。对欧美的员工来说，跨领域的话会对自己不利，因此不得不忠实于自己的职务。可以说欧美员工和日本员工的不同在于所处状况不同。

通过让对方没有选择权，逼迫对方就范进行商务活动的基本战略，也称作"lock in"（锁定）。比如用户在购买打印机时，不得不购买该公司的墨盒，这也属于一种"commitment"。"Bottle keep"（在酒吧买一整瓶酒，喝剩下的存在那里，下次来喝）也属于一种约束顾客的"commitment"营业方式。

卡特詹巴赫（Jon R.Katzenbach）指出，高业绩的团队和业绩不高的团队之间的差距在于成员相互之间"commitment"的差距。提高组织活力的关键在于提高公司或企业的核心力量，亦即第一线员工的成就感，让员工在心理上忠诚于这个公司、企业或组织。"Commitment"是相互的，如果员工明白其他的员工正在全心全意地为公司或企业工作，自己也会想："我也应该像大家一样好好工作"，这样一来就提高了完成目标的意识和积极性。如果团队中有这样的成员的话，组织的凝聚力和员工的忠诚度就会提高，就会形成良性循环，进而提高业绩，反过来又进一步提高员工的工作积极性和对组织的忠诚度。

"You have no sense of commitment at all" 的意思是 "你根本没有履行承诺的意识"。"There cannot be relationships unless there is commitment" 的意思是 "如果没有履行承诺的意识的话，就不可能建立关系"。"Statement of commitment and responsibilities" 的意思是 "责任和义务声明"。"Increase commitment" 的意思是 "提高工作积极性"。

相关词汇 ⟩ **Appraisal, Compensation, Engagement, Motivation**

Company

一起吃面包的伙伴

前缀词"com-"的意思是"一起","panis"是拉丁语,意思是"面包"。因此,"company"的意思是"一起吃面包的伙伴"。日语中也有类似的表述方式,这就是"在一个锅里吃饭的伙伴"。"Company"经常缩写为"co.",在古法语中"conpagnie"的意思是"社会、友好关系",这和英语中的"companion"(情投意合者)一脉相承。"Company"的词根就是拉丁语"companio"。

三井物产公司的英语名称是"Mitsui and Company"。三菱商事的英语名称是"Mitsubishi Corporation"。那么,这两者有什么区别?一般来讲"and company"是"和……的伙伴们"的意思。因此,在前面填上人的姓,三井物产就是三井家族及其伙伴们的意思。

与"company"相比,"corporation"的词根是"corp",意思是"身体",就是"法人"的意思。因为三菱不是人的名字,所以不能说成"三菱 and company"。人们常说:"三井重视人,三菱重视组织。"这一点从公司的英语名称中就能体现出来。

如果不加"and","company"可以接在公司名的后面来使用。比如日产汽车公司就是"Nissan Motor Company",后面还有"Limited",意思是利益相关者的责任是有限的。有可能丧失所有的出资金,但是不再被追究在此之上的责任。

有的时候不用"company",而使用"corporation""incorporation"(Inc.)。向有关部门递交章程及相关文件之后就能够获得法人资格,成为一个公司或称事业体。丰田汽车公司、本田汽车公司都是"corporation"。"事业体"中有"体"这个汉字,这就是"corp"的含义。不论是丰田"corporation"还是本田"corporation"都能让人联想到其体量之大。日语中将母公司称作"本体",这个含义也是来自"corp"。

"Corporation"的动词是"incorporate"，意思是"被法人化了"。苹果公司的英语名称是"Apple Inc."，谷歌公司的英语名称是"Google Inc."，脸书公司的英语名称是"Facebook Inc."。不论是"corporation"还是"incorporate"，事业体就是"法人"，具有人的属性。如果负债了由法人本身来负责偿还，利益相关者不会被追究出资金以上的责任，因此这和"company limited"是一个含义。

顺带一提，"Company制度"是日式英语，将公司内部按照每个事业部门分类，每个事业部门就好比是一个独立企业，将这些部门称作"company"，这就是组织内组织。各个部门都设立部门经理，分别具有决策权，在公司内部分配资金，各部门向公司总部分红。公司总部下定决心下放权力，以独立性很强的多个企业的集合体的形式进行运营，事业运营自负盈亏。这样做的优点是提高了决策的自由度和速度，因此很多有名的大企业都采用了这一方法。然而，在引进了这一制度之后，随着时间的推移，也有人指出这一制度的弊端。索尼最先引进这项制度，后来又废止了，这件事情引起热议。"Company制度"离"在一个锅里吃饭的伙伴"这一本来的含义越来越远，这种迹象非常明显。

1865年（明治维新三年前），坂本龙马和伙伴们在长崎设立了贸易商社，名为"龟山社中"，这是日本最早的"company"。龟山社中打着萨摩藩的旗号为长州藩购买枪支、"union号"蒸汽轮船，为1866年萨摩藩和长州藩缔结萨长盟约打下了坚实的基础。社中就是"伙伴、结社"的意思。可以说坂本龙马非常了解"company"本来的含义。

"A major company" 的意思是 "大型企业"。中小企业的英语是 "small and medium-sized company"，可以简写为 "SMC"。在很多情况下，用 "enterprise" 替代 "company"，简写为 "SME"。"A private company" 的意思是 "个人企业"。"A phantom company" 的意思是 "幽灵公司或称幻影公司"。"He prepared carefully for the negotiations as the success of the company was at stake" 的意思是 "因为这个谈判关乎公司的成功，因此我认真准备"。

| 相关词汇 | **Business, Institution** |

Compensation

薪酬、补偿、代价

衡量劳动报酬进行支付

"Pendere"是拉丁语，意思是"悬挂、下垂"，词根"pend"也是"下垂"的意思。吊坠是"pendulum"，挂在脖子上就是"pendant"（项链上的垂饰）。古代的秤是将东西吊起来称重量，"pendere"也有称重、衡量的意思。从"pendere"派生出的"pensare"的意思是衡量或者称重后支付，"compensate"的意思是为了趋同而取得平衡。

工资、薪金、薪酬、奖金等词汇是针对劳动支付的报酬，这些词的使用方法和含义有微妙的差异。在英语中也有各种各样的词来表示针对劳动支付的报酬。可以说有很多词来表示针对劳动支付的报酬这一点本身就说明在人生中报酬是多么的重要。这也是理所当然的。因为薪酬、报酬与人们的生活密切相关。

日本有一种鱼叫出世鱼，它的名称在成长过程中不断发生变化。人的情况与此相似，因为地位、状况不同领到的钱的名称也有所不同。

针对"劳动"的报酬就是在马克思主义等经济学中使用的"wage"这个词。比"wage"意思更广，表示"支付"的是"pay"。在赌博中的获利叫作"pay off"，投资回报就是"pay back"。因此，"pay"的含义就是"回报"。发工资的日子就是"pay day"，工资明细就是"pay slip"，支付工资就是"pay roll"，这些都是与工资有关的术语，但是都缺乏沉甸甸的感觉。

"Salary"这个词的意思是不变动的固定工资。众所周知，"salary"这个词本来和食盐有关，这是因为古代罗马支付工资给士兵，是为了让士兵们买盐。在日本，"salaryman"是日式英语词汇，这个说法在日语中已经固定下来。这个词本来的意思是"不是临时工，而是工作稳定，拿固定工资"，这个词让人觉得有地位、有面子。

而"compensation"是个中立性的词汇，包含了上述各种意思，泛指一般报酬，它本来的意思是在秤上称重，确定针对劳动支付多少工资。

"Wage""pay""compensation"这些词的意思是"报酬"。而"reward"的意思则是奖赏、褒奖，支付对象不是针对工作的时间而是功绩。因此，"reward"和上述几个词的支付根据是不同的。如果贡献大的话，得到的金额相应比较大。因此，"reward"如果按每小时计算的话，有时候可能会是天文数字。但是，本来"reward"就不是按时间计算报酬的，这么多的金额也是可以理解的。

"Reward"里面包括金钱以外的东西。首先，认知、认可的是功绩、努力和善行，将这些因素具体体现出来的就是奖章。其次，以奖章为根据，进行相应的晋升、提拔。"Reward"实际上就是认知的问题。对受奖者来说，领取的金额固然重要，此外颁奖者还要加上"你太棒了！"这一句表扬的话，效果会更好。也就是说"金钱再加上若干的精神鼓励"。

"Award"是"reward"的同义词，"award"是经过严格筛选才决定授予的，就是"奖赏"。"Award"接近于针对功绩和胜利给予的报酬。说到底，"award"主要是以奖章、盾、奖状等名誉的形式出现的，还附带着奖金或奖品而已，就是这样一种关系。也就是说，是"名誉加若干的东西"。

奖赏属于象征性的东西，而酬谢金出现零头则被认为是失礼的。参加婚礼随份子时也不要出现零头，得是整数。这二者的做法是类似的。因此，奖赏、奖金的金额多是整数。为了凑整数，会发生多给一些、少给一些的情况，金额经常有所不同。实际上，有时好不容易凑了个整数，但是因为扣所得税，又会出现零头。

"Equity investors were well-compensated for risk"的意思是"投资股票的人会得到与风险相应的回报"，这个用法的意思是"补偿"。"The compensation committee has responsibility for reviewing and approving the compensation of the company's CEO and other executive officers"的意思是"薪酬委员会会有权修改和决定公司的 CEO 和其他董事会成员的薪酬"。

相关词汇 ▷ **Appraisal, Meritocracy**

Competency

在工作中发挥竞争力

拉丁语"petere"的意思是"跑"，因此"competency"的词根"pete"就是"跑"的意思。加上表示"一起"的前缀词"com-"，"compete"就是"一起跑"，也就是"竞争"的意思。"Competent"是"compete"的形容词，意思是具有能够竞争充分的能力。"Competent"的名词形式有"competence"和"competency"。在指组织的核心能力时使用"competence"，在指个人处理业务的能力时"competence"和"competency"都可以使用。

2005年，漫画家中尊寺汤津子英年早逝，年仅42岁。中尊寺创作了有关商务活动的漫画，是个用浅显易懂的语言解释商务术语的天才。

中尊寺有一部漫画作品题为"经济这个词好难懂哎！"，里面提到了"competency"这个词。在漫画中有下述场面：一个公司女职员听到"competency"这个词，很诚实地说："我不明白这个词是什么意思。"之后反问说："是酒会天使？"看来这个女职员完全误会了"competency"的含义。日本人第一次听到这个词大体上都是这种反应。

"Competency"是一种被认为是"high performer"，即能干的人在某一特定的工作场合所显现的能力，特别注重在行动上的能力。前面的酒会天使可以说是在酒会这一场合能够发挥特殊能力的人。

而且"competency"是可以确认的、可以观察的、可以进行培训的。正是因为如此，才能够具体应用到管理中，而且也对个人的成长大有裨益。

表示人的能力的词，除了"competency"之外，还有其他几个词。如"ability"是"作为可能性是能够做"的意思，不会关注其能力是否得到发挥。我能做（I am able to do）未必是我在做（I am doing）的意思。但是，要做某件事情的话，首先必须"能做"。在做某事之前的阶段，显示"潜在能力"就是"ability"。

"Capacity" 这个词表示的意思是"人在器量、胸怀上的能力"，它是个广义词，指人的包容能力、工厂的产能等，它们的共性是"容量"。"Capacity" 是指人的人格力量、器量。

"Competency" 是由以心理学家戴维·马克西兰德（David Mc Clelland）为核心的研究小组提出的概念。戴维这个研究小组就外交情报人员的业绩差异做了调查，结果提出了"competency"这个概念。说到底，"competency"重视的不是"可能性"或"人格的力量"，而是"是否发挥了工作所要求的能力"。

一个人做会计师很优秀，但是不能因此断定他也能做一个优秀的消防员。从这个意义上来说，"competency"首先是指人和工作相适的问题，其次才是能力开发问题。要让来之不易的人才分别从事最能出业绩的工作，通过这样的组合就能够进一步发挥各个人才的能力，这样才能提高整个组织的业绩。

不过，"competency"中也有几个问题需要解决。其一，在向未知领域挑战的工作中，过去取得很好业绩的人行动上的优点是否能够作为参考？其二，确认谁是高绩效的人属于确认"competency"之前的环节。组织本身能否准确判断谁是高绩效的员工？这本来就是一件很难解决的事。如果在这个环节出现了失误的话，一切都会乱套。

在自己所处的组织中，"能够胜任工作"到底是指什么？笔者认为搞清楚这个问题是组织本身应该具备的"competency"。

"Competency" 是指需要展示的。"Demonstrate competency in the workplace setting" 的意思是"发挥工作单位所要求的能力"。"Competency requirements" 的意思是"作为能力所要求的东西"。"Competency" 是指工作单位一方所要求的东西。"A list of the competencies appropriate to the post" 的意思是"适合这一职位的能力明细"。

相关词汇 > **Competition**

Competition

为了一个相同的东西而相互竞争

"Competition"的词根与前一项的"competency"相同，二者都有"pete"部分。"Pete"源自拉丁语"petere"，意思是"奔跑"。它前面加上表示"共同"的"com-"，就是"compete"，"competition"是其名词形式，意思是"为同一个东西竞争"，也就是"相互竞争"。但是，"compete"的对手在某种意义上也是游戏伙伴，"compete"的含义并非为歼灭对手而战的意思。

长期以来，日本人对商业、商务的印象就是"战斗"。1988年，电视上一直在播放保健饮料"regain"的广告主题歌，里面有一句"你能够战斗24小时吗？"，好像受到这首广告歌曲的煽动一般，日本朝着泡沫经济的顶峰一路高歌猛进。

如果问日本人："那么，你在和谁战斗呢？"一般都会回答说："在和同行业的其他公司或企业战斗、竞争。"对生产"regain"保健饮料的三共公司来说，竞争对手是大正制药公司、佐藤制药公司等。也就是说，在日本保健品饮料市场规模很大，三共公司要和其他生产保健品饮料的医药品制造商进行竞争。

在商业领域竞争意味着要取得优势地位。为此，要和其他公司或企业争夺市场地位。这是最一般性的思维方式。"战略"和"战术"中都有"战"这个字，因此在汉字圈国家联想到战争的人自然很多。

与战略和战术相应的英语词汇是"strategy"和"tactics"，这两个英语单词中都没有直接包含"战斗"的意思（参照"strategy""tactic"项）。"竞争"不是"战争"，请仔细观察"竞"的繁体字"競"，这个汉字所表达的意思是两个人在并排赛跑，很友好。英语中"compete"的意思是"为同一个东西而竞争"，并非"相互厮杀"。"Competitor"之间属于伙伴关系，在同一个跑道上、竞相朝着同一个目标赛跑，看谁最先跑到终点。

在商务领域，一般认为竞争的前提是行业的存在。一说起竞争，一般倾向认为是指行业内的竞争。同一行业的企业或者公司乍一看是相互竞争的关系，但是如果稍微错开点距离从远处来看的话，就会发现同一个行业的公司或者企业也有休戚与共的一面。也就是说，同一行业的公司或企业坐在一条船上。

在这条船上，对手之间确实存在竞争关系。另外，同行业的竞争对手们都认识到大家在同一条船上，要和睦相处，尊重对方。

如果出现了共同的敌人的话，还要团结起来，一致对外。有的时候，竞争对手还合并在一起。比如有时候两个相互竞争的企业，在经营环境恶化后，通过M&A（并购）打出同一个招牌。在制药行业处于竞争关系的第一制药和三共制药公司合并，"regain"保健饮料也就演变为"第一三共保健"公司的商品了。

的确，不论在哪个行业竞争都很激烈。同时可以说，健康的竞争本身就形成了市场。行业就像"秋叶原"电器商店一条街似的，很多电器商店集中在秋叶原，才会出现"秋叶原效应"，扩大了整个市场。与此同时，在秋叶原内部，每个企业为了生存下去，都要进行差别化经营。也就是说，同一个行业存在竞争和联合，这两点都要注意到。

联合是指"创造整体价值"的活动，竞争是指"分配价值"的活动。这两个活动总是同时进行的。只有自己获胜，整体的蛋糕变小的话，也称不上是游戏的真正赢家。为了获取持续性繁荣，有必要实现"创造整体价值"和"分配价值"这两个目标。

"Fierce competition" 的意思是"激烈的竞争"。"Competitive advantage" 的意思是"竞争优势"。"In competition with" 的意思是"和……竞争"。"The threat of substitutes typically impacts an industry through price competition" 的意思是"替代商品的威胁通常通过价格竞争给行业带来冲击"。

相关词汇 〉 **Business, Competency, Game, Positioning, Strategy, Tactics**

Complexity

混乱的状态

"Complexity"的词根是"plex","plex"的词根是拉丁语"plectere",意思是织入、编入。或者说"plex"的词根是表示"重叠"的拉丁语"plicare"。"Complex"是"plex"和表示"共同"的前缀词"com-"组合起来形成的,它的意思是相互交织、重合,不容易分解、分析的样子。"Complex"有时表示"复合性设施","complexity"是"complex"的名词形式,在科学领域翻译成"复杂系统"。

有人认为"complex"是自卑、劣等感的意思,这种观点是不正确的。"Complex"在日本成为屡屡被误解的词汇的典型。表达"自卑"或者"劣等感"这个意思的正确英语是"inferiority complex",意思是"因为处于劣势而导致的一种复杂的心情"。

"Complex"的名词形式是"complexity"。当然,"complexity"和自卑、劣等感没有任何关系,通常翻译成"复杂性"。与其说是"杂",不如说是处于一种相互交织的状态、相互发生关系的状态、混乱的状态。

在商业领域,错综复杂的情况与日俱增。M&A现象经常发生,全球化正在加速。在信息通信技术这个领域有突破的话,也会促进其他领域的突破。这些领域都会相互发生作用,导致领域、技术等越来越复杂。

事物处于简单的阶段时,不需要进行管理,需要管理的是复杂性高的事物。努力解开一团乱麻、减少复杂性就是管理。

企业中的个人,在职务晋升后会被赋予更大、更重要的工作,业务上的复杂程度也会相应增加。在将一定的商品销售到一定的区域的过程中,只要考虑增加销售量就可以了,这在某种意义上来说是简单的。然而,一旦升任分店店长的话,所负责的商品种类就会多起来,区域的情况也会变得更为复杂,必须通过综合性经营手段应对采购、制造、营销、会计等相互关联的各种功能。

如果升任管理职位的话，复杂性会进一步提高。人有两种含义：其一，人是他人、别人，自己说的话别人是不会听的；其二，人就是人类。人类都有自己的具体情况、背景，都有复杂的感情。

管理一个组织就更复杂了。仔细观察"组织"这个汉字词汇，就发现里面写着"有组合、交织的东西"。因此，组织复杂也是理所当然的。

本来，工作、人、组织就很复杂，这些要素组合在一起的话，就会交织成复杂奇怪的人际关系。如上所述，如果将复杂的事物放任不管的话，会呈几何级数增加。解开了一个头绪，那边又搅和在一起，按倒了葫芦起了瓢，解决复杂性是很困难的。所谓的"一团乱麻"就是"complexity"的本质。

"Complexity"的词根是"plexus"，"plexus"的另一层意思是被包起来、被拥抱的意思。笔者认为"plexus"意味着宰相肚里能撑船式的领导，通过包容有时候也能解决复杂性。

"A complex system"的意思是"复杂的系统"。"Confusion resulting from complexity"的意思是"由复杂导致的混乱"。复杂经常引起混乱。"An explanation that reduces complexity"的意思是"减少复杂性的解释"。看起来复杂的现象其实是由单纯的组合引起的，这一点一经说明混乱就减少了。为了减少复杂，科学才发展起来，才形成了框架、理论。

相关词汇 〉 **Leadership, Management, Uncertainty**

Concept

概念、构思、想法

用心来理解的东西

"Concept"是由表示"共同"的前缀词"con"和表示"抓住"的词根"capere"组合而成的。"Concept"这个词表示在心里一起抓住几个想法。在拉丁语中，"concepturn"表示抽象、草稿，本来就是指心里所想的事情。"Concept"（概念、想法）在先，为了传递它，就产生了这个术语。因此，"concept"与语言同在。

"Concept 是指什么？"这一问题属于自我矛盾、自我冲撞。之所以这样说是因为"concept"的意思就是"……是什么"。"Concept"的概念就是指抽象的、一般的想法。表达"抽象"和"一般"的汉字是"概"，而表达想法的汉字就是"念"，二者合起来就是"概念"。

比如"线"本来就属于概念性的东西，是不可能看得见的，但是作为概念我们是可以理解的。进而，我们把直线、曲线合起来抽象出"线"这一概念。用铅笔画的线严格来讲不是线。真正意义上的"线"是概念。因此，在"朋友和恋人之间"也可以画一条线。

本来"concept"这个词是一个哲学意味很浓的概念，但是在商务领域使用的频率也开始增加。"Concept"这个词在日本普及是在20世纪80年代。从1981年开始连载"hoichhoi productions"的漫画"让人捉摸不透的 concept"，这个漫画一炮走红。这为"concept"这个词在日本推广创造了契机。

在商品策划和产品开发环节经常使用"concept"这个词。在这个语境下，"concept"的意思是计划、意图，或者是基本的想法、思路（参照"Planning"一项）。"Idea"就是"心"的意思，将"想法"具体表现出来的就是商品，也就是说将抽象的想法转换成具体的商品就是概念的商品化。

在对广告和促销的策划进行说明时也使用"concept"这个词。商品策划和市场营销工作之一，就是用言简意赅的语言形象地归纳商品的诉求点、优点，在这一过程中进行抽象化和一般化思维。然后，向瞄准的目标顾客明确阐释该商品具有怎样的优点、好处，给出理由让目标顾客理解商品，以及商品背后的故事。通过这一过程，东西才能变成商品。

在商务领域形成一个概念是最难的。它需要抽象、一般，同时还要具有模糊性。概念有必要思路清晰。必须发挥界限的作用。理清思路、让界限分明，这一作业就是"concept"的形成。

iPod 的"可以拿着音乐资料库走路"、Washlet 的"也需要洗屁股"等概念简单明快，因此能够给人留下深刻印象。据说星野娱乐公司的星野佳路总裁在开始经营旅馆、娱乐设施时，听到在那里工作的员工的议论后决定了公司的"concept"。要确定"concept"必须搞清楚自己的目标是什么。明确了目标，也就知道了自己该做什么，就能够在"做什么"与"不做什么"之间画一条线。

"Concept"就是用心灵去捕捉，或者是从现实中切取一块属于自己的东西。夜空中有无数闪闪发光的星星，从中切取属于自己的星星，组合起来形成"星座"，便可以就地讲故事。"Concept"的意思很多，运用的方式不同，和每个人切取的部分不同有关，在这里反映出人的视角和思维方式，以及内心的状态，"concept"就是人本身。

"Concept chart"的意思是"概念图"。"Keep the original concept"的意思是"要坚守原来的概念"。在会计学上，将"dual aspect concept"翻译为"借贷一致的原则"，其实说的是一个概念：在资产负债表上资产部分与负债、资本部分的合计未必相等。"Concept car"的意思是"在汽车展销会上展示的表示理念的车型"。"We propose a new concept in leisure"的意思是"我们提出了一个新型的休闲概念"。

相关词汇 **General, Line, Planning, Promotion**

Confidence

对能够共享机密的伙伴的信任

拉丁语中"fidere"的意思是"信赖"，由"fidere"这个词引申出表示"忠实"的"fidelity"这个词。"Fidelity"加上意思是"共同"的前缀词"con-"就演变为"confidentia"。这个拉丁语的意思是"信赖"，进而演变为"confidence"，意思是相信、信任。"Confidence"的形容词是"confidential"，意思是"非常信任"，从这一原意引申为机密的、秘密的之意。

表示"信"的英语词有三个，分别是"trust""confidence""credit"，如果勉强与日语一一对译的话就是信赖、信任、信用。这三个词之间有微妙的区别。

第一，这三个词的区别表现在和实际业绩的关系上。"Trust"是指即便没有过去的实际业绩也相信，而"credit"是根据过去的实际业绩才相信的，而"confidence"则是位于二者之间。

第二，这三个词的区别表现在和对象的关系上。"Trust"是指与人有关，"credit"是指与金钱有关。从这一点而言，"confidence"略微偏向"trust"，也就是说是对人的信任。

第三，这三个词的区别表现在和自己的关系上。"Trust"和"credit"没有"自信"的意思，只有"confidence"能以"self confidence"的形式单独表示"自信"。

第四，这三个词的区别表现在和秘密的关系上。"Trust"和"credit"和秘密没有关系。只有"confidence"以形容词"confidential"表示"秘密的"的意思，这一点令人感到不可思议。这才是理解"confidence"的关键所在。

公司里有很多机密事项，如新商品的信息、M&A 信息、公司整体战略的信息等。特别是在人事部门，大部分文件都属于机密。因此，在复印时和发邮件时要十分小心。机密文件是指"只有在非常有限的成员之间共享"的文件。

然而，有时候机密内容会到处泄露。比如以"这事情只是在这里讲""这话只能跟你说"这种形式到处宣扬。这些话的言外之意是"我相信你不会对别人讲出这个信息，以及这个信息是我说出去的"。反过来说就是通过交换机密信息确认"我把你当作自己人"。检验真心——把某人当成自己人的石蕊试纸是各自拥有的机密信息。尽管别人对你说"我相信你""你是自己人"，如果不和你共享机密信息的话，你们的关系和信任也就到这个程度而已。

罗萨波斯·莫斯·康特（Rosabeth Moss Kanter）说"confidence"可以分为几个层次。笔者以此为线索按照自己的理解进行了整理，可以画出四个大小不同的同心圆。位于中心的是关于自己的信任。这就是自信。自信的外侧是对内部人的信任轴，也就是相互信任。进而，其外侧是针对内部系统的信任，再外侧是对外部的信任。"Confidence"具有下述性质：圆以自己为中心向外部一层一层扩展。因此，可以认为只有"confidence"才有"自信"这个含义，能够通过秘密来确认"自己人"的范围。

罗萨波斯写道："Confidence 能够给组织带来连胜。""Confidence"是伙伴的佐证，内部人团结一致可以获胜，如果获胜的话，内部会更加团结，从胜利走向胜利。笔者认为这才是"confidence"这个词有"con-"这个前缀的主要原因。

"Ten ways to get a boost of confidence" 的意思是 "提高自信的十个方法"。在和 "boost" 这个词一起使用的时候，"confidence" 这个词多是 "自信" 的意思。"Guidelines for confidentiality of data files" 的意思是 "有关数据文档的保密性的指导方针"。"Pass a vote of no confidence" 的意思是 "通过了不信任案"。对内阁的信任不用 "trust" 或者 "credit"，而用 "confidence"。

相关词汇 > **Trust**

Control

检查、应对

"Control" 的前缀词 "contra-" 的意思是 "针对什么"，"control" 的词根 "roll" 的意思是 "卷起来的东西"，也就是现在的 "账簿"。因此，"control" 的意思是 "对账簿进行检查"。"Financial controller"（在英式英语中是 comptroller）的意思是财务经理的责任。"Contra" 的意思是 "相反的"，"roll" 的意思是 "旋转"，含有 "强有力地卷起来支配" 的意思。

表示管理的词汇有 "management" "administration" 和 "control"。对棒球队的投手来说，"control" 就是关键。在企业经营中，为了实施经营战略，在各个环节都需要 "control"。将能够把感情控制在一定范围内的人称作成年人，因为成年人能够做到 "self control"。

但是，人即便愿意接受管理（management）也不愿意接受控制（control）。自己控制（control）别人可以，不愿意被别人控制。那么，"management" 和 "control" 的区别是怎么来的呢？

在管理术语中，以 "com-"（共同）这个前缀词开头的单词很多。比如 "company" "communication" "commitment" "competition"。组织的本质是协调作业、协调行动，因此有 "com" 这个前缀词是理所当然的。但是，"control" 这个词并不是以 "com-" 开头的，不是 "con+trol" 而是 "contra+roll"。"Contra-" 是表示 "针对" 的前缀词，"control" 和 "contrast"（对照、对比）、"contradiction"（反驳）等单词是同类词。

在管理领域，说到 "control" 这个词，就是指 "向着目标值前进" 的意思。比如针对计划要管理进度，或者监视与正常值的范围相比是否有异常值。对账簿的纸卷（roll）要经常进行检查，这就是 "control" 的原意。

飞机场有控制塔（control tower），这是 "control" 的典型印象。机场控制塔整理不断进入监控器的信息，与目标值进行对照，冷静地发出指示。

另外，"control"以被动态使用的话就会有"被强迫做事情"的含义。这就是大家异口同声地说讨厌被控制（control）的原因。

在组织论中将一个人能够管理的范围称作"span of control"，也就是说是眼睛或者精力能够照顾到的范围，与组织阶层的深度（depth of hierarchy）成反比例（参照"hierarchy"一项），如果扩展管理、控制的范围的话，就可以将阶层变浅、变薄。但是，这样的话责任范围就会扩大，员工的数量增加，眼睛和精力都会照顾不到。因此，需要将眼睛、精力都能照顾到的"span of control"控制在一定范围内，这样的话阶层就会变深。

在某个范围内进行管理的工作就是管理职位。管理职位类似于养鸬鹚的渔翁用绳子来管理鸬鹚（参照"line"一项）。"Control"也是"支配"的意思。与此同时，渔翁通过绳子的感觉来巧妙地得到反馈信息，控制鸬鹚。

"Control"的原意是"用账本检查"，保留着这个原意的词是"financial control"，就是计财处、财务处。一边通过众多的数值监控经营状态，一边支持战略的实施，这就是"control center"（控制中心）。不过，如果管理人员给员工留下"被像渔翁一样操控着鸬鹚"的印象的话，肯定会被反感的。在做好管控工作的同时要想方设法不给员工留下上述印象。也就是说，管理人员要做好"impression control"（印象管控）的工作。

"Financial control"的意思是"财务管理"。"Internal control over financial reporting"的意思是"有关财务报告的内部控制"。"In control"的意思是"可控的状态"。"Lose control"的意思是"失控"。"Out of control"的意思是"不能控制或者失控"。"Due to increase in size, the whole company is out of control"的意思是"因为规模过大，整个公司已经很难管理"。

相关词汇 〉 **Administration, Hierarchy, Learning, Line, Management**

Cost

横在利益之间的东西

带有"st"的词汇都与"站"有关系。"Constare"是个拉丁语，是由表示"共同"的前缀词"con-"和表示"站立"的词根"stare"组合而成。"Cost"是由"constare"演变来的，意思是"横在某处的东西"，费用也是具有这样的性质的一个词。

"Cost"的意思就是"费用"，在会计学上翻译为"成本"，在广义上还有"牺牲"的意思。在商业上最基本的公式是"销售额 - 成本 = 利润"。也就是说，只要没有成本的话，"销售额 = 利润"。因此，可以说"cost"就是横在销售额与利润之间的东西。

哪个商品在赚钱？哪个商品在亏损？如果不明白这一点的话，就不能在经营上对于在哪个商品上再加把力气，或不再生产哪个商品（退出市场）做出决策。如果不掌握成本的话，就不知道将卖价设定在什么价位合适（参照"price"一项）。

为了在经营上做出决策，要核算成本（cost accounting）。成本为生产商品、提供服务所使用的一切东西。成本包括直接成本和间接成本。直接成本（direct cost）意思是"为了这个而使用的"，即能够确定用途的成本、和产品有直接联系的成本，零部件、材料费等相当于直接成本。

间接成本（indirect cost）是指无法确定钱花在了制造或者销售哪个商品上。可以说是指整体上花费的成本。常见的间接成本有电费、取暖费、设备、机械等。

即便知道了整体上的费用，将其计入间接成本，也无法搞清楚哪个商品在赚钱。为了搞清楚这一点，用某种方法对间接成本进行分摊，这就是"成本分摊"，英语是"cost allocation"（参照"allocation"一项）。成本分摊根据销售额、材料费、人数、开工时间等能够衡量的指标来进行。如果按照每个部门、每个项目进行成本分摊的话就可以确定"哪个部门或者哪个项目在赚钱"。如果成本分摊的结果会影响到部门领导、项目领导的评价的话，因为基准的不同，人们的行动也会发生变化。

在成本中还有无形的成本，这就是"opportunity cost"，一般翻译为"机会费用"，在会计领域翻译为"机会成本"（参照"opportunity"一项）。机会成本并非实际上产生的费用。也就是说，选择了某项东西就意味着不选择其他的东西。因为没有选择利润多的商品，眼睁睁着丧失了利润机会，把这作为成本来看待。只要不做出最佳选择，都会产生机会成本。在经营上做出决策就是从选项中进行选择。只有掌握不能直接看到的机会成本才能做出正确的决策。

在成本中影响最大的是"人工费"。的确，从公司或企业角度来看，工资、福利费用属于经费开支。但是，花费在员工教育、培训方面的经费与其说是成本费用不如说属于投资。可以说支付给新入职的员工的工资实质上就有投资的性质（参照"investment""capital"项）。人工费不能够简单地当作成本，这就是"human being"（人）的特殊之处。

"Cost of living" 的意思是"生活费"。"Cost of equipment" 的意思是"设备费用"。"Cost" 也可以作为动词使用，"The new product development will cost twice as much as originally planned"的意思是"新产品的开发花费的费用要达到当初计划的两倍"。在广义上还做牺牲、代价讲，"I will finish the job by noon at all costs"的意思是"不论付出怎样的代价在中午以前一定要完成这项工作"。

相关词汇 **Allocation, Capital, Incentive, Investment, Opportunity, Price, Profit**

Creativity

创造性、创造力

创造新价值

　　"Creative"是以下两个拉丁语演变来的：其一，"creare"，意思是创造；其二，"crescere"，意思是产生。因此"creative"的动词形式"create"的意思是创造出、产生、生育。"Creation"的意思是创造。"Creativity"的意思是创造性。"Recreation"的意思是再生。词根"cre（sc）"的意思是发育、长大。"Crescendo"的意思是声音逐渐变大。"Crescent"的意思是逐渐变大的月牙。

　　创造性到底指什么？这是永远得不到答案的问题之一。能给出的解答只不过是认为发挥了创造性的案例而已。对于什么是创造性的解释也是因人而异，而且新的解释也在不断出现。

　　如果说仅用合理性这个概念不能够解释创造性的话，那么"不可补充性"这一原理就是创造性的本质的一部分。但是，商务就是在和时间赛跑，不能够就"什么是创造性"永远地讨论下去。考虑到"创造性"在商务上的应用，如果聚焦于"创造性能否运营、管理"这一主题的话，就可以发现能够应用于实务的解答。

　　从直觉上来说，创造性这个词至少和用汉字表达的"管理"（特别是"administration""control"）不太合拍。一般来讲，"creativity"属于个人的资质，不大容易成为"管理"的对象。的确"创造性"很难成为目标管理的指标，也很难置换为数值。可以说越加强管理，创造性就越像水渗到土里一样，会消失得无影无踪，或者萎缩。

　　仔细观察一下"生产"这两个司空见惯的汉字就会发现，"生"和"产"就是字面上"生出""产出"的意思。而"创造性"就是"生出""产出"的意思，至少从词义上，最接近用汉字表述的"生产性"这个词。

　　如果这样的话，"creativity"和"management""development"的亲和性会相应地高一些。保守点说，其可能性还是有的。创造就是"产、育、创、造"，实际上有很多案例表明发挥创造性、生产出新产品的话，就会为业绩带来很大的贡献。观察这些案例就会发现触发创造性的因素有八个，分为四对。

第一对是"发现"和"察觉"。创造性不是从零产生的，需要在已经存在的事物中，发现察觉迄今为止没有发现的价值。这就是创造性。进行组合是从已有的事物中创造出迄今为止没有的价值的一个有效方法。

第二对是"对齐"和"错位"。有时候通过"对齐"或者统一方向可以发挥意想不到的力量，实现飞跃。另外，有意识地进行错位，从一个新的角度来看问题，也能发现新的价值。

第三对是"玩耍"和"束缚"。如果时间不充裕的话是不能够发挥创造性的。美国3M公司规定将15%的业务安排在主业以外。另外，束缚得最紧时，也能被逼出来好的想法。这类案例也很多。

第四对是"努力"和"灵机一动"。什么都不做创造性是不会产生的。可以说，持续地进行扎扎实实的努力，"在土壤上进行辛勤耕耘也会开出一朵鲜花的"。托马斯·爱迪生说过："天才是99%的汗水加1%的灵感。"乍一看，流汗是绕远的，但是最终汗也不会白流，会有灵机一动的那一刻出现，也就是说，流汗是发挥创造性的一条捷径。

"Creative solution"的意思是"创造性的解决方法"。"Creative power"的意思是"创造力"。"Creative thinking"的意思是"创造性的思维方法"。"Clients often ask us for a creative idea"的意思是"客户总是要求我们要有创意性思路"。"Five ways to improve creativity and productivity"的意思是"提高创造性和生产性的五个方法"。

相关词汇 〉 **Administration, Control, Development, Management**

Culture

文化、教养、栽培

耕耘的土壤

"Cultivate"和"agriculture"都含有"cult"这个词根。"Cult"是耕耘的意思，来源于拉丁语"colere"。"Colere"本来是"耕耘"的意思，后来引申为定居、钻研。也就是说，"colere"这个词起初就有以下两个意思：其一，耕耘土地，培育作物；其二，在精神上耕耘，培育文化。后缀"-ture"的意思是"……的东西"。"Culture"和表示"强烈的新兴宗教"的"cult"有亲缘关系。

不论是在教室里还是在酒馆里，企业文化和组织文化都是经常被讨论的话题。下面笔者先就"culture"本身的含义进行论述。文化人类学学者爱德华·泰勒（Edward Tyler）给"culture"下的广义的定义是："人们作为社会的一员所获得的知识、信念、艺术、道德、法律、习惯等能力、习惯的复合体。"经常使用的用法有"culture school"，在这里"culture"的意思是提高教养、涵养。有时候"culture"专指美术、音乐、文学等。最令人感到好笑的是石田纯一竟然说："婚外恋也是一种culture。"

从16世纪初开始，"culture"的含义不断扩展。当时，"culture"的意思是"培养人才"。自18世纪以来，启蒙主义者在表达事物发展并不断凝练的过程时使用"culture"这个词。之后给"culture"下的定义是"不同民族的特定的各种文化"。到了19世纪，开始使用"民族文化"这个词。在这里"culture"的意思是"作为某个民族、某个时代、某个集体的特征而表现出来的生活方式"。企业文化就属于这一类型。

不同的文化组织，工作方式和其他的组织也有所不同。反过来可以说在特定的组织中有心照不宣的"事物的进行方式"，其总称就是"组织文化"。

埃德加·夏因（Edgar Schein）给组织文化下的定义是："是组织

成员共享的意志的体系，通过这一体系该组织和其他组织相区别。"也就是说，组织文化是对该组织来说的认识和意志的体系。组织文化会对成员价值观、思维方式、行为方式的形成产生重大影响。埃德加·夏因将组织文化划分为三个层次：其一是能够直接看到的、听到的东西。其二是更高一个层次，这就是"被标榜的价值观"，如"为什么在实施这个战略？""为什么设定了这个目标？""为什么存在这样的经营哲学？"对这些问题的回答就是"被标榜的价值观"。比如价值观、方针、道德观、蓝图等。其三是最高水准的组织文化，亦即"潜伏在地下的基本的假定"。这当然是无意识的，被认为是理所当然的。

后缀"-ture"的意思是"被……的东西"。"Structure"的意思是"被构造的东西"，"creature"的意思是"被创造的东西"，"literature"的意思是"被写的东西"，"picture"的意思是"被画的东西"。因此，"culture"就是"被耕耘的东西"。组织的内涵就是"被耕耘的土壤"的意思。

企业文化并非一朝一夕能够形成的，而是日常工作中举手投足的不断积累。不断重复企业独特的模式，形成了像纺织品的花纹一样的东西，这就是企业文化。

这一"花纹"平时在无意识中形成了该企业的"context"（文脉、背景）。在此基础之上，员工们进行交流，制定战略。是否可以把婚外恋看作文化也要从这个角度来观察、确定。

"Bridge the culture gap between two cultures"的意思是"在两个不同文化之间架设沟通的桥梁"。文化差异也可以写作"cultural gap"。"Cultural adaptability"的意思是对不同文化的适应性。"The company has a unique business culture"的意思是"那个公司有着独特的商业文化"。"In Japanese culture, silence is golden"的意思是"在日本文化中，沉默是金"。

相关词汇 > **Style, Structure, System, Work**

Customer

顾客、客人、业务往来客户

回顾的客人

"Custom"的意思是习惯、惯例，加上表示"人"的后缀词"-er"，就演变成"customer"，在英国英语中就是买方（buyer）的意思。"Custom"源自拉丁语"consuescere"，"consuescere"是由前缀词"con-"和表示"习惯"的"suescere"构成，进而演变为"Consuetumen"。"consuetumen"在古法语中演变成"costume"，在英国演变成"custom"。

　　歌手安真理子自作自唱的《悲伤跑步而来》里，写道："'明日'这两个字意思是明快的日子吧。"1969年，这首歌走红。1970年，大阪举办了世博会，日本经济实现了高速增长，堪称奇迹。1970年，日本的GNP（国民生产总值）名义增长率为18.6%，实际增长率为12.1%，完全失业率为1.1%。

　　顾客数量在不断增加。在这种情况下，增加新顾客成为实现收益快速增长的原动力。然而，在上述歌曲走红4年后，爆发了石油危机。以此为契机，时代发生了变化。人们有必要重新思考"顾客是什么？"借上面的歌词改一改"'顾客'这两个字是写成'回顾的客人'吧"，也就是说人们重新意识到顾客是"会回头看的人"。

　　下面笔者从英语的角度看一下"customer"的含义。理解"customer"含义的线索就藏在"custom"里。"Custom"的意思是惯例、习惯、风俗，此外还有惠顾、蒙受厚爱的意思。在日语中"惠顾、蒙受厚爱"是指总是在同一个地方购物，其对这家店来说就是"custom"。"Customer"就是"照顾自己生意的客户、顾客"。由此可以看出"customer"从词源上讲就是常客、老顾客、回头客的意思。

　　"Customer"这个词经常和各种各样的形容词组合起来使用。"Potential customer"的意思是潜在的顾客、客户，"trial customer"的意思是尝试性顾客，"occasional customer"的意思是偶尔光顾的顾客，而"loyal customer"的意思是忠诚度高的顾客。

在搞营销时，把有希望成为顾客并加大推销力度的人称为"hot customer"，比这类人稍弱一些的被称为"warm customer"。一个公司或者一个企业拥有多少个"hot customer"决定着是否有光明的未来。

第一线的营销人员最重视的是数字，最倾向于追踪"hot customer"或者"warm customer"，但是，一旦商品卖出去了，或者这两类客人成为现实的顾客，就采取"钓到的鱼不给饵料"的态度。认为"这种态度是不可行的"就属于重视顾客满意度（customer satisfaction）的想法。

为了提高顾客的满意度而扎扎实实进行努力，就能提高顾客的忠实度，而做到这一点的基础就是提供遵循好客精神的服务（参照"hospitality""service"项）。更深一个层次的措施就是顺畅的运营（参照"operation"一项）。

获得一个顾客需要经过"warm customer""hot customer""occasional customer""loyal customer"这几个过程。每一个环节都像爬楼梯似的，需要付出艰辛，还要劳神想办法。一直维持顾客的忠诚度和满意度绝非易事（参照"retention"一项）。

上面提到的歌曲，第二句是"年轻（日语中写作'若'）这个字和'苦'字很像"。"若"这个字是个会意字，描述的是巫女蓬头垢面跳舞的姿势。"苦"这个字是草字头下面一个"古"，意思是草的苦味。"若"和"苦"这两个字仅是相似，相互之间关系不大，但是，笔者认为企业为了持续获得顾客是很痛苦的，但是可以永葆青春。

"Customer service" 的意思是 "客服"。"Customer satisfaction" 的意思是 "顾客满意度"。"Customer loyalty" 的意思是 "顾客忠诚度"。"It's necessary to make the web page easier for customers to use" 的意思是 "让顾客更容易使用网页是必要的"。"I am happy to say that most of our customers learn about us from word of mouth" 的意思是 "很多顾客都是通过口口相传了解我们公司的，我对此感到欣慰"。

相关词汇 〉 **Hospitality, Operation, Positioning, Retention, Sales, Service**

Delegation

派代表、代表团、委让权限、委任

派遣委托"分身术"

"Delegation"的词根"leg"源自拉丁语"legare",意思是委任派遣,特别是含有"作为代表"被派遣之意。前缀词"de-"的意思是"到对面"。因此,"delegation"表示代表团、派代表。在通信不发达的时期,一旦派代表去,就不得不委让权限。作为经营术语使用的时候,其意思是委任工作、委让权限。

一个人能做的工作是有局限性的,即便不睡觉,一天内能够使用的时间也只有24小时,因此如何使用人力资源决定着生产效率。

"Delegation"的意思是把权限委让给别人,也可以称作分身术。上司合理地将工作及伴随着工作的权限委让给部下,接受工作及其权限的部下进一步委让给其部下,随着这个圈越来越大,组织就能发挥个人无法发挥的力量。但是,"delegation"并非像说的那么容易。笔者经常听到有些人吐露真心,说出了不能委让权限的原因:"我想自己来做这项工作""与其让部下做,不如我自己来做""在细节上,我也想按照自己的想法来做""如果我不亲自做的话,肯定不会顺利"。

如果有上述这几种想法的话,永远不能够委托工作及其相关权限。不能委托工作及其权限的最大原因就是忘记了自己是管理者。不愿委托工作及其权限的第二个原因就是在下意识中把自己和部下进行比较并竞争。第三个原因就是想彻底贯彻自己的工作方式。第四个原因就是过高评估自己的能力。

不能委任工作及其权限意味着不能发挥组织的能力。如果敌人采用分身术来进攻的话,我方肯定会失败的。一个人做所有工作,把自己当作全能的释迦牟尼,能得到的评价并不高:"作为个人来讲,他很优秀。但是作为管理人员来说就不行了。"

在组织层面也使用"delegation"这个词,特指将中枢的决策权委让给现场第一线。"如果把权限委让的话，现场第一线的员工会干劲十足，好处很多。然而，高层就是不放权。"实际上笔者经常听到这样的抱怨声音。

还有一种情况就是"即便授权了，权限没有增加，责任反倒增加了不少"。"Delegation"本来的意思是"将代表团派到远方"。一旦授权或者委让权限就不要进行干涉，应该考虑的是如何做好支援，这才是管理者的工作。

"Delegation"的意思是完全授权或者完全委让权限，其做法有以下两类，方向相反：其一，嘴上说授权了，在细节上却进行干涉，这属于"micro management"（微观管理）；其二是完全授权，授权后也不进行支持，放手不管。这两种做法都有改善的余地。

授权或者委让权限是有范围的。在进行授权时最重要的是明确范围，如果被授权者扩大解释为"全权委任"的话就会产生过头的行为。如果对授权进行限定性阐释的话，被授权者就会埋怨："不是说授权了吗？"也就是说事前确认授权范围是最重要的。

"Delegation"在另外一层含义上还有一个反义词，这就是"relegation"。这个词大家听起来或许有些陌生，意思是向自己派去的代表说"你不行，回来吧"，也就是"贬谪"。

管理者自己也是被授权才能待在这个职位上的。如果管理者不会授权的话，"delegation"的第一个字母就转变为"r"，自己也会被"relegate"。

"Delegation of authority"的意思是"权限委让"，"delegation of powers"的意思是"授权"。"Provisions of delegation"的意思是"关于委任的规定"。"The delegation departed"的意思是"代表团出发了"。"Japan's delegation for the London Olympics"的意思是"伦敦奥林匹克日本选手代表团"。"The CEO delegated the CFO to attend the negotiation"的意思是"CEO让CFO代表自己出席谈判"。

相关词汇 > **Assignment, Management, Power**

Design

独具匠心

"Design"的词根是"signare"，意思是签字，"signare"加上表示"向外"的前缀词"de-"就是拉丁语"designare"，它经常在中世纪的法语中使用，后来又进入英语。现在"签字"的这层含义主要由"designate"（指名、选定）来表达。"Signare"用作比喻性含义就演变为"design"，意思是设计、匠心。

"Design"这个英语单词中有"sign"，"sign"作为名词就是符号的意思，作为动词就是签字的意思。"Design"的意思就是将自己的想法具体表现出来，还有一个意思是签字，表示"这是我的想法"。由于"design"具有上述含义，在商务领域中大致有三个用法：匠心、设计和战略。

当"styling"指匠心的含义（参照"style"一项）时，"Design"也称作"industrial design"（产业匠心）。电脑制图、设计图纸都称作"设计"。很多设计师都是美术学院的毕业生，独具匠心的作品即便没有签字，在心情上就等于"签字"了。

据笔者尊敬的设计师说，如果是艺术的话另当别论，如果是商品的话，在多数情况下，如果自己的意图过于强烈反而成不了优秀的设计师。可以说，让商品说话更重要，也就是说"一眼就看出是那个商品"。本田汽车公司将这一点称作"看一眼就知道是什么"，相比独具匠心，强调商品本身的"匠心"更重要。

"Design"的第二个含义就是表示设计。设计包含整体上的包装、如何把技术要素包含在内等各种各样的意图。在什么时候会被认可为"一个好的设计"呢？

在生产商品时，要考虑什么？为了生产出商品，研究了怎样的选项？为什么选择了这一个？如果能够很好地回答这些问题，那么就会被认定为"是一个好的设计"。也就是说，意志是什么？意图是什么？意义是什么？这些都需要做出说明，并让大家理解。为此，"意"要搞不清楚的话，就不成体统。

最后一点就是在经营战略上也使用"design"这个词。在第二次世界大战后，开始使用战略这个词。起初，战略和"design"被认为是同义词。亨利·旻茨伯格（Henry Mintzberg）在《战略游历》一书中把持"战略就是设计"观点的人称作设计学派。设计学派的前提条件是"所谓战略就是有意图的构思"。设计学派相信："世界是可以理解的东西，自己如果做出决策的话就可以改变世界。"这就是设计学派的战略观。

设计学派认为 CEO 是唯一的战略家。所谓战略就是只有从高层立场上才能通观的"大局观"，战略就在 CEO 的脑海中。大家所在公司的 CEO 如果半开玩笑地说"我就是战略"的话，那么，你们的 CEO 在下意识中讲出了设计学派的观点。

顺便说一句，现在还在使用的"SWOT 分析法"就是设计学派的产物。设计学派为今天的战略论发展奠定了基础。设计学派的缺点是缺乏灵活性。设计本来是自由的，但是变更设计需要大量的劳力，更何况高层主持了战略的制定，改变方针是困难的。这样一来，企业就面临不能适应环境的巨大风险。柔能克刚，设计有一定灵活性的话，就是最理想的设计。

"Computer-aided design"（CAD）的意思是"利用计算机辅助设计"。"Interior design"的意思是"内部装潢、内部装潢设计"。"The unique design was the product's key selling point"的意思是"该产品的主要卖点是独特的设计"。"The prototype of the new product is poorly designed"的意思是"该产品的试制品的设计很差劲"。

相关词汇 **Planning, Strategy, Style**

Development

开发、发展、开展、培育、发达

返璞归真

"Development"的词根是表示包着、覆盖的拉丁语动词"velare","des"的意思是回到原处，前缀词"de-"和"des-"同义，"velare"和"de-"组合起来表示打开包的意思："打开包，发现里面的好东西。""Discover"的意思是发现，是把"cover"（封皮、覆盖物）揭开。从这个意义上说，"development"和"discover"是类似的。相反，"envelop"的意思是包在里面，其名词是"envelope"，意思是信封。

从侧面支持人的成长就是"development"，可以说在商务领域"development"是人最重要、最有人情味的活动之一。"Develop"的对象是人才、领导能力、职业经历、组织等。人才在得到开发之后才会成长、成熟，组织和职业经历在得到开发之后工作才能开展，才会发展。

读者可能会发现上述汉字词汇中都有"开""展""发"。这些汉字词汇互相关联，开枝散叶，不断产生新的词汇，这就是"development"。

其中这些汉字词汇都使用了"开"这个字。"Develop"的反义词是"envelop"，其名词形式就是"envelope"（信封）。"Develop"就是开封、开包，发现人才本来具有的优势，并让其发挥、发展。

"发"有两层含义，其一是开始、出发，其二是发现。被发现的东西本来在里面，能够开发的东西是那个人本来拥有的东西。有人、有伯乐发现这个东西才能进行开发。

"Develop"还有一个意思就是发散，与此相比，"management"的意思是约束。这一点就类似于培养院子里的树木，施肥、浇水，让好的树枝伸展，根据具体情况拔掉不好的小树，给予其足够的生长空间，剪树枝。"Development"和"management"互相牵制、互相补充，相辅相成。

组织开发领域有着很长的历史传统，始于第二次世界大战后不久。美国是移民国家，个人主义的文化氛围浓厚，在这种背景下，美国人感到在一定程度上有必要有意识地改良组织，"浇水""施肥"，使之健康发展。

在日本经常使用"组织改革"这个词，它给人的印象是仅仅实行一次大的转型。但是，组织开发这个词如同给植物浇水一样，是一项经常性业务，是需要持续进行的工作。即便一点一点发生变化，积少成多，也会发生重大的变化。这是提高对环境的适应性、持续地维持竞争优势的源泉，是真正意义上与其他企业或公司实现差别化的重要原因。

人力资源开发部门的职责是进行人才开发。以前在很多企业和公司，把人力资源开发部门称作教育科，是隶属人事部门的一个科。后来，教育科更名为人力资源开发部，地位有所提高，和传统上的人事部门平级。人力资源开发部的负责人也被称作 CLO（最高培训负责人）。

对一个组织来说，培养员工和家庭培养孩子一样重要，是"核心中的核心"。笔者认为一个企业或公司是否在认真地进行人力资源开发工作是判断该企业或公司是否在认真培养人才的一个指标。

"Development"和"management"是一对概念，也就是说一边培养一边管理，一边管理一边培养。生命在混乱中产生，生命也产生于发散和收缩取得微妙的平衡之处。要在"进一步伸展"（development）和"规规矩矩做事"（management）之间取得平衡，笔者认为这一点在与有生命的东西相处时是必须的。

"Development bank"的意思是"开发银行"。"Developing countries"的意思是"发展中国家"。"Muscular development"的意思是"肌肉的发展"。"Career development"的意思是"职业培养"。"Leadership development"的意思是"领导能力的开发和培养"。"Research and development"可以简写为"R&D"，意思是"研究、开发"。

相关词汇 **Management**

Differentiation

差别化、差异化、微分

为了区分而拉开差距

"Differentiation"的前缀词"di-"的意思是"到远处"，词根"fer"的意思是"运"，"fer"的词源是拉丁语"ferre"，因此就形成了"differ"这个词，意思是运往远方，进而引申为"不同"，"differ"也就变形为"difference"。"Differentiate"的意思是加以区别，其名词形式"differentiation"一般译为差异化，在生物学中译为分化，在数学中译为微分，在管理学中译为差别化，这些译法都已经固定下来。

战略论的泰山北斗迈克尔·珀特（Michael Porter）非常受欢迎，其原因之一在于说话干净利落。迈克尔·珀特说在竞争中获胜的基本战略有三个：其一，成本领导能力战略；其二，差别化战略；其三，集中战略。"差别化"是战略论的关键词。

在市场营销论权威菲利普·科特勒（Philip Kotler）的著述中，"差别化"也是关键词。通过市场和产品定位来实行差别化经营，具体来说是通过产品、外观等实行物理性差别化，还通过品牌实施差别化，通过关系实施差别化。

差别化思维的背景是：差别是好事情。可以说这一思维方式或许受到"必须有差别"这一美国文化的影响，日本社会并不认为和别人不同是好事。"差别化"这个词具有"革新性"的含义。

即便乘坐时速几百公里的飞机、新干线，只要交通工具匀速行驶，是感觉不到快的（如果能够感觉到快的话，那么地球每天自转也会感到眩晕）。只有在使劲踩油门，后背紧靠靠背时，才确实感到"快"，人能感觉到的只是"差别"。

将速度进行微分就是加速度，人是对加速度有感觉，而非对速度本身有感觉。

笔者认为丰田汽车公司在进行改善、改良时只是某种程度上的"微分"（微量改善）而已。如果只做每日相同的事情的话，不会被认为做了工作。工作意味着比以前有了一定程度的改善，很明显这是在用加速度来衡量工作，与在工作中只讲究"速度"的企业相比，瞬间会拉开距离，而且这个距离会永远扩大下去。笔者认为丰田汽车公司真正的强势在于将工作"微分"化的这种工作态度。

对词汇来说，"差异"是最重要的。比如"男"这个词单独使用的话没有任何意思，在和"女"这样的词汇进行区别时才能表达出"男性"。还有，"男性"和"雄"如何区别？只有不断地积累一个词和其他词汇的微妙区别，我们才能明白这个词的真正含义。"明白"简而言之就是理解"区别"。

在不断积累相似词汇的微妙区别的过程中，"意思"才能够出现。理解词汇的方法，就是理解它和相似词汇外延、内涵的微妙差异，不断积累微妙的差异。"明白"这个词，日语汉字可写"分""解""判"，这三个汉字是有细微区别的。表示"不同"的英语单词"difference"的同义词有"discrimination"（区别）、"distinguish"（区分），这些都有细腻的、本质的区别。

表示微分的数学符号"d"就是"differentiation"的第一个字母，顺便说一下，参数的数学符号"f"就是"function"的第一个字母，表示虚数的"i"就是"imaginary number"的第一个字母。日本学校的教育态度是"不要啰啰唆唆问这问那，只管记住就行了"。但是，笔者认为如果明白"表示差异的d""表示功能的f""表示想象的i"的话，学生就会心领神会。"差异（d）""功能（f）""想象的产物（i）"才是语言。

"Achieve product differentiation" 的意思是 "实现商品的差别化"。"Competitive differentiation through product innovation" 的意思是 "通过产品革新实现有竞争性的差异化"。"Discontinue product which has little product differentiation" 的意思是 "不再生产几乎没有实现产品差别化的商品"。"Cell differentiation in the developing embryo" 的意思是 "发育中的胚胎的细胞分化"。"How to develop yourself" 的意思是 "如何发展自己"。

相关词汇 > **Cost, Function, Innovation, Positioning, Relationship, Strategy**

Diversity

前往的方向完全不同

　　"Diversity"的词根是"vert"，"vert"源自表示旋转、改变的拉丁语"vertere"，"vert"加上表示离开的前缀词"di-"，再经过变形就是"diverse"，意思是"分别朝着不同的方向"。"Diverse"的名词形式是"diversity"。含有"vert"的英语词汇有"avert"（回避）、"controvert"（反驳）、"convert"（让某人改变宗教信仰）等。"回""反""改"等汉字中明显残着词根"vertere"的含义。

　　"多种多样就是人生的香料"是美国人喜欢说的话。不论什么东西都要由自己从多种选择中来选取，这是美国人从幼儿园时期就锻炼并养成的思维方法，即便是点心也要根据自己的意志从多个选项中来选择。日本人的思维方式是"全部都选择饼干"，美国与日本的思维方式形成了鲜明的对照。

　　工作单位经常对于人才的多样性进行讨论，在这种时候不使用"variety"而使用"diversity"。那么这两个词有什么区别吗？

　　笔者曾经就这两个词的区别问过美国朋友，答复如下："variety 是指有各种各样区别不大的东西，可以根据喜好进行选择，而 diversity 则是指本质上不同的东西。"

　　"Variety"指的是各种各样的东西，但是基本上是同类东西，略有区别而已。与此相比，"diversity"则是指"生存的原理不同""文化前提、背景不同"，性质迥异。也就是说，虽然两个词都是表示"各种各样"，但是"各种各样"的本质、内涵不同。

　　"Diversity"的思维方式源自美国，起初这个词有救助弱者的含义。特别是指女性及非白种人等弱势群体在录用、升迁等方面受到不公正的待遇，人们要求与这种不公平现象做斗争。在讨论"diversity"的"不同"时，不仅仅表现在性别和人种上，现在人们越来越认识到要尊重年龄、经历、宗教、性取向、残疾的程度等所有的"多样性"，充分发挥他们各自的能力，这一点非常重要。就这一认识的形成背景而言，既有外部因素也有内部因素。

就外部因素而言，就是美国社会的"diversity"。公司是反映社会的一面镜子，社会多样性的程度高、有多样性的企业更容易被接受，这就是一种社会背景。作为内部因素而言，有时只有具有多样性的组织才能开发出具有划时代意义的商品，才能有新的思路、想法。这是因为多样性强的组织适应环境变化的能力更强，这一点已经得到证实。

电视节目和电影，在无意识中反映了社会大背景。1966年开始播放的《超人》，"科学刑侦队"中六位成员中只有一个女性藤昭子。1975年开始播放的《秘密战斗队五连者》中，组织有五个人，其中只有一个女成员，就是桃连者。如果是在今天的话，作者或者编剧会考虑改为六连者，男女各半，其中男女里面各有一名外国人。就电影《007》系列而言，从1995年的"黄金眼"开始，英国情报部的上司"M"就由女性朱迪·丹奇扮演。

那么企业是如何应对"diversity"的呢？或许企业会努力接受不同与多样性，或许这会引起企业的"消化不良"。但是，在经济全球化不断进展的大背景下，企业为了提高应对变化的能力，只能让员工适应多样性和不同性，并从中相互学习。

"Diversity"是全世界的潮流，但是任何事情都有例外。有的文化圈认为"diversity"是不需要的，那是否应该把这一例外本身看作"diversity"？这确实是一个很难回答的问题。

"Diversity of opinion" 的 意 思 是 " 意 见 的 多 样 性 "。"Take diversity into account" 的意思是 "将多样性考虑在内"。"Diverse of possibilities" 的意思是 "各种各样的可能性"。"Great diversity of species of our planet is under threat" 的意思是 "我们地球的物种多样性受到威胁"。

相关词汇 〉 **Culture, Global, X-culture**

Domain

自己战斗的舞台

拉丁语中"dominium"的意思是财产，如果是大家共同拥有的财产就是"condominium"，引申为公共住宅。"Dominus"就是领主、主人的意思，由此就产生了"dominion"这个词，意思是支配力量、统治力量。词干"dom"的意思是"自己支配的场所"，"domain"由此表示支配、统治所涉及的范围，转而表示自己规定的活动领域。

"Dom"的意思是"我家"，"domestic"的意思是"我国的"，因此"domain"的一般用法是"本国领土"，由此引申为自己的领域、范围，对自己来说就是"home ground"（本方场地）。

商务上有企业领域和事业领域，确定了国家领域的地方就是边境，同样，确定"domain"就是在"自己"和"他人"之间画线。

"企业domain"是指企业进行经济活动的领域，也就是说确定"我们在这里战斗"并画线。反过来说就是同时确定"我们不在这里战斗"的领域。企业领域里面不仅包括对现状的描述，还包括要努力的领域，也就是企业为了确定今后的竞争优势，而确定"自己战斗的舞台"。事业领域与企业领域的含义基本相同。企业要根据自己的经营领域为什么样的顾客提供怎样的价值来画线。

为什么有必要设定领域？这是因为有了舞台、擂台才能确定方针。设定领域本身就是战略决策，具体来说是制定战略决策的前提，因为只有在确定战场之后才能决定将经营资源集中投放到哪里。如果领域明确的话，就可以避免走无意义的多元化经营道路，就可以明确企业或者公司将来努力的方向。如果经营者和员工能够就领域达成共识的话，就能够齐心协力朝着一个方向努力。

在决定领域之际，有必要考虑下面三点：

第一，企业经营者要协调好领域与市场、顾客和需求的关系。具体来说，该领域的市场规模是否足够大？该领域今后有没有发展空间？顾客有怎样的需求？这些都是需要考虑到的。

第二，企业经营者要考虑领域与自己企业的强项、优势的协调性。在该领域是否能够发挥自己企业独特的优势？在企业内外是否被认为是自己企业的特色？能否发挥被认为是自己企业强项的核心技术、原有的商品、服务、构筑的网络等？企业经营者需要明确回答上述问题。

第三，企业经营者要考虑领域和其他竞争对手的关系。即便领域很好，如果和其他竞争对手完全重合的话，就有必要考虑修改领域。这是因为领域的设定也是差别化战略。

在设定事业领域之际，企业经营者也需要考虑许多因素。其一，事业领域的宽窄度。事业领域过于宽泛，就会模糊，没有意义。虽说如此，如果事业领域过于狭窄就会限制战略的自由度。其二，时间轴。如果只注重现在的领域的话，就相当于自我肯定。将来如何开展事业？找出方向的适度的范围是重要的。其三，现实性。即便事业领域中包含未来因素，也并非单纯的理想和梦想。决定事业领域时，要根据现实情况回答：能够做到什么程度？想做到什么程度？应该做到什么程度？以及其他类似的问题。以上三类要素是必须考虑到的。

领域就是自己确定的擂台，也是对"我是什么"的回答。

"Without knowledge of business domain，it is difficult to understand the business goals and requirements" 的意思是 "如果不明白在哪个领域进行经营，就不知道什么是目标、什么是必要的"。"We hope to develop the business domain of high-end products" 的意思是 "我们希望开拓高端产品事业领域"。江户时期的 "藩" 也译为 "domain"，如 "choshu domain"（长州藩）。

相关词汇　**Business, Customer, Differentiation, Line, Market, Network, Strategy, Value**

Education

推导

拉丁语中"ducere"的意思是引导，由此形成"education"的词根"duc-/duct-"，词根和前缀词组合在一起就产生一组重要的词汇。"Conductor"的意思是"用演奏棒引导演奏者的人，亦即音乐指挥"，"producer"的意思是"为了生产产品而在前面引导的人，亦即生产商"，"educator"的意思是"将资质向外引导的人，亦即教育者"，"induction"的意思是"从个别推导出一般结论的归纳法"，"deduction"与"induction"相反，意思是演绎法。

英语中表示教育的词有"education""schooling""training""teaching"等，那么这些词有什么区别呢？为什么在日本企业中"教育训练"这个词，在英语中用"training"，而不用"education"？

"Training"这个词的本义是"托"，和"train"（火车）的词源相同。就火车而言，只有进行牵引的火车头才具有动力，客车、货车车厢只是被拖着走而已，要求客车、火车车厢不要脱轨，这就是"training"的含义。

"Education"是指将人才具备的才能引导出来。从这个意义上来说，"education"和表示让本身具有的东西开花结果的"development"是相近的。但是，"development"用于工作单位等各种各样的场合，而"education"基本上仅用于学校教育。教育就是在学校这一特殊的场所来进行的活动，这就是教育的本质。

"School"的词源"scholar"本来是闲暇的意思。之后，形成了哲学上的学院派，后来就形成了"school"，译为学校、学派。进行这项活动的就是"schooling"。

在英语中，进行忙碌的商务活动（参照"business"一项）的企业，感觉上并非闲暇的学校，不使用联想到学校的"education"就是这个原因。与此相比，在日本，人们认为企业也是某种学习的场所，教育是以在各种场合进行为前提的。日本人对"企业教育"这个词没有抵触就是这个原因。

小盐隆志认为，过去的日本企业发挥了积累人力资本装置的作用，详情如下："日本企业让员工积累的人力资本，说到底就是对自己企业有用的特殊的资源，如果员工跳槽的话，员工的人力资本价值就会急速下降。从某种意义上说，日本企业是效率很高的教育机构。而且正是因为日本企业作为教育机构起着很好的作用，大学生在学校里不用功学习也是没有问题的。"

这番话可谓一针见血，回顾过去不得不说这番话说得的确有道理。传授企业的"不变的 DNA"也就是企业风格、企业文化是企业教育的一项重要功能。企业教育今后会怎样发展？

如果企业的人才跳槽现象越来越多，人力资本的内容就会演变为更具有一般性的、泛用性的东西。这样一来，又使人想到小盐隆志说的"花费在教育上的费用能够给企业带来多少收益？人力资本论的思维方式决定教育的需求"。投资战斗力强的人才，并人尽其才，才能提高企业的竞争能力。尊重人力资本就是在人才培养上进行投资（参照"capital"一项）。

投资教育的典型做法就是 MBA 教育。我们有必要证明学员能够获得超过投入成本的回报。

"Elementary education" 的意思是"初等教育"，也称"primary education"。"Human education" 的意思是"人格教育"。"Education assitance" 的意思是"教育援助"，在多数情况下实际上是奖学金（scholarship，financial aid）的别称。"The education that is necessary to work in an industry is called technical education" 的意思是"在产业型企业工作所需要的教育被称作技术教育"。

相关词汇 > **Business, Capital, Culture, Network, Style**

Elite

被选择的人

"Eligere"是拉丁语,意思是选择。表示选举的"election"和意思是"被选择的人"的"elite"都是来自"eligere"。筛选的基准因时代和地区而有所不同,有的时候是根据身份和血统,有的时候是根据学历。在近代社会中,"elite"这个词多使用在知识精英这个语境中,经常与学历和资格一起使用。

"Elite"这个词给人的印象不太好——"被选择的人?似乎很了不起""特权阶级、令人生厌的人""让人想起纳粹的选民思想"。

"Elite"的本来含义是遴选、筛选。经过严格选拔和高水平的特殊的专业教育后再进行筛选,这样确定下来的人才是精英。精英要接受特殊训练,而在接受特殊训练之前要通过考试来判断其是否具有接受特训的资格,特训本身也是遴选的过程。"Elite"这个词似乎是在和"人是平等的"这一思想唱反调。大部分人都不是精英,考虑到这个事实,在某种程度上说"elite"这个词被人敬而远之也是情有可原的。

在日本,"elite"这个概念仅用于教育领域这个语境中。日本的大学入学考试是一种制度,不看身份和出身,只靠成绩来选拔。因此,"elite"和"秀才"是同义词。

相比之下,在美国"elite"这个词的语境更广,如就权力的行使而言,具有垄断性影响力的是经济、政治、军事这三个"power elite"(权力精英)。在法国,"elite"这个词并非只和教育有直接的关系,也指的是处于统治地位的阶层。

筛选这个行为本身并非不好,就企业的情况而言,高级管理的职位数量是有限的,不可能让所有人都升迁。"Elite"也有精锐的意思,稍微改变一下措辞,它给人的印象就会发生变化。在美国的企业中,"elite"换了一个词,重新包装登场,这就是"high-po"或者"hipo"。这个词是"high potentials"的简写，意思是年轻的人才，其成长、发展的潜力很大，将来能够担负重任，能够得到组织的集中投资，作为培养对象，积累经验。

那么，"elite"和"hipo"的区别是什么？"Elite"的意思是被选择的人、已经确定的人选，也就是说已经定下来的，属于现在完成时，不会改变了。而"hipo"的意思则是今后有很大的发展潜力，是未决定的、将来时、有改变的余地。承认人的才能、人的潜力，将来能够担负组织的重任，其含义是"具有希望"。

另外，"选择"这个词本身也演变成了一个新的概念，"elite"的意思是早期选拔，"hipo"这个词的意思是早期发现，而且"hipo"的名单和评价会定期更新。

在企业中如何尽早发现年轻的"hipo"是经营上的一个重要课题。企业让"hipo"做其他部门、国外办事处或者子公司的一把手等各种各样的工作，让其开阔视野。从表面上看，欧美的这一做法和日本企业中的轮岗在本质上没有区别。不过，日本企业中的轮岗是以所有员工为对象的，而欧美的全球化企业是以"hipo"为对象的，这一点二者有所不同。

因为"hipo"不断得到很大的升迁机会，成为精英的可能性是很大的。不过"hipo"是选拔的将来时，"elite"属于过去时、现在完成时，二者之间有很大的区别。

"The elite of society"的意思是"社会名流或社会精英"。"Power elite"的意思是"在国家、军队、企业等掌握权力，在社会上处于统治地位的人"。"Specially trained elite unit of the United States Army"的意思是"在美国陆军中受过特训的精锐部队"。"On the whole, the elite are not sensitive to criticism"的意思是"被称作精英的人们对批评并不敏感"。

相关词汇　**Education, Meritocracy, Power, Title**

Employability

无论在哪里都通用的能力

"Employability"是与个人能力有关的一个比较新的词，是由表示雇佣的"employ"加"able"形成的，意思是员工即便在其他组织中也能够被雇佣。"Employability"是"employable"的名词形式，意思是不论在哪里都通用的能力。与表示员工能力的"employability"相对的概念是表示企业组织能力的"employmentability"，意思是能够雇佣优秀人才的能力。

"Employability"这个词如果直译的话就是"能够被雇佣的能力"，意思是在企业或者公司外部也通用的能力、维持劳动力市场价值的能力。"Employability"这个词在20世纪90年代的欧美国家开始使用，不久也传到了日本。

如果你问企业的干部："你想提高员工被雇佣的能力吗？"企业干部会回答说："这可不行，员工会辞职的。"如果问这样回答的企业干部："你想提高你们企业雇佣优秀人才的能力吗？"企业干部会回答说："当然啦。"

从传统意义上讲，日本的大企业为了维护员工的饭碗竭尽了全力。但是，世界经济萧条，企业的经营环境越来越困难，维护员工的饭碗越来越困难。于是，企业开始主张"员工有独立自主性和自律性很重要"。在日本，"employability"这个词以前就是在上述语境下使用的。而今日本企业不得不开始减员，这个时候企业开始说："企业不可能照顾员工的一生，员工要有独立自主性。"（参照"restructuring"一项）

迄今为止，日本企业都是在拉拢和保护员工，这是日本企业的整个人事制度的核心理念，"employability"是与日本企业的这一认知背道而驰的。如果把员工培养成外部也能通用的人才的话，就会造成人才流失。当然，这是企业担心的问题。有人主张："既然企业知道对员工进行教育投资会导致人才流失，那么就没有必要再进行这方面的投资。"提出这种意见也是理所当然的。

但是，如果有"提高员工被雇佣能力的企业"和"不提高员工被雇佣能力的企业"，员工愿意留在哪种企业呢？员工如果在提高员工被雇佣能力的企业一直工作的话，通用的能力会一天一天地提高。那么，感觉到这一点的人才会离开那个企业吗？答案是否定的。如果员工知道，通过在自己的公司或者企业工作可以积累经验，提高能力和自身价值的话，只要在该组织中能够成长、发展，是会留下的。

另外，一个企业如果能够提高员工被雇佣的能力的话，基于上述原因，人才流出（对其他企业或者公司来说是人才供给）是不多的。在数字上来说，具有被雇佣能力的人才是稀缺的，价值越来越高。

对企业来说，如何能够留住有能力的人才？也就是说，将人才的稳定率维持在一个健康的水准是重要的课题。说实话企业的真实意图是只希望留下（参照"retention"一项）有能力的人才。那么，各个企业如何才能留下有能力的人才呢？答案就在"employability"的悖论中。越能够提高通用能力的企业，员工越愿意待在这里。而且，企业不光要将在知识社会所必需的有能力的人才作为重点培养对象，还要通过提高员工的被雇佣能力来留住人才。这样一来，不论是对企业来说还是对希望成长和发展的个人来说都能够实现真正的双赢。

"Employability of university graduates"的意思是"大学毕业生的就业率"。"A range of employability skills"的意思是"就业所需要的各种各样的能力"。"Three steps to enhancing your employability"的意思是"提高被雇佣能力的三个步骤"。"The employability profiles list the skills you need to develop"的意思是"被雇佣能力的明细中有你需要掌握的能力"。

相关词汇 〉 **Market, Restructuring, Retention, Value**

Engagement

约定、契约、婚约、雇佣、交战

相互之间的约定

"Engagement"的前缀词"en-"的意思是做事情，"gage"的意思是信誓旦旦或者信物。在古法语中，"engage"的意思是约定好的事情。由此"engage"进入英语，意思是相互做出严正承诺。"Engage"的被动态"engaged"表示已经订婚，也是已经有了约定的意思。"Prior engagement"的意思是有约在先。

"Engagement"的意思是相互做出严正承诺，在日本也常使用"engagement"这个词，一般情况下用于"engagement ring"，表示订婚的男女交换戒指这个含义。进入21世纪以后，在管理学领域也开始使用"engagement"这个词，有的时候译为对组织的忠诚、爱，语感稍有不同。个人对组织的这种忠诚、爱属于单向的，而"engagement"的本质含义是相互之间做出严正的、严肃的承诺。为了实现组织的目标，个人竭尽全力，为了让个人实现自我价值，组织对个人进行支援，这种作用是相互的，是相辅相成的。

"Engagement"的本质含义就是互酬性、相互报答。"互"这个汉字就表示两个东西相互咬合在一起的样子，这就是这个词的精髓所在。因此，"engagement"这个词自然而然就用在了工作和结婚上，意思是人不能重婚，也不能同时在两个单位上班，具有排他性和垄断性，同时也具有互酬性。

此外，包含在"engagement"中的心情是"爱情的佐证"。为了实现"engagement"，有必要不断积累证据，双方要相互努力，持续证明这一点。

例如，印度经济增长速度很快，印度的管理方式也广受瞩目。印度式经营的核心理念就是"holistic engagement"，意思是员工和组织作为一个整体相互作用，相辅相成。这本身就构成了一个整体。

不过，"holistic engagement"和为了整体而牺牲个人的整体主义或者集体主义是不同的。从个人方面来讲，要全心全意为公司或者企业工作，公司或者企业方面也会全心全意地关心个人的发展，这就是"holistic engagement"的本质内涵。

笔者再重复一次，"engagement"的本质就是"互相"。员工在向公司或企业发誓效忠、做出贡献时，公司或者企业要承诺支援员工、对员工做出的贡献给予回报，并付诸实施。在这一过程中，企业和员工就会建立相互信任的关系。

在"engagement"成立的情况下，员工就会想进一步做好企业的工作，自发地产生为企业做贡献的积极性，与此同时员工就会以一种积极的态度投入工作，让自己和企业进一步获得发展。这样一来，员工们的个人主义倾向就会大大减弱，就迫切希望通过和企业合作，实现个人与企业的共赢。一般来讲，"engagement"会飞跃性地提高内发式工作动机。

与"engagement"相比，从博弈论角度来讲，"commitment"表示在充满斗志、为义务而奉献的同时也有清醒和冷静的一面（参照"commitment"一项）。与此相比，"engagement"是以背后的爱和承诺为基础进行奉献的，可以说有一种宗教意味在里面，这是不能够用博弈论来说明的。如果"engagement"高涨的话，员工的工作热情也会提高。这是因为以爱和信赖为基础的相互性、互酬性在起作用。

"I am afraid I may not be able to attend the meeting due to a previous engagement with one of my customers"的意思是"不好意思，因为跟客户有先约，不能参加这个会议了"。"Previous engagement"的意思是"先约"。"Dinner engagement"的意思是"约好吃晚饭"。"Break off an engagement"的意思是"解约或者谈判破裂"。不过，"a military engagement"的意思是"武装冲突"，这里需要注意。

相关词汇 **Commitment, Game, Trust**

Entrepreneur

创业者、企业家

抓住某个东西者

英语"entrepreneur"是从法语"entrepreneur"借来的词。拉丁语"prehendere"的意思是抓，加上表示"之间"的"entre"就演变为"entreprendre"，意思是"毛遂自荐，进去亲自去抓"，进而引申为"马戏班子老板""在大企业负责管理的企业家"，今天的意思是"创业者"，和表示企业、事业的"enterprise"是同根词。

"Entrepreneur"的意思是创业者，亦即不被旧思想束缚、不怕风险、启动新事业、开辟新世界的人。从很早以前的托马斯·爱迪生（Thomas Edison）到谷歌公司的两个创业者布林（Sergey Brin）和拉里·佩奇（Larry Page），这些人都是通过全新的思想改变了世界。在笔者的记忆中，20世纪90年代后半期，以 IT 为中心的创业热潮在日本兴起，"entrepreneur"这个词开始被使用起来。

"Entrepreneur"里面也包含风险企业创业者，但是并非同义词。这是因为当初"entrepreneur"这个词不是创业者而是"企业家"的意思，是指"进去抓东西的人"，是那些冒着各种各样的风险，以财产和身家性命为赌注，从世界各地采购商品运回本国的采购商。

因此，有的人即便是企业的创业者也不是"entrepreneur"，有的人即便在大企业工作，也具有"entrepreneur"的资质。这是因为"entrepreneur"的真正意思是风险企业的创业者、大企业的经营者，是敢冒风险，拥有蓝图，能够给企业、社会带来变革的人。

"Entrepreneurship"的意思是创业者精神：不怕风险、想要改变世界的精神。战略论的大家亨利·明茨伯格（Henry Mintzberg）在《战略历程》中将战略分为十个学派，"entrepreneur"就是其中的一个学派。对"entrepreneur"学派来说战略不是像以前那样由战略专家来进行分析和提议，而是由拥有蓝图的领导创造出来的。这个学派认为战略和外部环境、市场的动向无关，而是存在于"entrepreneur"本身之中。

本格特·卡列弗（Bengt Karlof）解释说"entrepreneur"式的领导制定出的战略如下："制定战略是企业家式的领导在头脑中描绘的半意图式行为，是可以通过体验和洞察，就公司的前进方向制定路线图。蓝图是每个人做出决定、制订计划、付诸行动的母胎。个人色彩或者个性不拘泥于形式，具有创造性和灵活性。"

也就是说，优秀的领导具有卓越的能力和人格魅力，能够看到和指示方向，只有这样的领导制定的蓝图才具有决定性的意义。蓝图依存于直觉等深邃的能力，并非分析能力（参照"vision"一项），"entrepreneur"是具有制定蓝图能力的领导，不仅能够从一个崭新的视角看待事物，而且还能展示；不仅具有丰富的想象力，还具有传达想象的能力。

笔者认为亨利·明茨伯格在战略论的研究者中就属于"entrepreneur"，2003年的《财经时报》上，他被称作"伟大的管理学的偶像破坏者"。亨利·明茨伯格将已有的、拥有很强的影响力的领导们提倡的战略论给相对化了，因此被称为偶像的破坏者，不过，今天他本人就是历史上有很强影响力的领导。

"My dream is to become a successful entrepreneur"的意思是"我的梦想是成为一个成功的创业者"。"The entrepreneurial spirit isn't just about money"的意思是"创业家精神未必只是关于钱的"。"How can I think like an entrepreneur"的意思是"我如何才能像创业者那样考虑事情"。

相关词汇 > **Innovation, Strategy, Vision**

Equity

股票、资本部分、公平、公正

相等

　　"Equity"的词根"equ"以意思是"相等"的拉丁语"aequalis"为词源，同源词中将这层含义表达得最明显的例子是"equal"。"Equinox"的意思是昼夜时间相等的春分和秋分，"equator"的意思是距离北极和南极相等的赤道，"equilibrium"的意思是平衡。一般常用的词汇是"equity"，意思是公平或者公正。其反义词"不平等"就是"inequality"，"公平的"是"equitable"。

　　表示股票的英语有三个词，分别是"equity""share""stock"。这三个词的意思虽然是重合的，但语感上有微妙的差别，分别表达了股票三个层面的意思。

　　"Equity"的意思是公平、平等，表示每股股票的权力都是相同的，还表示在资产负债表上资产减去负债剩下的资本，"equity capital"的意思是自有资本。

　　"Share"的意思是占比、分享，和市场份额、合租房子的意思相同，表示根据拥有股票的比例拥有对公司的控制权，EPS（earning per share）是指每股收益率。

　　"Stock"的意思是库存、蓄积，是和"flow"（流动）相对照的概念。用来指股票本身的"stock"是指针对公司的资产拥有的股份，同时也表示这是属于自己的资产，都希望这只股票尽快升值。"Stock option"是指公司的成员拥有的按照提前规定的价格购入本公司股票的权利。

　　"Equity"这个词也用于人才管理领域。公平理论是为数不多的激励理论中的一个，表示人的动机或者工作热情与"和其他人相比是否被认为是公平的"关系密切。公平理论由斯塔西·亚当斯（John Stacey Adams）提出，在这个理论中他设想了投入和产出，也就是说讨论的是投入了多少、相应产出多少的问题。

典型的投入是指分配的时间、努力或者资源，义务（参照"commitment"一项）、辛苦的劳动、拼命工作、灵活应对、忍耐、牺牲、热情、信任之类的也属于投入。与此相比，产出是指工资、报酬、福利、津贴、可用的经费、激励、认可、评价、夸奖、感谢等。

人必须考虑投入和产出的平衡。如果人感觉到产出不充分时会怎样？会为了有更多的结果而继续努力吗？很多的人会考虑减少投入，"我可真傻，这样可做不下去！"如果有这样的感觉的话，激情、动机会急剧下降。

而且，人会一一和其他人做比较，会将自己的投入与产出和其他人的投入与产出相比较。如果自己比别人的要低很多的话，会有什么感觉？如果明白了其他人一直比自己做得好的话会有怎样的感触？肯定会想"这样可做不下去"。

于是，人会怎样做？肯定是减少投入来取得心理上的平衡。如果有公平性认识的话，会为了规避"傻傻的努力"进行调整，减少自己的投入。这样一来会导致不再热心工作，或者改变比较的对象，或者辞掉工作，或者不再进行攀比。可以看出人对自己的投入与产出的比例是非常在意的，为了和别人的投入与产出的比例持平拼命努力，实际上人对"equity"是很敏感的。

"Equity investment"的意思是"投资股票"。"Issuance of preferred equity"的意思是"发行优先股"。"Brand equity"的意思是"品牌拥有的资产价值"。"The basic concept underlying a balance sheet is simple: total assets equal total liabilities plus equity"的意思是"资产负债表背后的资产概念是简单的：资产部分就等于负债部分和资本部分之和"。"The highest equality is equal"的意思是"最高的公平就是平等"，这句话出自雨果。

相关词汇 > **Asset, Commitment, Motivation**

Expert

经验丰富的有智慧的人

拉丁语"peritus"的意思是有经验，加上前缀词"ex-"（向外），"expert"的意思就演变为"试着做"，由此就产生了意思是"经验"的"experience"这个词。专业技术的英语是"expertise"，"expert"的意思是积累了职业经验，成为某一领域的专家，"specialist"重在指专业领域的专家，而"expert"的含义是有经验的人。

"Expert"就是某个领域的熟练者，它跟"specialist"给人的语感有所不同。这是因为，"expert"虽然也强调专业性和能力，但是更注重经验，指的是积累了很多信息和知识。

经营体现的是综合实力，因此需要有广泛的知识和见解。然而，同时我们想成为某一领域的"expert"，这是因为造诣深的"expert"通过知识获得力量，以智慧付诸实践（参照"knowledge""wisdom"项）。

然而，熟练者也会出错，或者说有时候因为有经验才做出了错误判断。就有经验的人是否能正确进行思考这个问题，笔者想起了一段往事，30年前，笔者在选择就业单位时还只是个学生，向汽车公司负责招聘的人问了下述问题：

1."为什么汽车要设计成轿子形的？四方形的车不更能有效利用空间吗？"对此，负责招聘的人回答说："要不说外行人提问最难回答，小汽车就是轿车，没有为什么。"

2."为什么轻型卡车没有计入市场份额图表？"招聘人员对此的回答是："要不说外行人提问最难回答，轻型卡车不属于小汽车。"

3."将来电动汽车的时代会到来吧？"招聘人员对此的回答是："要不说外行人提问最难回答，我跟你说汽车的本质就是内燃机车。"

大家说说看之后汽车产业界发生了什么变化？现在正在发生什么变化？不言而喻，同样的问题也发生在其他行业，而今很多理所当然的事情，起初都会受到冷嘲热讽。比如，"送货上门这生意做不得""发泡啤酒怎么卖得出去呢""廉价航空公司肯定会经营不下去的"，等等。

"Expert"具有丰富的信息和知识，而虚怀若谷的"expert"会倾听外行人的意见。这样做是基于下述理由：

1. 对"expert"来说，真理只不过是仅对自己的领域来说是真理而已，失之偏颇；

2. 站在明亮的地方（自己熟悉的领域）反而看不到黑暗的地方；

3. 熟练者会以自己所属的领域的常识和价值观为前提进行判断，有些事情是自己看不到的；

4. 熟练者根据经验进行想象，如果是在其范围内的话，就容易主张这个理论是成立的。

世界是一个相互联系的体系，而且联系越来越紧密，既然如此，会在自己具有丰富经验的领域之外发生一些令自己意外的事情，而且这些事情很可能在瞬间波及自己。"Expert"对自己专业内、领域内、条件内、设想内等框架内的事情非常熟悉，但是对自己专业外、领域外、条件外、设想外等框架外的事情又非常陌生。

起初会否定一些事情说"这些东西是没有潜力的、不可能的"，然而在事情发生变化、不可能变成了可能之后，又解释说"我万万没想到会出现这样的情况"，这只不过是把知识用作对自己的辩护而已。可以说，要有灵活的思路，和潜在的顾客"外行人"进行对话，从那里灵活捕捉暗示，才是真正的"expert"的使命。

"She is an expert chess player"的意思是"她是经验丰富的国际象棋选手"。"Expert evidence"的意思是"鉴定"。"Expert witness"的意思是"专家证人、证词"。"The expert has developed an expertise"的意思是"这位专家提高了专业能力"。"I have my area of expertise"的意思是"我也有擅长的领域"。

相关词汇 　**Customer, Failure, Knowledge, Power, Professional, Wisdom**

Failure

失败、不及格、怠慢、不履行

因为能力不足或者积极性不够未能达到目标

"Fail"的意思就是落下、受挫，它的词源就是拉丁语"fallere"，"fallere"的原意是欺骗，后来演变成失败的意思。"Fail"虽然也可以当名词使用，但是表示失败的名词是"failure"，失误是"mistake"，失败是"blunder"，失态是"fiasco"。根据失败的要因、水准及语感的不同，会有很多相似词汇。

2011年3月，福岛第一核电站发生了事故，这个事故让全世界震撼，堪称大规模的"失败"。与此同时，相关人员发出的"很意外"这个评论则遭到社会上的反驳和批判。这是为什么？

进行管理的目的是在商务上获得成功，或者说尽量减少失败。但是，人会重复失败，而且有时候一个失败会和另一个失败重叠，发展到不可收拾的地步。

"失败是成功之母"这句话是全世界很多人都认可和理解的真理。我们从失败中是可以学到很多东西的（参照"learning"一项）。但是在现实生活中，我们从付出代价的失败之母身上没有能够学到东西。特别是在组织中，从失败之母身上学习东西是很困难的，究其原因大体有下述两个：一是"失败"的定义很模糊；二是就把什么（把谁）归为原因而言，有各种各样解释的余地，如果轻率断言的话就会破坏信任关系，甚至给承认失败这一点也留下了解释的余地。因此，断定"为什么发生这样的事情""是谁导致这样的事情发生的"也是很困难的。也就是说，在讨论失败的方法上失败的话，进而会引起严重的事态。

在表达失败的英语单词中，"failure"排在首位，也翻译成受挫，意思是"不合格"，是学生们最害怕的单词"fail"的名词形式。

从上述这些用法可以看出，"failure"的意思是"没有达到最低水准"，这个意思与"未达目标"是接近的。"Failure"的言外之意是"意图正确，朝着目的进行了尝试，但是没有产生相应的结果"。失败的原因如下：其一，能力不够；其二，积极性、干劲不足。失败的原因或者是其中的一个，或是二者皆有。

与此相比，带有"mis"的单词的含义是："因为失误导致失败。因为不走运，所以失败。"用"mis"这个词来表示失败的原因是"不小心""不走运"，"mis"这个词暗示的是"这个失败不是能力和积极性的问题"。

"意想不到"这个评论听起来好像是"只是运气不好"，言外之意是"不是我们的能力和干劲的问题"。日本社会对此反感是因为敏感地觉察到了这一点。

能力和干劲都很重要，而且也需要很多幸运状态叠加才能够获得几许成功。人在成功时会认为自己的能力和积极性是主要原因，人在失败的时候总是抱怨运气不好。谁都会失败，但是失败时不要总用运气来进行解释，而是应该虚怀若谷地考虑从失败这个母亲身上学习什么，只有这样才能提高能力和干劲，减少下一次失败的可能性。

"Failure is the mother of success"的意思是"失败是成功之母"。"Successful people love to talk about failure"的意思是"成功的人喜欢谈失败"。"Failure means ruin"的意思是"失败意味着破灭"。"As a teacher, he is a complete failure"的意思是"作为老师他完全是个失败者"。"He tends to attribute failure to external causes"的意思是"他倾向于把失败归于外部原因"。

相关词汇 ▷ Competency, Goal, Learning, Motivation, Trust

Finance

用钱来解决

拉丁语"finire"的意思是结束，"finis"在表示结束、界限的同时还表示"支付的结束"。因此，在法语中"finis"表示"还完债务"的意思，这个含义引进到了英语中。英国从发生工业革命时候起，这个词就用于金钱的管理。

"Finance"的词源与"final"（最终）相同，都是"fin"，含义是结束。财经和结束有什么联系呢？这是因为"finance"这个词在法语中是用钱来解决事情的意思。用金钱来摆平事情就是"finance"的含义。

查一下词典就可以发现"finance"最初出现的翻译词是"（特别是公共）财政、财务"。"Public finance"的意思是国家财政。

企业中的"finance"有两个形成对照的含义：其一，从金融机构一方来看就是融资；其二，从公司企业一方来看就是筹措资金。

从金融机构一方来看，融资以担保内容来分类。通常，企业的信用度本身就可以作为担保，与此相比，以特定的资产做担保的就是"asset finance"，以特定的项目产生的利润为担保的就是"project finance"，估测担保价值就是银行的工作。

从企业公司一方来看，筹措资金可以分为两类。作为借款来筹措的"debt finance"就是间接金融，从银行接受融资就是其典型做法。发行公司债也属于借款，属于这个范畴。作为自有资本而筹措的"equity finance"就是直接融资，发行新股就是其典型做法。

不论采用哪种形式进行融资，企业为了产生利润、继续经营活动，说到底就是将"筹集到的钱的成本"和"用筹集到的钱得到的回报"进行比较，回报大于成本是必要的。

"Finance"是经营者进行战略决策的典型内容，要在被迫做出最后答复的催促下，不断做出决策。经营者首先要决定在多大程度规模上做什么生意。其次，经营者要判断为此要用什么方法筹措必要的资金。再次，经营者在进行经营活动时要决定在什么方面投资。最后，经营者要决定以什么样的方式分配通过经营活动产生的收益。如果是间接融资的话要支付贷款利息，如果是直接融资的话通过股票分红来支付，或者为了公司的发展还可以留作公积金。

乍一看这一过程非常合理，但是阿莫斯·特沃斯基（Amosi Tversky）和丹尼尔·卡内曼（Daniel Kahneiman）对此提出了质疑，被称作"展望理论"（1979）。该理论背景是上述二人对"人们未必经常进行合理的行动"这一现象的观察。

人总是想要做出合理的决策，"自认为"是合理的，实际上并非如此。在最后答复的背后实际为不合理的"人类"的心理。着眼于这一点进行讨论的就是"行动 finance"（参照"behavior"一项），这一理论将用金钱解决问题的金融领域解释得淋漓尽致，颇有人情味。

"Campaign finance bill" 的意思是"选举资金法"。"Finance company" 的意思是"金融公司"。"Refinance mortgage" 的意思是"住房按揭贷款"。"The company is facing severe financial problems" 的意思是"那个公司面临着严重的财务问题"。"With the weak economy, companies have found it difficult to get financing" 的意思是"因为不景气，最近企业融资很困难"。

相关词汇 **Asset, Behavior, Equity, Profit, Yield**

Force

能够出结果的"力量"

前缀 "fort-" 的意思是强大，音乐中的强音就是 "forte"。"Fort" 的词源是拉丁语 "fortis"，意思是 "强"。由 "fortis" 这个拉丁语派生出 "effort"（努力）、"fortitude"（不屈）等词汇。由拉丁语 "fortis" 派生出 "fortia"，由 "fortia" 派生出表示力量、武力的 "force"。比如 "force sb. to do" 表示强迫别人做某事。"Force" 是比 "power" 更直接、更具有物理上强制的力量。

组织被暴露在来自外部的力量下，根据内部的力量关系来运作。就来自外部强加给的力量而言，迈克尔·波特（Michael Porter）提出了分析行业结构的框架，称作五种竞争力量。五种竞争力量是指行业内的竞争关系、来自新入行的威胁、来自替代产品的威胁，以及和顾客的交涉能力、和供应商的交涉能力。

切斯特·巴纳德（Chester I.Banard）着眼于在组织内部起作用的力量，认为这种力量是构成组织的主要要素。在管理学的经典作品《经理人员的职能》（1938）中，巴纳德给讨论"组织是什么"时必定引用的"正式的组织"下了定义："两个或者两个以上的人有意识地调整的行动或者各种力量的体系。"

笔者说："这个定义非常重要，一定要记住。"之后问："什么叫组织？"大部分学生回答说："嗯？两个或者两个以上的什么来着？"就卡壳了。之所以记不住，是因为老师在解释原文时，是从后面进行翻译的，这就出现了问题。原文是 "A system of consciously coordinated activities or forces of two or more persons"，如果从头开始翻译就能按照重要程度进行理解。

1. 组织本来是系统、体系。

2. 组织重要的构成要素是"活动"乃至"力量"。

3. 活动和力量是可以调整的。

4. 活动和力量的调整不是无意识的，而是有意识的。

5. 活动和力量是由两个以上的人进行的。

巴纳德在思考组织之际，把组织作为将"人"这个要素排除在外的无形的活动、力量体系来理解。而且巴纳德认为组织是类似于在物理学上使用的"重力场"或者"电磁场"的一个概念构成体，把组织看作力相互作用的场。

巴纳德主张："当活动和力量的调整很成功时，所得到的不只是各自努力之和，而是在质上和量上都超过这个和的东西，或者创造出全新的东西。"巴纳德认为这就是组织的本质。把组织的本质要素看作"力"的这一观点可以说是一种动态的研究方法。

在上述内容中出现了"物理学"这个词，物理学中的一个领域就是"力学"。"力"是足以形成一个学问体系的大题目。在物理学上的"力"称作"f"，就是"force"的第一个字母，其基本公式如下：

"功"（W）= 力的大小（f）× 移动距离（d）

从力学角度来看，"力"和"功"（work）是密切相关的，"功"的源泉就是"力"，力让物体动起来。在物理学领域，做"功"的一方要失去能量，转移到另一方，这一能量的移动就是"做功"，它与"工作"都是"work"这个词。如果不加力的话，工作就不成立。想运动的东西不动的话，工作量就等于零。

有人会争论说"我也是拼命做了呀"，对此，管理者大喝"你做的称不上是工作"。这说明管理者很好地理解了力学上的工作量的定义。

"Magnetic force" 的意思是 "磁力"。"Attractive force" 的意思是 "引力"。"Turning force" 的意思是 "旋转力"。"Irresistible force" 的意思是 "不可抗力"。"motive force" 的意思是 "原动力"。With full force 的意思是 "全力"。不过，"air force" 不是空中的力量而是 "空军" 的意思。"Force someone to do something" 作为动词来用的话就是 "强迫某人做事情"。"This law still remain in force" 的意思是 "法律现在还有效"。

相关词汇 **Organization, Power, System, Work**

Fractal

无论如何去区分都区分不开的东西

"Fragile"的意思是容易碎的。"Fraction"的意思是破片、断片。这些词都源自拉丁语"frangere",意思是破坏。"Frangere"的现在完成时"fractus"就是"fractal"的词源。"Fractal"是一种图形,无论弄成什么样的碎片,整体也会出现在断片中,这是本华·曼德博(Benoit Mandelbrot)于1977年提倡使用的术语。

不论在多大范围看,总能找到与自己相同的东西。不论缩小为怎样的范围,还是能找到与自己相同的东西。像这样,自己的一部分又成为与自己相同的结构就是"fractal",译为分形。

分形并非特殊的东西,在自然界里有很多:雪花的结晶、菜叶、里亚式海岸线、人的肺、脑、经济学上的动向股票……在自然中充满了分形。

如果读者想了解详情,请查阅本书参考文献中有关科学的书籍。下面笔者介绍经营中的"分形"。首先是社会和公司的关系。这两个词在日文中使用的是同样的汉字,互相颠倒过来就是另一个词。虽然这属于偶然,不过,公司属于社会中的小社会。人口构成是金字塔形的,而且当经济处于增长期,公司也理所当然地是金字塔形的。但是,人口结构也会发生急速的变化,当社会不再是金字塔形的话会怎样?那时金字塔形的组织结构和论资排辈式的工资待遇组合在一起就会变得困难。

以前,企业也属于一种金字塔式的关系,如母公司、子公司,或者是承包、转包以及再转包等。摸索取代原来"系列"的新型交易关系,同大规模社会变化的轨迹是一致的。

企业集团→企业→公司内企业,就是"分形"。在电视广告中问:"这棵树是什么树?"这棵树就是日立公司的树状结构。日立的树是一棵大树,实际上是多棵树凑在一起才看起来像一棵大树,这象征性地表示了日本的传统企业和集团公司的关系。

　　而且笔者认为企业组织中，部门→部→科→小组的关系也是"分形"。下面这个比喻可能有点不太合适，人从器官到细胞不断细分也是如此，当然这和严格意义上的分形是不同的，但是总有点像"fractal"。

　　我们的先人们似乎从直觉上认识到了这一点。比如密宗的"曼荼罗"就是纵横地摆放佛和菩萨来表现宇宙的图画。宇宙中有小宇宙，小宇宙中还有小宇宙，从整体上来看，宇宙在重复着自己。

　　"Frantal"就是关于"次方"的概念。比如将 x^n 微分就成为 nx^{n-1}，从n次方少一个次方变为（n-1）次方。即便把自己微分，又出现了自己，因此，可以说微分不起作用了。

　　整体孕育在部分中，相反部分也孕育着整体，这就是分形的特征。之所以说"神孕育在细节中"原因也在于此。分析是指分开，让其明确。科学就是把复杂的东西分解成部分进行理解。然而，分形中，采用分解为部分的这一通常分析手法是行不通的。"Fractal"也暗示着把"不明白的整体"还原为"明白的部分"的近代科学的局限性。与此同时，"fractal"也暗示着通过理解部分完全理解整体的可能性，也就是说好好完成自己的工作的话也能从事更大规模的经营。

　　"Koch curve is one of the most famous fractals"的意思是"科赫曲线是最有名的分形"，"factol"在这里作为名词来使用，作为形容词来使用的例子有"fractal structure"，意思是"分形结构"。"Fractal geometry"的意思是"分形几何学"。"Fractal dimension"的意思是"分形维数"。"Fractal coding"的意思是"通过使用分形概念来将图像、声音暗码化的手法"。

相关词汇 > **Company, Hierarchy**

Function

功能、作用、函数

像生物一样的"严密的机能"

拉丁语"fungi"的意思是"很顺利地起作用","fungi"的变形"functionem"就是"function"的词源。在中世纪的法语中形成了"function"这个词,"function"引进到了英语中,意思是"针对目的起到好的作用",数学中的函数也是"function"。

电脑中的"F"键上分配着各种功能,"function"就是起作用的意思。数学函数"f(x)"中的"f"也是"function"的第一个字母。据说在数学中首先使用"function"这个词的是莱布尼茨。"函"就是箱子。在黑盒子里放入 x 出现 y 这个结果,"y=f(x)"得出符合目的的结果,这就是"function"。

"Function"的意思是功能、机能。"机"就是装置、机制、机关、作用,"能"就是能够。有"能"通过"机"来发挥出来的话,事情就会合理地进行,能起到作用,可以合理地工作,这就是"function"。

组织中的部门通常是通过机能、功能来分类的,策划、研究、开发、制造、筹集、营业、销售、财务、人事等。可以把拥有各种机能的组织称作多功能组织。这些部门在功能上合作,达到目的。也就是说,成员们在分工的同时,照顾整体情况,达到组织的目的。这就是功能性组织。

在组织规模还小时,功能还未进行分化,组织规模变大的话,就会分化为复杂的功能或者机能,之所以功能分化是因为进行了分工,这一点类似生物的进化。为什么分工是有效的?笔者认为在企业中可以用"学习曲线"来进行说明。随着反复经历每个工序的次数增加,每个工序每次所需要的劳动时间就会减少。由经验得知,积累的生产数达到一倍的话,每次的作业大体上只花八成时间就可以了。通过分工,作业就会变得简单,成本不断降低。

那么，为什么不把作业或者工序分到最细、达到极致？这是因为将作业或者工序分得过细，调整的成本就会增加，而且过于简单的工作不能维持员工的工作积极性和工作热情。笔者认为就对组织进行细分的程度而言，要在未细分和极端的细分之间找到一个最佳点（参照"optimization"一项）。

机能的"机"就是机械的"机"，因此，很多人对"function"这个词有一种机械的、负面的印象。但是，"机能"这个词与有机体有着很深的关系，这样说的根据就是"有机化学"这个词。

据说对化学家来说，最初的分科就是选择有机化学或者无机化学中的一个。顾名思义，有机和无机的区别在于有没有"机"（function）这个字。

生物能够通过有机化合物的作用维持生命，决定有机化合物性质的东西就是"功能群"。功能群这个词或许有一些唐突、文不对题，但是在英语中叫"functional group"，拥有同一种功能群的化合物具有相同的功能。

起作用、具有功能意思就是像生物一样进行活动，有作用、出结果，合理地开展工作，在分工的同时达到维持组织发展的目的。能够工作就是指在组织中扮演好自己的角色，起到积极作用（参照"role"一项）。

"You need to make sure you understand main functions found in every business operation" 的意思是 "你有必要确认你是否理解了在每个经营环节发现的主要功能"。"The Diet is not fully functioning" 的意思是 "国会没有充分发挥功能"，"function" 在这里作为动词来使用。"Trigonometric Function" 的意思是 "三角函数"。"Function room" 的意思是 "可以用于各种各样用途的多功能室"。

相关词汇 > **Cost, Learning, Optimization, Organization**

Fund

基金

大家支撑的底

拉丁语"fundus"的意思是"底"或者"根基"，基于这个意思，"fund"这个词在18世纪开始用作"基金"的意思。这个词和"fundamentals"（基础的）一脉相承，粉底霜"faundation"也是一样的。"Fund"就是在底部支撑的意思。

大家齐心协力支撑的东西就是"fund"，因此，在汉字中写作"基金"。"Fund"就是公共钱包，在和同伴旅行时，最初每人出3万日元放进信封里，交通费和饭费统一从这里出，这样一来不用每次都分摊钱，可以说这是最简单的基金。

NPO（非营利团体）等到处筹集活动资金称作"fund raising"，筹集资金，设立基金，作为活动的原始资本，这种活动采用各种方法筹集资金，可以让企业赞助、募捐、设立支援制度、搞慈善活动、申请国家补助……"Raising"本来的意思是"提高"，与托底意思相近。

在基金投资中，即便每个人的投资额很小，很多人相互支撑的话（＝相互出资），就能够积累大量资金，这样的话就可以购买合适的证券，分散投资（参照"portfolio"一项）。基金经理（fund manager）就是作为专家来选定投资方向的人。

我们将管理运营巨额资产的金融机构称作机构投资者。机构投资者不能一概而论，有多种多样，最典型的基金是公募投资信托，在英语中叫作"mutual fund"。"Mutual"的意思是相互的，在从很多人那里募集投资的一般性公募信托投资中，为了保护投资者，就投资什么产品等有详细的规定，而且要求公开信息。投资者要向机构投资者也就是资金运营公司支付报酬和信托报酬。

其中最有名的基金投资，就是对冲基金"hedge fund"，"hedge fund"

属于一种私募的投资信托，私募是指将资金募集对象或称投资者设定为少数人（日本的话不足50人），不过，投资的最低额度也非常高（比如1日元以上等）。与公募投资信托不同的是私募资金运营可以不受束缚，比如可以积极卖空、可以投资风险高的品种等。

与此相比是养老基金（pension fund），体量庞大，行动缓慢，就像一头大象。养老基金是将员工的养老金本金积累起来统一投资的基金，公司或企业必须向退休的员工支付养老金。因此，一般来讲资金运用方针比较保守。

养老金的资金规模比较庞大，因此会对市场产生很大冲击，同时，市场的动向会给企业业绩带来影响。比如有些企业有大量的养老金公积金，其额度与销售额匹敌。在这种情况下，即便主业赚了10%，如果在养老金投资中，养老金的公积金评估额下跌10%的话，必须填补这个亏空，所有的利润就会化为泡影。美国的汽车公司GM破产的原因之一就是养老金债务。不论是公司还是个人都不能在战略上出错，否则将来会出现风险。

"Mutual fund" 的意思是 "投资信托"。"Trust fund" 的意思是 "信托基金"。"Hedge fund" 的意思是 "对冲基金"。"The CEO is very reluctant to fund this project" 的意思是 "CEO 不愿意给这个项目提供资金"。"It was discovered that the company was operating a multi-million dollar off-book slush fund" 的意思是 "发现这个公司正在非法运营数百万美元的账本外资金"。

相关词汇 **Institution, Investment, Portfolio**

Game

人们聚在一起欢乐

在古英语中"gamen""gomen"的意思是体育、欢乐。在古日耳曼语中有"gamen"一词，意思是欢乐。另外，在哥特语中有"gamen"一词，意思是参加、共同做某事。此外，"gamen"的词源是"mann"，也就是"人"，人们聚在一起就是"game"，这一点很有说服力。

商务是"game"吗？对这一问题意见有分歧，一类人认为是这样，一类人认为不是这样，大家怎么认为呢？笔者认为在思考商务与游戏的关系时，有一个运用了博弈论的方法，下面笔者就从作用理论（角色理论）来解释。米德（George Herbert Mead）是作用理论的首倡者，在《精神、自我、社会》（1934）一文中他提出了"play""game"这两个对立的概念。米德为了说明角色扮演所使用的案例是孩子的"play"和"game"（参照"Role"一项）。

孩子们在玩游戏时，作为"player"（玩游戏者）的孩子们玩得很有兴致，这本身就属于角色演技。游戏的背后没有写具体的说明，在孩子们玩游戏时，必须理解游戏的大体内容、过程，在此基础上好好演出，在玩游戏的过程中乍一看没有胜负之分。

与此相比，"game"必然要分出胜负。一般人们都希望竞技者要按照规则公平比赛，"game"即竞技中必然要分出胜负，这一点是毫无疑问的。

那么，是不是说"play"和"game"就是简单对立的关系呢？也并非如此，可以说，这二者是相互交织的。就"play"而言，"谁来扮演妈妈的角色"很重要，表面上看起来很平静、没有争斗，但是如果这个角色演不好的话，会被伙伴们孤立起来的。因此，孩子们的"play"中也有另一个层面的胜负。也就是说，可以认为这是冠以演技名称的"game"。

相比之下，就"game"而言，负责防守的话就要好好防守，担负起自己的责任，公平比赛的精神是不可或缺的。而"role playing game"（PRG）是指"play"和"game"二者浑然一体。米德从"play"和"game"分析角色的视角其实就可以套用在分析职场上。即便是在职场上，游戏的要素和竞争的要素互相对立、互相补充，相辅相成。

行业中的竞争就是"business game"，为了在竞争中获胜，有必要制订竞争计划"game plan"，在职场中存在着"power game"（参照"Power"一项）。从这个意义上来说，回答"Business 就是 game"就是正确的。虽然在商务中也是在拼尽全力竞争，但是不会要命的，从这个意义上来说就是"game"（比赛）。

另外，工作能力强的人明白自己的角色、作用。当上了部门经理就要有经理的样子，在紧急情况下，要有相应措施处理紧急事态（参照"behavior"一项）。舞台上的角色虽然是确定的，但也仅仅是演戏而已，不是真的。舞台上的角色和生活中的角色是不同的。因此，说商务不是游戏或竞技的人在这个意义上是正确的。

在商界，"game"和"play"并非单纯的两个对立项，而是相辅相成的，属于共存关系。组织和组织之间、组织内的个人之间，一方面存在着竞争（参照"competition"一项），另一方面存在着"角色演技"，而且双方既是"game"又是"play"。

"Game theory"（博弈论），是指关于多数 player（参与者）的决策相互影响的理论。"Game changer"，意思是"一口气改变比赛形式的选手"，转义为"改变状况的人物、技术、事情"。"Is life a game?"，意思是"人生是 game 吗？"可以这么说也不可以这么说。

相关词汇 **Behavior, Competition, Power, Role**

General

整体、大将、综合、一般

事物产生的根本

"General"的词源是拉丁语"generare"，意思是产生、发生。"Gene"（基因）、"gender"（性别）、"genesis"（起源）、"generation"（代）等以"gen"为词根的词都与"产生"有关系。"Allergen"等加"-gen"这个后缀词的单词情况也是相同的。"Gen"是关于整个"种"的意思，汉字写作"源""元""原"，动词"generalize"的意思是"一般化"。

"General"这个词有时候翻译为一般的、综合的。但是，如果"general"是一般的、综合的，在公司或者企业中的一般职位、综合职位都成了"general"，就会发生混乱。因此，笔者认为有必要对"general"这个词的意思进行归纳整理。

一般来讲，把通过轮岗通晓整个组织情况的员工称作"generalist"，与此相对的词称作"specialist"。从这个意思上说，综合性职位译作"general"是合理的。但是，与日语中用片假名写的"general"这个词相比，英语中的"general"更有分量。第二次世界大战结束后，在一段时间内统治日本的总司令官道格拉斯·麦克阿瑟的头衔就是"general"，意思是统帅或者元帅。从这个意义上讲，把所有的综合职位的员工称作"general"也有不合适的地方。

下面笔者列举几个以"general"打头的词汇，从中可以总结归纳出"general"这个词在意思上的共性，我们把这种方法称作一般化（generalization）。"General manager"这个词在日语中的意思是"部长"。不过，即便是专业部门，其部门领导姑且可以称为"general manager"，这样的公司很多。"General management"可以翻译为综合管理，意思是综合运用战略、市场营销、财经、人才管理等方面的知识，制定战略，以对组织进行管理。"参谋本部"在英语中是"general staff"。据说这个词来源于普鲁士元帅卡尔·冯·克劳瑟维茨（Carl von Clausewitz）写的《战争论》（1832）。"General headquarter"的意思是总司令部，简称GHQ。这是1945年第二次世界大战结束后美国政府为实施对日占领政策设立的机构，称作盟军总司令部，总部设在东京日比谷。医院的一般门诊或者全科门诊称作"general practice"，意思是患者来到医院后，先在那里接受整体上的检查，再接受专业科室医生的诊疗。

"General Ledger"是簿记术语，意思是总会计。总会计的职责是记录所有的交易情况，这和按日期记录不同，是按照类目记录的，之后成为总账。"General partner"是无限责任成员，即在风险投资资本成立基金之际负责执行业务。与此相比，"limited partner"的意思是有限责任。在这里"general"和"limited"是反义词，对比使用。另外，不论是"general"还是"limited"，二者都是承担部分的伙伴。部分和全体看似矛盾却有机结合在一起，是一对不可思议的词。

由上述可知，"general"就是对整体进行统辖，并非广而肤浅。表示"源、元、原"的"gen-"是产生事物的根源，与"原本"相近的这个词中有深刻的含义。有时候有意识地扩展范围，有时候在某处进行深入挖掘，这样我们就能接近"general"的真正含义。

"Secretary-general"的意思是"秘书长"。"The general feeling is against the current prime minister"的意思是"一般的人对现在的首相的看法不好"。"General merchandise store"的意思是"零售量贩店"，缩写为"GMS"。"General knowledge is common sense"的意思是"一般性知识就是常识"。

相关词汇 **Management, Strategy**

Global

地球的、全球的

多样性和统一性的共存

"Globe"的意思是地球，源于拉丁语"globus"，意思是"球""圆形固体"。"Global"的形容词是"global"。中文将"global"翻译为"全球的"，可以说比较忠实于词源。马歇尔·麦克卢汉（Marshall mcluhan）在1960年使用了"global village"（地球村）这个词，使用这个表述是个比喻，意思是世界变小了，成为一个村子。

全球化是一个长期趋势，其背景是：整个社会、经济不可避免地出现了无国界化现象，随着通信、交通的发展，世界出现扁平化趋势，社会发生了实质性的变化。

"Border"的意思是边境，"无国界化"是大前研一使用的词汇，指的是由于跨越国界开展商务活动，导致国界消失的一种状态。"Flat"的意思是"扁平的"。世界的扁平化是托马斯·弗里德曼提出的说法，20世纪，新兴国家提高了国际竞争力，从上游的发达国家争抢业务，这导致产生知识、思路的场所不再有上游、下游之分。

20世纪70年代，日本企业开始正式进军国外市场。20世纪80年代，日本企业将制造业等的生产基地正式向国外迁移。在这一过程中，日本的零部件、材料产业开始在国外生产、销售，并有加速趋势。近年来最大的变化是经营、管理出现全球化趋势，这成为所有行业、各种规模的企业所共同面临的亟待解决的课题。

在这一过程中，近年来在人事、人才开发领域，"全球化人才"也成为经常讨论的话题。2010年6月，迅销公司和乐天相继公布将英语作为公司内部的公用语言，这一点也让人们认识到发生了巨变。

然而，日本人对"全球化人才"这一概念的认识依然很模糊，这是因为日语中的"global"有两个相反的意思。其一，在下定义时聚焦于"多样性"这个侧面。在这种情况下，"global"这个词经常作为

"international"（国际）、"multinational"（多国）、"transnational"（跨国）等词的同义词来使用。其二，在下定义时侧重于"统一"这个侧面，这个定义忠实于"一个整体"这个词源。在这种情况下，认为"global"是指统一程度较高，但是对当地的适应性较低这一状态。因此，在这一语境下，"global"是和"international"对比使用的。

综上所述，"global"这个词有两个含义：其一，含义是多样性，意思是向全世界扩散；其二，含义是统一性，意思是世界收缩为"一个"。

不论是"national"还是"global"，原意都是"一个"，这是二者的共性。不过，"national"可以解释为"本来就是一个"的同一性。相比之下，"global"可以解释为"今后成为一个"的方向性的同一性。就"一个"而言虽然是相同的，但是在是"原本"还是"今后"这一点上处于相反的位置。

全球化的进展是指不断暴露在不同的社会、文化之中。为了应对这一局面要求有高度的文化适应性（参照"X-culture"一项）。为此，有必要正确传达企业和自己的价值观、蓝图，自己的价值和沟通能力就会显得很重要。尽管乍一看多样性和同一性属于悖论，但是可以认为全球化人才就是同时体现多样性和统一性的人才，笔者认为这样的超人不是那么容易找到的，因此，所有公司在寻找这类人时是很费周折的。

"Global economy" 的意思是 "全球经济"。"Global warming" 的意思是 "全球暖化"。"The globalization of the automobile industry" 的意思是 "汽车产业的全球化"。"From a global perspective" 的意思是 "从全球化视角来看"。"Global financial market turmoil" 的意思是 "世界性的金融市场的混乱"。"How global financial regulation should be conducted" 的意思是 "如何监管全球化金融"。

相关词汇 〉 **Value, Vision, X-culture**

Goal

自己决定要去的目的地

"Goal"以前的意思是境界、界限。一般认为"goal"的词源是古英语中的"gal"，意思是壁垒。也就是说，"goal"就是"不能再向前走的场所"，由此引申为"战斗的终点"。另外，在体育中就是"踢球的场地"的意思，进而引申为在踢球的场地得到的"分数"。这些意思用作比喻，就是"目标"。

如果没有"goal"（目标），人就不能跑，这是因为目标就是终点。如果能看到目标的话，就会有干劲。相反，如果目标不明确的话，就不知道向哪里跑。如果对目标不认可的话，脚下就没有力气。

在英语中，将为了使工作进行下去而设定目标称作"goal setting"。在设定目标之际，要做到 SMART 的意思是，设定目标时要以这五个字母开头的词作为指导方针。这个 SMART 理论是彼得·德鲁克1954年提出来的，后来做实业的人在实际工作中引进了这一词汇。

"S"是指"specific"（具体的）。为了让任何人读了都明白，要用平实的语言，正确、具体地表述一件事情。

"M"是指"measurable"（可以测定的）。为了能够客观地判断进度、进展情况，尽可能设立可以测定的目标。

"A"是指"achievable"（可以实现的）。为了不使目标停留在愿望上，要设定一个可以实现的、努力一下就够得着的目标。

"R"可以有四种解释：第一，"result oriented"，也就是重视结果、成果；第二，"responsible"，意思是负责任的，是指自己或者团队经过努力能够完成的目标；第三，"related"，也就是和部门、公司的目标取得一致；第四，"realistic"是指现实的，能够鼓舞干劲的东西。

最后一个是"T"，是指"time bound"，意思是明确指出"截止到什么时候"这一完成期限。

SMART 原则是检查是否制定了清晰目标的一个清单，是一个实践目标的框架。因此，笔者认为将"R"解释为上述四个义项中的哪一个问题都不是太大，只要选择一个符合组织实际情况的意思就可以了。使用 SMART 清单的好处，是可以让任何人都能较合理、迅速地做好困难的目标设定工作。

按照 SMART 清单来写的目的是让目标尽量变得具体，如果这样做的话就可以提高对目标的认可度，就会有工作积极性。为了搞清楚目标具体性和认可度的关系，笔者对日本、美国、英国公司的人事部门、营销部门、财会部门、信息部门的各100人进行了问卷调查。就"目标是否是具体的？是否是能够认可的？"笔者从1200人那里得到了答复，整体上来看日本人较为保守、美国人较为积极、英国人居于二者之间，这一点与设想的相同。但是，就具体性与认可度的关系而言，无论哪个国家的人都认为它们正相关。

自己的目标不是由别人制定的，自己制定目标会提高工作积极性。比如正想学习的时候，家长说"赶紧学习"，这样的话学习积极性一下子就降低了，笔者认为谁都会有这种经历。上司（或者家长）说到底就是在旁边协助本人制定目标的人，这一态度非常重要。这是因为目标是本人的。

"Exceeding the expectations of every customer is the goal of each employee at our company"的意思是"超出每个顾客的期待是我们公司每个员工的目标"。"Goal line"的意思是"足球、橄榄球等的球门线"或者"田径比赛的终点"。"How to attain your goals"的意思是"达到目标的方法"。与"goal"搭配表示"实现目标"的动词除了"attain"还有"obtain""achieve""reach"等。

相关词汇 ＞ **Appraisal, Objective**

Hierarchy

金字塔形的神经官能组织

希腊语的"hierarkhes"即神职人员、神官，源自埃及的象形文字"hieroglyph"，神职人员的规则就是"hierarkhia"，这个词加上表示"支配者"的词根"-arch"就是"hierarchy"。带有"-arch"的词有"monarchy"专制君主统治（一个人统治），"anarchy"没有统治的无政府状态（无统治）等。

一般来讲，在英语中将有阶层的组织称作"hierarchy"。如果组织的阶层多的话，形态就变为金字塔形。"Pyramid"（金字塔）从埃及语经希腊语演变为英语，在数学中的意思是角锥。从顶端经过中间管理层再扩散到基层员工的金字塔形组织，特征是由顶端进行决策，员工采取机动性行动。军队就是金字塔形组织的典型，这种组织的特征就是脑子指挥手足，自上而下采取行动。换个角度来看就像组合体操一样，下面支撑上面。总而言之，有上和下，上和下形成阶层就是这个词的本质。

"Hierarchy"也产生于古代埃及。从这个意义上讲，"hierarchy"和"pyramid"一脉相承，这一点是确定无疑的。但是，"pyramid"显示的是从外部看到组织的形态，而"hierarchy"显示的是组织的内容，其要点是"处理文字的神经官能组织"。在这个意义上讲，阶层组织与繁文缛节的官僚主义一脉相承（参照"bureaucracy"一项）。

阶层组织的优点如下：其一，可以进行一元化决策，节省调整的成本，因此，可以高效地处理业务；其二，因为阶层较深，每个管理者能够控制的范围也是有限的（参照"control"一项）；其三，也是一个隐性的优点，就是因为阶层多可以进行逐级上升，呈现出一幅组织阶梯图（参照"promotion"一项）。

与上述组织结构相比，可以发现日本社会的年龄构成是倒金字塔形的。第二次世界大战后日本经济的高速增长阶段结束了，公司组织结构再也无法维持金字塔结构。因为很多公司在经济萧条时期减少了招工人数，导致年龄结构畸形：年轻人较少，基层年龄段的人数很少。甚至有的公司还出现了部门经理人数比部下多的锤子形年龄结构。在日本的公司中真正意义上的金字塔形组织很少。

企业的组织结构反映了社会结构和产业结构。另外，组织还反映了战略。社会结构、事业环境、竞争战略随着时代的变化而变化，因而合理的组织形态也在发生变化。

在大量地以廉价成本生产优质产品的时代，生产活动是最重要的任务，有必要有效地进行生产和营销活动。但是，现在要求企业做的是聆听顾客的声音并迅速做出答复。阶层较深的金字塔形组织就像大型的军舰似的，已经跟不上时代的发展了。与此同时，IT 产业取得了飞跃性发展，通信成本下降了，处理文字的特权阶级组织结构现在已经不适应社会的发展了，在某种意义上说这也是理所当然的。

将上述的金字塔形组织倒过来就是"倒金字塔形"，由最靠近顾客的每个员工进行决策的话，会加快决策速度，这一点越来越重要。在倒金字塔形组织中，每个员工在最上面，倾听顾客的声音，与顾客进行交流，管理层对其进行支持和调整。管理团队的高层处于金字塔的最下方，支撑着倒金字塔组织。

"Hierarchy based on age" 的意思是"由年龄决定的序列"。"Respecting hierarchy is important culture in Japan" 的意思是"尊重上下关系是日本最重要的文化"。"Very rigid hierarchy in the governmental institutions" 的意思是"政府机关中看到的十分严格的阶级制度"。"This is the hierarchy used by the imperial court" 的意思是"这就是牢固的等级制度"。

相关词汇 〉 **Bureaucracy, Control, Customer, Function, Promotion**

Hospitality

主人招待客人

"Hospitality"和"host"（东道主）、"hospital"（医院）的词根相同。词根"hospit"的词源是表示主人、客人的拉丁语"hospes"。这个词的动词"hospitare"就是"招待客人"。"Hospitalitem"的意思也是"招待客人"，这个词在古法语中演变为"hospitalite"，进而成为现在的英语。

有时候我们把宾馆、餐馆称作"hospitality 产业"。当然，有的宾馆和餐馆以快速、价格便宜在竞争中获胜。但是，笔者这里讲的是以"感觉好"在竞争中胜出的商务模式。如果招待得到位，给顾客的感觉好的话，顾客就愿意付钱，而且多付一些钱也愿意。

与"hospitality"的意思最接近的词汇是招待、款待，"hospitality"和"service"两个词相似，但是意思有所不同。"service"和"servant"一脉相承（参照"service"一项）。也就是说，"service"这个词是从"主仆关系"中仆人的角度来考虑问题的。与此相比，"hospitality"是招待者一方发出的行为，也就是视角在"主人"一方。"Hospitality"这个行为本来就不期望得到报酬。"Service"和"hospitality"的共性是在给对方带来喜悦这一点上发现价值。

"Hospitality"有几个阶段，第一，基本上不失礼、不鲁莽，没有"消极"的侧面、地方。第二，准备周到。为了顺利地招待客人，设想出各种各样的情况，进行相应的准备是必要的。第三，到了正式接待、招待客人的时候，要进行无微不至的款待，其基本要领就是替对方着想。第四，要使自己的款待远远超出对方的期望，让对方得到意想不到的感受。如果满足这些条件的话，顾客会以答谢的心情给予回报。这就是企业或者公司获得利润的源泉。

对不在这类产业的人来说，"感觉好"也是在商务中取得成功的秘诀。当自己"感觉挺好"时大体上其他人也会这么想。就这一点而言并没有意见分歧。当然"感觉好"的人会在营销、顾客服务方面取得成功。另外，即便是在公司内部事情也会进展顺利。

那么，在形容"感觉好"时使用怎样的英语表述呢？比如英语中的"charming"意思是感觉很好，同时也具有"令人着迷的"意思在里面，这个词强调的是本人的魅力。"Kind"的意思是和蔼、亲切，"warm"的意思是"热情的"，这两个词都不错。但是，笔者觉得这两个词只是表达了"感觉好的"某个部分而已。还有一个词就是"gracious"，很郑重、亲切的感觉。而且"gracious"这个词表示的是主人对仆人的心情，从结构上讲和"hospitality"最接近。据维基·波文纳（Vickie Bevenour）讲，"gracious"是指"考虑周到、对人亲切、彬彬有礼，这让人感到有魅力、情趣高雅"，这是通过分解原因，对"感觉好"进行了阐释。

千利休强调了款待、招待的重要性，在他的相关言论中有"利休茶道七则"，在其结论部分说道"要注意待客之礼"。款待、招待，就是要察觉对方的心情，替对方着想。对方不希望提供的服务、对方不希望被服务时的服务属于画蛇添足，"care"就是替对方着想。的确，只想自己的事情、自以为是的人称不上是"感觉良好"。"Hospitality""款待""感觉好"等词汇的共性是主人在招待客人之际，要替客人着想。

"The rites of hospitality"的意思是"招待来客的礼数"。"Show hospitality toward guests"是从招待客人一方来看问题的例子，意思是"表达招待客人的心情"。"receive a warm hospitality"是从被招待一方考虑问题的例子，意思是受到款待。"I would like to express my deepest appreciation for your kind hospitality"的意思是"承蒙您的热情款待，对此表示深深的谢意"。

相关词汇 〉 **Pperation, Service**

Implication

回答"那么，该怎么做"的答案

"Implication"这个词是由两部分组成的：表示在"里面"的前缀词"im-"和表示"弯曲"的词根"plicare"，"plicare"的原意是"重叠在里面的东西"。"Implication"的意思是包含。作为一般术语来讲，"implication"的意思是内涵、背后的含义，和表示默契、暗含的"implicit"的词根相同，属于近义词。

"Management implication"的意思是经营管理的意义，是策划部门、咨询公司在提出建议时判断能否提供价值的一个重要标准。"Implication"的意思是弯曲在里面的东西，因此这个词在字典上的含义是"内涵"，进而引申为"含义""言外之意"，也就是真正的含义。也就是说，"implication"是对"总之该怎么做"这一问题做出的答复，如果有这个答案的话对方就会说："好的，明白了，就这么办吧。"

为了得到"implication"，首先要收集"information"（信息、情报）。其中情报是在"里面"（in）"形成"（from）一个东西的重要材料。"情报"这个词最初见诸明治时期陆军省的文章，里面有"敌情报知"几个字，也就是说，情报是敌情报知的省略性说法。有说法认为情报一词最初与"谍报"意思相近。在旧词典中有的译作"消息"。

为了在不确定的情况下进行决策、制定战略，需要具备对收集的情报、信息进行解读的能力。咨询公司中年轻咨询师的工作内容就是收集情报、信息并进行分析。仅仅罗列、堆积数据算不上情报。情报、信息要成为经营者做出正确判断的材料的话必须有附加价值。比如同样是30%这个信息，可以理解为"只有30%"和"30%以上"，意思是不同的。"最终达到了30%"和"好不容易才达到了30%"的意思、感觉是不同的（参照"action"一项）。要让数据变成信息、情报，关键在于要和竞争对手、目标、过去的实际进行比较。

但是，仅有信息是不够的。策划部门的员工、年轻的咨询师拼命收集数据、制作了几十页的图表，忙活了一天之后向上级进行汇报。结果，上级问："你们的确做了不少工作，那么你们给经营管理工作提出了什么建议？"上级问的意思是："这些分析在经营管理上有什么意义？"说得更直白一些就是"那么，会怎样？（so what？）"如果上级说"嗯"，这说明信息分析对经营有意义。如果得不到这个评价的话，好不容易做出的大量图表会被扔进垃圾箱。

　　从客观信息中得到有价值的东西，为决策提供根据，回答"那么，该怎么做"这个问题。笔者认为这就是策划部门、经营咨询公司应该带来的价值。为了做到这一点需要做到质的飞跃，仅有分析技术是不够的。在商学院写的商务实务论文、演示中也会出现同样的问题。论文虽然是根据事实进行逻辑推理发现了一些东西，并进行了叙述，但是最终会被问道："那么，该怎么做？"能够作为回答的就是论述"应用到实务上的可能性"的论文的最后部分。如果被问到"总而言之，该如何做？"时要清清楚楚地做出回答，指出在经营上的意义，这样论文才能够得到高分。

　　"Management implication"的意思是"搞清楚从决策的角度来看该如何做。""Business school research is best to have practical business implication"的意思是"在商学院进行的调查研究如果具有商务实用价值的话是最好的"。也就是说要能够应用到商务实践中去。"The expectation was spread by implication"的意思是"期待在默默地扩散"。

相关词汇 〉 **Action, Competition, Uncertainty**

Incentive

奖励金、报酬、诱因、刺激

张弛有度的刺激措施

"Incentive"是由词根"cent"和意思是"向里面"的前缀词"in-"构成的。"cent"来源于拉丁语"canere",意思是歌唱。"Incentive"和"accent"(音调)、"cantata"(声乐曲)、"cantabile"(像唱歌一样)的词根都是"cent",因此,"incentive"也有调节音量的含义。从这个含义进而引申为"给予物质刺激,增强员工劳动积极性"。

"Incentive"在经济学上是一个重要的而且广泛使用的概念。能够给人的行动带来影响的东西都可以称为"incentive",这个词和本书的其他词都有着密切的关系。

比如通过实施广义上的报酬制度可以让人的行动发生变化(参照"compensation"一项)。评价业绩项目的具体内容,会对行为产生重大影响(参照"appraisal"一项)。如果某项工作和升迁有密切关系的话,员工会更加努力(参照"promotion"一项)。管理者对共同费用的分摊方法也很敏感(参照"cost"一项)。

下面笔者对"incentive"的词义进行阐释时缩小范围,以针对营业部门的个人支付的销售奖励金为例进行说明。销售奖励金是最直接的"incentive",为了提高员工的工作积极性,根据贡献程度发放奖励,在日本称作销售奖励金或者奖金,这种制度好比"在马的鼻子下面悬挂的胡萝卜"。

这种奖金表面上看起来是合理的,往往会带来不合理的结果。

首先,奖励金会增加成本。一旦得到一次奖励金,就会产生惯性效应,如果再进行刺激的话,奖励金的水准会不断提高。另外,不论支付多少次奖励金,得到奖励金的如果一直是同一个人,其他人会想:"反正我也拿不到奖励金,再努力也白搭。"这样一来,就无法提高其他人的积极性。

其次,会有"逆向功能奖励金",这种情形是指奖金会诱发企业不希望出现的行为。比如为了得到奖金，员工会过度冒险，或者给企业内部的合作关系带来消极影响，这种情况经常发生。另外，员工会对能够得到奖金的工作竭尽全力，而对得不到奖金的工作就不再努力或者放弃努力，这也是常有的。

再次，奖金会导致企业内部出现隔阂。比如只对营销等能够出现具体数字的部门支付奖金，这会导致辅助营销的部门工作积极性下降，部门之间会出现心理上的隔阂。

最后，奖金会刺伤自尊心。把任何事情都和奖金挂钩，有人就会想"我不是仅为了钱才工作的"，这些人的自尊心会受到伤害，反而会损伤工作热情。

为了支付奖金，企业或者公司必须筹措这笔钱。经营者会考虑降低员工的固定工资来筹措奖金。可以说这种做法未必是良策，因为一般来讲如果期待值相同的话，人们都有规避风险的倾向。我们把这样的倾向称为风险反感。

比如公司向员工提出下述两个选择：其一，平均能够拿到100万日元，但是在50万日元和150万日元之间变动；其二，确实能够拿到100万日元。那么，员工会选择哪一个？大部分员工会选择后者。如果削减固定费用来充当变动费用的资金，对多数人来说到手的钱就会缩水。

"Incentive"本来是与音乐有关的词汇，这一点大家都会认可，如果调整不好会导致不起作用或者会过头。为了让刺激措施发挥有效作用，需要将人的心理因素考虑在内，把握好尺度，否则结果会适得其反。

"Win an incentive award" 的意思是"获得奖金"。"The incentive structure that encourages the pursuit of short-term profits" 的意思是"鼓励追求短期利润的刺激措施"。"Bonus system has increased bankers' incentive to take risk" 的意思是"奖金制度刺激银行职员冒风险"。

相关词汇 ⟩ Appraisal, Compensation, Cost, Function, Motivation, Promotion, Sales

Initiative

先导、率先、开始、主导权

抢占先机

"Inire"由表示"在……中"的拉丁语"in"和表示"去"的拉丁语"ire"组合而成。"Inire"的派生词"initialis"演化为英语中的"initial"。另外，由表示"开始"的拉丁语"initium"衍生出"initiare"，"initiare"的过去分词"initiatus"演变成英语的"initiate"。

"Initiative""initial""initiation"这三个词结合起来理解，就会理解得更深入。这是因为这三个词都与"先头""最初"有关系。"Initiative"的意思是"站在最前面率先做某事"，比如"在谈判中发挥 initiative"就是指"掌握谈判的主导权"，"initial"作为名词使用的话就是"第一个字"，作为形容词使用的话就是"最初的"的意思。与商务关系最深的是 IPO（initial public offering），意思是"首次公开发行自己公司或企业的股票"。股票刚上市第一天的收盘价就是"initial price"。

"Initiation"的意思是"在进入不同领域时最初做的事情"，也称作通行权。另外，"initiation"还表示"尽管伴随着身体上的痛苦还要勇往直前，这样才能称为成人"。蹦极就是瓦努阿图共和国举行的有名的成人仪式。

通行权别名"rite of passage"，是活跃在20世纪初的阿诺尔德（Arnold van Gennep）最先使用的术语。"Rite"是指庄严的典礼、宗教仪式或者形式。庆祝入学、成人、入职、结婚等新生活开始的仪式就是"rite"，也就是脱胎换骨进入人生的下一个阶段，这就是"initiation"仪式。

笔者第一次遇见"rite"这个英语单词是在伊戈尔·斯特拉文斯基（Igor Feodorovich Stravinsky）的《春之祭》中。这是由典礼和旋律交织而成的芭蕾组曲，节奏怪异，常有不谐和音，且突然中断。1913年，《春之祭》这支曲子在巴黎首次演奏时，观众互相殴打，场内一片混乱，这个插曲在音乐史上非常有名。"Spring"就是春天的意思，同时这个词还有"弹簧""泉水"的意思。春天、弹簧、泉水这三个词听起来是不同的词，但是三者的共同之处在于基本含义都是"发源地"。也就是说"spring"就是起始的时间和场所。

比较麻烦的是在日语中将"rite"一词写成片假名"ライト"的话，会对应三个不同的英语词汇：其一是"right"，有"右面"和"正确"的意思；其二就是"light"，是"光"和"轻的"的意思；其三是"coca cola lite"等商标中有的"lite"，越发混乱了。

日本人学习英语时最初的难关就是含有"L"和"R"的单词。比如日本人很难写对"parallel"这个英语单词，这是因为在日语里没有"R"这个音而只有"L"这个音，这也是没有办法的事情。掌握"L"和"R"的区别是日本人进入英语世界的一个难关。

"Initial"还有了断、严格加以区别的意思，如果不严格区别的话就无法将事情收场。有的公司入职仪式一结束就向新员工发出"收集100张名片"的号令。名片本身没有意义，是为了让新员工告别迄今为止的学生气，意识到自己是社会的一员的一个仪式。

这一关过去后，公司就会要求新员工有积极性，会要求员工自己学会提建议，哪怕是再小的事情都可以，这就是开始。所有的事情都是这样开始的。

"I took the initiative in organizing the annual sales meeting"的意思是"我率先筹备年度销售会议的召开"。"Private Finance Initiative"的意思是"以民营资金为主导，灵活运用民营资金筹集社会资本"。"Anti-nuclear initiative"的意思是"反核运动"。"Strategic Defense Initiative"（SDI）的意思是"战略防御构想"。

相关词汇 **Career, Price**

Innovation

进入新的东西里

　　"Innovation"的词源是拉丁语的"innovare"，"innovare"是由意思是"新的"的"novus"加上意思是"向里面"的前缀"in-"构成的。由此可见，"innovation"的意思是"进入新东西里，标新立异"。"Novus"在法语里变形为"noveau"，在英语里演变为"novel"，意思是小说。

　　"Innovation"中的"nova"意思是"新"，动词"innovate"就是"革新"的意思。"Innovation"这个词是约瑟夫·熊彼得（Joseph schumpeter）在《经济发展理论》（1911）中作为经济学术语而下的定义，之后逐渐推广，也译成"新局面"。"Innovation"的含义是以新方法理解事物，从已有的东西中发现新的应用方法，在社会上引起变化。"Technical innovation"的意思是技术革新。"Product innovation"的意思是产品创新。此外，发现新市场，思考新的工作方法也都是"innovation"。

　　然而，要创新需要克服两难境地这个根本问题。克莱顿·克里斯坦森（Clayton Christensen）写了一本名叫《创新者的窘境》的书，讨论了这个问题，成为畅销书。克莱顿提出的概念是"破坏性的创新"，在英语中，"破坏性的"是"disruptive"，"dis"的意思是剥离，"rupt"的意思是毁坏。有的企业因为生产出具有划时代意义的新产品，顾客蜂拥而至前来抢购，企业也成长为行业的龙头，一直到最近还广受赞誉。然而，这样的企业也衰落了。这种案例很多。如果说行业因此重新洗牌的话还让人能够理解，但是有时整个行业都会垮掉。不论商品和经营方式有多么优秀，一旦发生"破坏性革新、创新"现象，就会给业界发出警报。

　　之所以出现创新的两难境地就在于"成功的体验"本身，让经营者觉得"现在一切都很顺利"，这一感觉实际上成为向更高层次转型的枷锁。市场秩序是脆弱的，这一点甚至令人感到意外，一旦市场出现部分崩溃，瞬间会引起整个市场的崩溃。企业龙头正是因为最适应原来的环境，才获得了其市场地位。然而，一旦进行创新，环境就会发生变化，龙头企业也不能失去现在的顾客，创新反而会拖企业经营的后腿。

事物一般是一步一步渐进式前进，技术和工作方式在确定之后，通过改良商品会比以前有所进步，这需要从身边的小事做起，不断下功夫进行改良。英语中的"improve"亦即改善，来源于法语中的"emprouwer"，"emprouwer"是由前缀词"en-"加词根"prou"形成的，"prou"的意思就是"profit"，也就是利润（参照"profit"一项）。

勿以善小而不为，在小事上不断改善，就会形成一个系统，发生质变。"改善"这个词在日语中读"kaizen"，也进入了英语中，这就是持续性的、循序渐进的创新（process innovation）。以此为前提，相关的领域也会互相依存不断发展，形成一个巨大复杂的生态系统，这就是行业（参照"system"一项）。

然而，破坏性的革新往往是颠覆性的。比如数码相机不再需要胶卷，这样一来不仅是胶卷厂家，与照片相关的整个行业的存在方式都会发生重大变化。

在音乐行业，破坏性的革新也相当有冲击力，音乐播放器厂家、CD 制造商、CD 销售店等就不用说了，就连音乐家的生活也会发生变化。当然，听众的生活也会发生变化，存在家里的 CD 如何处置也成了问题。

"The device has an innovative function" 的意思是"这个装备具有革新性的功能"。"The courts will decide if the company was innovating or imitating" 的意思是"法院就会判定这个公司是在创新还是在模仿"。"It is important to encourage innovation in the production process" 的意思是"鼓励在生产工序上进行革新是很重要的"。

相关词汇 **Customer, Entrepreneur, Profit**

Institution

制度、机构

立足于法律基础之上的东西

拉丁语"stare"是站立的意思，由此产生了"sta""sti"这两个词根，意思是"让站立""站立"，加上"in-"这个前缀，意思是"站在里面"。因此，"institution"的意思是"成为设立根据的法、习惯""设立""作为结果而形成的制度"，进而引申为相关"设施""会馆"。

英语中金融机构叫"financial institution"，在法律上属于有限公司，也叫"company"或者"corporation"（参照"company"一项）。不论是在日本还是在欧美，与制造业和流通业等公司相比，金融机构都享受特别的待遇。比如银行的员工不称员工而称作银行员，银行的老总不称总经理而称作总裁。

银行的名称和其他公司有所不同也是有原因的。这是因为使金融机构成立的是法律和制度的限制。如果没有这些的话，机构是不存在的。

"Institution"是根据法令而设立的，让其成立的是法律，设立的是机构，而"corporate"是由自己设立领域并开展事业的"主体"（参照"domain"一项）。相比之下，"机构"是通过制度来规定活动范围。

以前日本的银行的名称从第一银行一直排到约第一百五十，即便是今天还保留着仙台七十七银行、长野县的八十二银行、津的一百零五银行等名称。以高等教育制度为根据设立的日本旧制高中，名列前茅的被称作"number school"，分别叫作"一高""三高""五高"。

那么，日本以前的银行和高中为什么排号呢？因为这些都是根据制度来的。不仅是金融机构，凡是以习惯、法律为根据作为制度而设立的"机构"都称作"institution"。

"Institution"是在社会协约基础上形成的，从广义上来讲，让社会形成秩序、让社会成立的东西就是社会制度。《社会学小词典》给制度下的定义是："制度是指人类的某种能够特定的行为方式。"词典就这一行为方式的四个属性，大体说明如下：

1.具有常规的模式和规则性，而且不断重复。能够预测制度性的行为也是这个原因。

2.通过让行为符合一定的模式来满足人类的愿望，制度以对生活有用的形式成为一个统一的系统也是这个原因。

3.行为模式通过在行为者之间共享的价值而被正当化了。称制度是规范性的也是这个原因。

4.行为模式受到外部保障。在社会上针对违反制度的行为进行处罚也是这个原因。

另外，"system"在日语中可以用片假名音译直接使用，也可以翻译成"制度"。在企业制度中有会计制度、人事制度、培训制度、评价制度、津贴制度等。在这个语境下，表达制度这个含义时不使用"institution"而使用"system"这个词（参照"system"一项）。

在司法制度、婚姻制度、教育制度、金融制度等各种各样的制度的保护下，社会成员才有权利和自由，才有义务和责任。可以说，拥有家庭、一边在金融机构工作一边在商学院上学的人，来往于婚姻制度、金融制度和教育制度之间。人们的生活通过各种各样的制度才有了秩序，然而横亘在人们面前的也是制度。顾名思义，制度就是"站在里面"的东西。

"Public institutions"的意思是"公共机构"。"Financial institutions"的意思是"金融机构"。"Qualified institutional investors"的意思是"有资格的机构投资者"。"An institution named school"的意思是"学校这一机构"，在这个语境下，机构同时也是制度的意思。"The institution of marriage"的意思是"婚姻制度"，这里"institution"没有机构的意思，只有制度的意思。

相关词汇 **Company, Domain, System**

Interest

兴趣、关心、利息

人与人之间的本质

"Interest"来源于拉丁语"interesse"。"Inter"的意思是"在……之间","esse"的意思是"某件事情"。因此,"interesse"的意思是"在……之间的东西"。在拉丁语中本来是"填补损失"的意思,后来"interest"引申为"法律上的权利"。之后,为了和教会禁止的高利贷相区别,"interest"用于指"针对借的钱支付的东西",进而其用法扩展到"兴趣、关心"。

"Interest"可以分解为"inter"和"es"两部分,"es"就是"essence",亦即事物的本质。因此,可以将"interest"直译为"在……之间的本质"。比如会话是建立在人们之间的关系上的,因此才会"interesting",亦即有趣的。所讨论的事物之间有微妙的差异是"interesting"的关键所在。玩笑正是因为戳到了表面套话和真心话之间的部位才很有趣,在学问领域也相似,如果能够对一般都相信的社会理念提出异议,说"实际上一调查发现不对劲"的话那么就会得出非常有趣的结论。

"Interest"有看起来完全不同的好几个意思:一是兴趣,二是利害关系,三是利息。那么这些意思之间到底是什么关系呢?

在商务领域,会有多个分别站在不同立场上的相关人,如卖方、买方、中介都有利害关系,这就是相关人之间的本质关系。

金钱的借贷就属于商务关系的一部分,调整贷款人和借款人利害关系的就是利息。在金融领域,与利息相似的日语有很多种,如"利子、利息、金利、收益"等。那么这些词之间到底有什么区别呢?了解其中微妙的区别也是很有趣的。其中就"利子"和"利息"而言,即便是法律术语也将二者混用,因此可以认为二者是同义词。

不过,具体而言,"利子"是从贷出款的人一方来用的词,而利息则是从向别人借钱的人一方用的词。在日语里经常说"取利子""支付利息"，也就是说不同的角度用词也不一样。

相比之下，"金利"很明显是支付的钱，是借款人用的词，这是因为金利就是"使用资金的费用"。因为需要钱，必须借钱，不可能白白地借钱，必须支付使用费。针对借来的资金支付多大比例的利息？这就是在"金利"这个词中包含的心情。

在银行等机构存钱时，银行会标出利息是百分之几。我们自认为在银行存钱，实际上银行是借了我们的钱并支付了费用，因此从银行角度来看就是"金利"。

和"金利"相似却不同的就是"收益"这个词。金利是指资金的使用费用，而收益则是投资带来的成果、回报。针对投向债券、股票、投资信托等金融商品投资额的收益，由年利率来表示就是收益率。金利是保管资金一方用的词，而收益则是投资方用的词（参照"yield"一项）。怎么样？上述内容能让读者有"interest"吗？

"Politics does not interest me"的意思是"我对政治不感兴趣"。"Interesting feature of venture capital investments"的意思是"风险投资的耐人寻味的特征"。"Public interest"的意思是"公共利益"。"Interest is an important indicator of economy"的意思是"利息是经济的重要指标"。

相关词汇 > **Business, Stakeholder, Yield**

Investment

投资、出资

穿着马甲

前缀词"in-"的意思是"到里面","investment"的词根"vest",词源是拉丁语"vestere",意思是穿衣服。东印度公司每次航海都会募集资金,在商业中向东印度公司出资就是"investment"。之后,以得到回报为目的而拥有股票。"Investment"的反义词是"divest",意思是撤回资金。

顾名思义,"invest"就是穿衣服,日语中称穿衣服为"着服"(这个词还有一个意思是贪污公款,需要注意),"Invest"的本质是"自己负责任",也就是说"投资需要自己负责任","investment"就是表示这个含义。

投资大体分为两类:其一,向工厂、机械、设备、店铺等投资,这属于直接投资;其二,向股票、债券等金融商品投入资金,这属于间接投资。

为了享受乐趣等花钱就是"消费",与此相比,想要得到超过投入资本的回报的做法就是投资。在这种情况下,钱并没有丢失,钱变成了金融商品、工厂等。可以说我们买电脑、上学都属于个人投资。

投资就是对有限的资金进行最佳分配。如果投资了一个东西的话,对其他的投资就会相应减少,因此这属于战略决策(参照"allocation"一项)。

另外,投资基本上要有主人或者拥有者的气概,要长期持有,这就是"穿衣服",在这种意义上说投资就属于承诺、委托。投资什么样的工厂、设备、机械或者子公司就是委托该企业的凭证,一旦投资的话,有可能泥牛入海,从这一点来说委托的色彩很浓。

投资和投机有着本质的区别。投机是指短期套利行为,并非对该公司的经营者有所期待,也不感兴趣,感觉能赚钱就买,有了利润就卖,这属于赌博性质，并非战略也不是委托，是自己不打算穿衣服。

在投资理论中最具有代表性的就是证券投资理论。一个篮子里装很多鸡蛋的话，篮子掉了，所有的鸡蛋都会碎，如果将鸡蛋分别放在几个篮子中，这就是分散投资。如果学会了证券投资理论的话，在分散投资之际就会明白如何思考最佳的投资比率（参照"portfolio"一项）。

银行存款承诺确定的回报，投资性商品与银行存款不同，是有风险的。投资性商品的价格或许会发生变动，而且也不知道能够分多少红利，或者因为公司倒闭，股票失去价值，公司债只能返还一部分。

但是，也要看到高风险高回报的一面。我们把风险与回报的关系称作"风险收益均衡性"，世上没有免费的午餐，这就是投资的特定规则。不论什么投资性商品，在投资的时候，都要看清楚风险，看清楚是否有回报是至关重要的。

为了得到与风险相应的回报首先要学习，不要被"有免费的午餐"这句甜言蜜语欺骗，否则就是冒不知底细的风险，血本无归。

"Investment bank"的意思是"投资银行"。"Long-term investment"的意思是"长期投资"。"Investment report"的意思是"投资报告"。"A secure investment"的意思是"安全的投资"。"Formulation of a capital investment plan"的意思是"制订设备投资计划"。"We believe higher education is a kind of investment"的意思是"我们相信高等教育是一种投资"。

相关词汇 〉 **Allocation, Commitment, Portfolio, Price**

Judgment

判断、审查、判决

以正义为标准做出判断

在拉丁语中，"judex"就是法官，"judex"的动词"judicare"的意思是判断。"Judgment"的意思是判决，其直接的词源就是古法语中的"jugement"，表示法律审判、最后的审判。"judgment"未必与法律有关，而是当有权威的判断讲，后来又引申为见识、意见。

公司高层的作用是做出决策。表示决策的最常用的英语就是"decision making"。在商学院学到的工具之一就是"decision tree"（决策树），用方形（□）表示确定的决策，用圆形（○）表示形成不确定的事物。从各个事物的分枝，不断重复，就形成像横向扩展的树一样的东西，在各个枝头记上应该得到的利益，计算期望值，决定做出怎样的选择。

决策就根据这样的合理预测和计算来进行。与此相比，"judgment"的情况稍微有些不同。首先，"judgment"的言外之意就是分清楚"黑白"，因此，"judgment"这个词在官司、体育等必须决出胜负的领域使用。但是，世间有很多东西黑白、胜负的界限并不明确，也就是说，需要借助第三者的力量。在法律界，"judge"就是法官的意思；在体育比赛中，"judge"就是裁判的意思；在宗教界，"judgment"就是"神的判决"，"last judgment"的意思是"最后的审判"。

那么，是否可以说"judgment"不能作为商务术语使用？经营管理学家野中郁次郎和记者胜见明在《日经在线》写了一篇栏目文章，题为"从决定到判断"，耐人寻味，现摘录如下：

当领导是需要条件的，以前人们重视领导的决策（decision making）能力。而今，除了决策能力还要求领导具有解读每时每刻的

相关性、语境的能力，能够当机立断，做出正确决策，这就是判断能力
(judgment)。这一点在美国很受重视，贝拉克·奥巴马总统也经常用到
这个词。

决策的意思就是在众多选择中选一个正确的。上述栏目文章指出
的要害之处在于："只要计算方法和程序不出问题的话，计算机也能做
出决策。"

决策简而言之就是一旦做出决定，这件事情就告一段落。我们可
以根据对收益预测进行分析做出决定，有的时候做出决策只是根据喜好
和感觉，即便如此也属于决策。但根据自己的好恶做出判断则是不可取
的，这是因为"judgment"这个词与正义有关，要求做出判断时要有善
恶标准。

上述栏目文章提出了一个问题是："在做出最佳的判断时，在领导
的脑子里会浮现怎样的情景呢？"法官做出判决、裁判做出判断都会左
右人的一生。正是因为如此，必须就为什么做出这样的判决或者判断从
公正性和正义的角度进行说明。在英语中，"justice"就是公正性和正义。
在商务领域，也要求有公正性和正义，如果没有的话，企业会不会存在
下去都是问题。因为缺失正义和公正性才出现了很多企业丑闻。时代要
求我们同时具有决策能力和判断能力。

"Synthetic judgment"的意思是"综合判断"。"Judgment by default"的意
思是"被告没有出庭时会做出对原告有利的判决"，这就是所谓的缺席审判。"Rash
judgment and hasty conclusions"的意思是"轻率的判断和性急的结论"。"A
judgment error"的意思是"判断失误"。"I am afraid he is too judgmental to be a
good counselor"的意思是"我认为他总是单方面下判断，不能够胜任心理咨询师这
份工作"。

相关词汇 **Leadership, Management, Strategy, Value**

Knowledge

头脑中有清晰的认识的东西

拉丁语"gnoscere"的意思是知道，由此派生出"cognition"（认识）、"diagnostic"（诊断）、"ignorance"（无知）等词。表示"知道"的日耳曼语系的古英语"cnawan"是"knowledge"直接的词源，"cnawan"这个词本义是"了解崇高的事物"，之后扩展为"有关教义、事实的整体"的意思。

知识经常和智慧进行比较。知识是指头脑中明白的事情，而智慧则是指解决实际问题。由此可见，知识属于头脑中的范畴，有时有负面含义。

知识、认识、意识、见识这几个词的共性就是"识"这个汉字，这个汉字是佛教中的基本概念，意思是识别对象的心理活动。知识的意思是清晰、清楚，是对事物的理解。

智慧在日语中写作"智惠"，"惠"和"慧"是通假字。佛教中的智慧是指研究真理的心理活动，是聪明、贤惠的意思，理解事物深奥的本质。

日本人经常说"那个人虽然有知识，但是没有智慧"，意思是尽管他有知识，但是不理解知识的本质，在采取行动时总是达不到目的（参照"action"一项）。知识就是积累的东西本身，而智慧则是洞察事物的本质，如果不知道如何灵活运用知识，那么积累的知识也是无用的。可以推测，这就是上述那句对空有知识而不会应用的人的吐槽的原因。

如果一个人垄断了知识的话，人们就会说那个人"虽然有知识，但是没有智慧"。之所以这么说是因为本来知识是共享的，只有这样才能够将知识发展到更高层次。进行知识的共享才是聪明的、贤明的，这就是智慧。"Knowledge transfer"的意思是"把知识传授给或者转让给别人"。"Knowledge sharing"的意思是共享知识。转让知识或者共享知识表现在各个层面，在工作培训中，单位的前辈会传授知识，这种情况在工作单位经常发生。为了传授知识、共享知识而建了特殊的场所就是教室。专家积累的技术和技巧如何向没有经验者进行传承是个需要智慧的问题。

在传达、传承的东西中，有的很难用语言表达，在这种情况下，称这种知识为"暗默知"，只可意会不可言传。在工作第一线有很多"暗默知"，但是为了共享，有必要用语言描述出来，也就是说知识还是必要的。

知识传承有时会成为具体的经营上的问题，具体表现在2007年婴儿潮一代会迎来退休年龄这一点。在制造业第一线，拥有很多"暗默知"的老前辈们都一个个退休了，因为后继无人，迄今为止积累的"knowledge"会迅速流失，这是日本从事制造业的企业最担心的事情，而且这种危机感与日俱增。

在讲到知识传承和知识共享这个话题时，人们总是会想到将知识存储在数据库里。但是，将知识存储起来是出于个人的目的，其他人都用不上。记录、保存当然很重要，但是藏在仓库里的话没有意义。

为了实现知识传承，不要把知识作为特殊的东西，让其浅显易懂更为重要，那么就需要有智慧。如何灵活运用积累的知识？这也需要用智慧来解决。实现知识传承和共享需要充满生气与活力的学习场所，也就是说要把知识和实践相结合，这也属于智慧范畴（参照"learning"一项）。

"The knowledge of good and evil"的意思是"认识善和恶"。"Beyond human knowledge"的意思是"人类智慧所不能达到的"。"To the best of my knowledge"的意思是"就我所知"。"Knowing-doing gap"的意思是"脑子里知道的事情和实际做的事情是不同的"。"Secondhand knowledge"的意思是"现学现卖、二手知识"。

相关词汇 **Action, Expert, Learning, Wisdom**

Labo(u)r

辛苦的事情

"Labor"的词源是拉丁语"laborara","laborara"的意思是"用身体劳动"。"Laborem"有劳动、干活、工作等近义词，但是其含义主要是使用体力、忍受痛苦、辛苦，也可以翻译为费事、劳累。"With labor"的意思是费尽周折，后来成为与资本家相对的"劳动阶级"或者"无产阶级"的意思。

工作对谁来说都是很重要的，正是这个原因，表达"工作"这个意思的词有很多。经济学上使用"labor"这个词，在美国英语中写作"labor"，在英国英语中写作"labour"。也就是说，在英国英语中有"u"，在美国英语中没有"u"。但是，在这一点上，英国人绝不让步，因此，在本书中笔者在括号里加上了"u"。

"Labor force"的意思是劳动力，"division of labor"的意思是分工，"labor hour"的意思是劳动时间，"labor union"的意思是工会。英国的工党英语是"labor party"。

我经常问在商学院上学的非全日制同学："你认为自己是劳动者吗？"大部分同学回答说："我不认为我是劳动者。"但是在法律上我们就是劳动者，这一点毋庸置疑。只要我们受到劳动基本法的保护，就是劳动者。

"Labor"的意思是辛苦的工作，"laboratory"的意思是研究所或者实验室，是从事极为专业的工作的场所，和表示劳动的"labor"的词根相同，"collaboration""co-labor"的意思是一起工作。英国航空公司在2012年的伦敦奥运会上实施了"自我、共同劳动项目"（self co-labor project）。究其本源的话，"self"和"co-labor"是反义词，"co-labor"也是源自劳动阶层的单词。

劳动的反义词之一是资本。在"全世界无产阶级，联合起来！"这句口号下，共产主义和社会主义产生了，因为这个原因，世界分裂为东西两个阵营。在企业组织中，劳动者和雇主是两个对立的概念，夹在二者中间的就是人事部门。在日本，人事部门以前被称作劳务部门，其主要工作是调整和工会的关系，然而，加入工会的人越来越少，把人事部门称作劳务部门的企业不断减少。笔者认为在这一过程中，认为自己是劳动者的人的比例在减少。

　　劳动的另一个反义词是闲暇。有个理论家就闲暇阶层进行了研究，非常有名气，他就是托斯丹·范伯伦（Thorstein veblem）。对闲暇阶层来说，生产劳动是有损名誉的事情。上层社会不从事一切生产活动，特别是闲暇的夫人们，从事劳动者的工作是绝对禁止的。越奢侈、越消费，越是好事情。闲暇阶层最具特征的行为就是范伯伦所说的炫耀性消费。

　　优秀可以说是了不起，出人头地也是了不起，在日本关西话中干体力活也是了不起。"你可真辛苦呀"（在日语中和了不起是一个词），是慰问的意思。如果很辛苦的话，总会有回报的，会成为了不起的人。但是，"你可真了不起"有时候是挖苦人的意思，"了不起的人"这句话里包含着"付出很多辛苦的人"的意思。

　　"Labor-intensive industry"的意思是"劳动密集型产业"。"Labor shortage"的意思是"劳动力短缺"。"Labor Day"的意思是"劳动节"，在美国是9月的第一个星期一，在日本是5月1日。"Labor Party"的意思是"英国的工党"。"Skilled labor"的意思是"熟练工人"。"Forced labor"的意思是"强制性劳动"。"Seasonal labor"的意思是"季节性劳动者"。"A labor dispute"的意思是"劳务纠纷"。另外，"her labor started"的意思是"她开始阵痛"。

相关词汇　**Capital, Force, Vocation, Work**

Leadership

领导、统率能力、指挥

走在前面的人的样子

"Lead"的意思是引导，未必是从很远的地方强力拉拽，领先一步也是可以的，"-ship"这个后缀词的意思是样子、状态。因此，"leadership"的意思是"要求领导具备的特质"。"Leader-in"的意思是介绍，"Leading article"的意思是"主要的文章"。在这本书中讲词汇的词源，上面这几行属于"lead"（引言）。

毋庸赘言，"leadership"这个词分为"leader"和"ship"两部分，"leader"的意思是"引导的人"。"Lead"就是先导、引导，作为名词也有各种各样的意思。在棒球比赛中，"lead"是指为了盗垒，稍微离开本垒，在比赛中与对方拉开分数差距也是用"lead"这个词。在新闻报道中，新闻等的开头部分的概要或者引言也是"lead"，在遛狗时手里拿的缰绳也是"lead"。在音乐中，"lead"是指负责歌曲的主旋律的人。令人感到意外的是，上述这几个都不是由高层引导或者指挥的意思，可以说是领先一步，或者稍微领先的意思。

那么，"-ship"是什么意思呢？我们列举几个词的后缀用的是"-ship"的词："sportsmanship"（运动员精神）、"citizenship"（市民资格）、"membership"（成员资格）、"ownership"（物主身份）、"craftsmanship"（工匠精神）。由这几个例子可知，后缀词"-ship"通常跟在表示人的词的后面，表示样子、状态等。

把"leadership"进行分解之后，用简明易懂的词表述的话就是"哪怕是一步也要走在别人前面的人的样子"。实际上领先别人一步也是很困难的，因为领先的话要一个人走在最前面，而且面对最强风的也是第一个人。

就"leadership"而言，有几个问题需要进行讨论。"Leadership"是天生就有的吗？是可以培养的吗？"Leadership"的目的是优先实现业绩还是优先维持组织的团结？"Leadership"的形式是要有一贯性还是要有弹性？"Leadership"是发出指示好还是予以支持好？由此可见，"leadership"是个值得讨论的好题目。

关于"leadership"的最朴素的想法是：其一，认为所谓的伟人（great man）就是领导（leader）；其二，大事件创造领导。之后，以心理学为基础发展起来的"领导的资质"研究开始关注让领导有领导样的要素。进而，又关注了"有效的领导能力的形式"，具体分为以下几种形式："跟我来"的引领型；"你想怎么做就怎么做吧"的自由型；"你认为怎么样"的询问意见型等。

如果能够根据环境、情况的变化，切换领导方式的话是最好不过的。领导只有当部下跟随时才算得上是领导，因此，根据部下的能力和工作积极性的状况切换领导方式是最有效的（参照"competency""motivation"项），这和在开车的时候找准时机换挡是类似的。

作为上级，最轻松的当然是一直采用自己最擅长的、最喜欢的、最拿手的领导方式。但是，如果这样的话就好比是车固定在两个挡上，只有两个速度。领导要根据部下能力和工作热情的具体情况适当调整加、减挡，只有这样才是有效的。当领导的障碍大，压力也就大，但是，通过这样必要的练习，能够磨炼自己的技术。

"Decisive leadership"的意思是"有决断能力的领导才能"，"leadership development"的意思是"开发、培养领导能力"。"A successful leadership will lead a team to conquer challenges"的意思是"如果一个团队碰上好领导的话就能够克服困难局面"。"The enterprise is managed under the leadership of Mr X"的意思是"该企业在X的领导下运营着"。

相关词汇 **Competency, Motivation, Style**

Learning

创造多元反馈电路

在古英语中表示"教"的"laran"是"learn"的词源。古英语的"leornung"是"学习"的意思。在德语中"lehren"是"教"的意思,"lernen"是"学"的意思,教和学两件事情同时进行,同时发生。"Learned"的意思是通过学习获得知识。在脑科学中将"learning"定义为"在某个时间点上发生的事情",和维持知识的"memory"相区别。

笔者曾经负责策划过一个学术研讨会,题目是"大学力",这个词既可以解释为"大学的力量",也可以解释为"很强的学习能力"。在将海报印刷好后,感觉自己选了一个很大气的题目。"很强、很大的学习能力"到底指什么?

而今,"organization learning"(组织学习)这个词用得很普遍,"learning"成为经营管理学的一个术语。对一个组织来说,学习能力是最根本的能力。

学习基本上是一个反馈电路。首先试着做,不顺利的话,开始学习,改变做法,也就是创造一个将结果返回到输入状态的电路,一点一点接近正确答案。但是,如果是这种程度的学习的话,老鼠也能做到。

克里斯·阿吉里斯(Chris Argyris)和唐纳德·舍恩(Donald Schon)对比性地论述了"single loop learning"(单循环学习)和"double loop learning"(双循环学习),"loop"的意思是"环",是对前一个阶段的反馈。

"Single loop learning"是一种普通的学习方式,一边参照已有的基准、理论、框架等一边解决问题。可以说这种学习方法更加巧妙地使用了观察问题点的角度。

"Double loop learning"是一种上溯到背后实质的学习方法,也就是说怀疑束缚自己的观念，发现事物的局限性，如果有必要的话可以舍去原有观念或者学习方法，重新创造。这件事情做起来并不容易，但是这是组织生存下去的唯一方法。

深度学习是一个复杂的系统（参照"complexity"一项）。深度学习与简单的、直线型的学习有着质的区别。如果深入研究学习这一行为的话，最终要研究"学习如何学习的方法""所谓的学习是要学习什么"，笔者把这些称作"meta learning"（超级学习方法）。进而，在学习过程中要像重叠镜一样无限地进行自我反射（self reflection），不断提高层次，这就是学习的特征。可以说能够进行自我反射就是很强、很大的学习能力。"Self reflection"还有其他的含义，就是自我反省。能够深入地自我反省的能力是学习能力的重要部分。

在组织中要求领导要有高水平的学习能力，如果领导本人不是学习者的话，就不可能进行组织学习。领导要有很强、很大的学习能力，通过学习发起组织学习活动，这样即便环境发生了变化，员工也会产生能够随机应变的组织能力。

为了能够在组织层面搞好学习，有必要确认每个词的意思。当今社会，随着企业并购和全球化进程加快，企业和社会出现了多样化趋势（参照"diversity"一项）。如果公司里的员工都是日本人的话，互相"以心传心"，可以心照不宣地理解彼此。而今环境发生了变化，需要用语言清楚地表达出来，这就是很大、很强的学习能力的基础。

"A love of learning"的意思是"好学心"。"The torch of learning"的意思是"学问之光"。"Audio-visual learning"的意思是"视觉、听觉学习"。"Organizational learning"的意思是"组织学习"，颠倒顺序的话就是"learning organization"，意思是"爱学习的组织"。"Inner-organizational Learning through business partnerships"的意思是"通过商务伙伴进行组织学习"。"Learning by teaching"（德语"lernen durch lehrer"）的意思是教学相长。

相关词汇 〉 **Complexity, Diversity**

Line

报告、联络、商量之线

"Line"本来是用麻线编的长线的意思，由这个意思引申为泛指一般的线。在军事上"line"的意思是战列。"Front line"的意思前线。经营、管理组织中的"line"和"staff"的划分方法就来源于上述军事术语。商品的"line-up"也是从"排成一列"这个军事术语来的，表示"直线的"的"linear"也来自"line"这个词。我们把上司、部下的关系称作"reporting line"（报告、联络、商量之线）。

"Line"虽然是线的意思，但是在商务领域的语境中有各种意思。在市场营销中，"商品线"是指相关的商品系列。"Line"后面加上"up"就是"商品的 line up"，意思是"本公司的所有产品"。"Line up"和棒球的打球顺序用法相似。如果在某个领域重点投入多数产品的话就可以说"product line（产品线）很深"。

在公司运营中，"生产 line"就是生产工序。顾名思义，传送带就是生产线。生产线停止就意味着工厂的制造停止了，因此，这种状况是绝对不允许发生的，在工厂里生产线停止就意味着发生了紧急状况。

在金融领域有"commitment line"一词，意思是贷款额度上限。贷款额度上限合同是指银行等在一定期限内有融资上限额度，如果在这个范围内的话，承诺顾客在需要资金的时候可以融资。

在组织管理中，"front line"就是最前线，"line"是和"staff"（员工）相对的概念，指的是进行顾客管理、直接负责销售的部门。在人才管理中，有"reporting line"一词，指的就是上下级关系，具体来说是指谁对谁有报告的义务。上级和部下用线连接在一起，部下有义务向上级汇报，上级用线控制着下级，这类似于渔夫控制着鸬鹚。在日本公司中最基本的做法是向上级报告、联系、商量，这样做也是基于上述原因。

"Report line"这个词里未必包含"上、司"之类的字眼、价值，但所表示的是"不论什么事情都有义务报告"的意思。而日企以外的公司中则没有这种习惯，据说欧美企业实际上比日本企业更注重上下级关系，然而没有这一习惯。

"Line"还有"电话线"的意思。假定世上只有有线电话做交流、通信工具的话，整个社会就会布满直接相连的电话热线。假如整个组织的人数为n人，每个人都向其他的所有人拉出（n-1）条线，全部需要n×（n-1）根线。把重复的线去掉要除以2，也就是n（n-1）/2根线。这就是所有人要相互直接通话交流所需要的电话线的总数。n的数量越增加，所需要的电话线根数就会呈几何倍增加。假如一个公司拥有10000名员工的话，所需要的电话线根数就是10000×（10000-1）/2=约5000万根。

如果只是上级和部下之间有"reporting line"的话，就可以大幅度节约电话线。如果是3人的话需要2根线，如果是7人的话需要6根线，也就是说（n-1）根线就够了（这是因为所有员工对一个上司各有一根线，只有公司老总一人没有电话线）。如果是10000名员工的公司的话需要9999根线。通过确定"report line"，所需要的电话线总数就会减少至五千分之一。

"Product line up"的意思是产品的"line up"，即企业的所有产品，"reporting line"的意思是"组织内的上下级关系"。"Draw the line between public and private matters"的意思是"严格区分公与私的关系"。"He knows where to draw the line"的表面意思是"他知道在哪里画线"，引申为"他知道自己几斤几两"。"Draw a straight line"的意思是"直直地画线"。

相关词汇 ＞ **Commitment, Hierarchy, Operation, Staffing**

Management

经营、管理、经营者、管理者

人用手做某事

在意大利语中，"manoggiare"的意思是驯服马、能够熟练骑马，应用于商务领域则是在16世纪以后。以拉丁语"manus"为词根，有了"man(u)-"，意思是"手"。从这里引申出"manner"（手法）、"manual"（手动）、"manufacturing"（手工业）等词汇。人是什么时候变成人的？有关这个问题的讨论没有尽头，有的认为通过两条腿走路前足变成了手，从这个时候起就变成了人。

"Management"是在商学院学习的核心概念。说商学院的所有科目都是为进行高效、有成效的管理而开设的也不为过。但是，如果被问起什么叫"management"的话很多人答不上来，这也是不争的事实。

"Management"就是管理的意思。的确，翻译成"管理"的情况比较多。那么，"管理"就是"management"吗？也未必如此。MBA 中的"A"（参照"administration"一项）也是管理的意思，"control"（参照"control"一项）有时候也译作"管理"。那么，"management"和"administration""control"到底有什么区别？

在意大利语中，"manoggiare"是驯服马、能够熟练骑马的意思，在法语中也与马有关系，应用于商务领域则是在16世纪以后。从这里可以得到理解这个词的启示。

"Manage"这个词从公司或企业经营者到日常生活，有多重含义。有"管理"和"好好做"的意思。人在复杂的事物面前，要"用自己的手"想方设法来克服就是"management"的意思。

在日语中，"人"有两个含义：一是"他人"；二是"人类"。因为是他人或别人，所以不会那么听话，正因为是人，人都有自己的想法和个人情况。人是很难摆弄的，而想方设法让人听话就是"management"所具有的含义。

彼得·德鲁克（Peter F. Drucker）说道："能够做管理工作的人不论在什么企业都是最需要的。因此，管理人才是最难得到的资源。"这句话的意思是说，能够进行真正意义上的管理的人才是极为稀缺的。如果有这样的人才的话，其所带来的价值是极高的。

1988年，笔者考入了斯坦福大学商学院，在开学典礼上，校长致辞："商学院是学习如何从水泵喝水的地方。"众所周知，从水泵里出来的水，水势很猛，水量很大，既喝不完，也不容易喝到。笔者认为斯坦福大学校长的意思是，在商学院要学习从水泵中想喝多少水就喝多少的方法。当然这是个比喻的说法，其言外之意是在商学院学习的知识量很大，范围也很广，就学习过程本身而言要求学会"自我管理"。

笔者在讲这个往事的时候，听笔者课的学生就此做出了评论，很耐人寻味："不是'想方设法'，有的时候随着时间的推移，'总会有办法的'。"

的确如此，有的事情就是想方设法来做也做不来，有的事情随着时间的推移自然而然地就解决了。俗话说："踏破铁鞋无觅处，得来全不费工夫。"能够自然而然得到解决的事情，顺其自然，让其自然得到解决。自然而然解决不了的事情，想方设法去解决。对这一点进行分辨和管理也是管理学的奥妙所在。

"I managed to escape from the fire" 的意思是 "我总算从火里逃了出来"。"Manage a horse" 的意思是 "驾驭马匹"。"I will manage it somehow" 的意思是 "我会想法处理的"。"How to manage a difficult boss" 的意思是 "对付令人头疼的上司的方法"。"The management of the company offered a three percent pay raise to the union" 的意思是 "该公司的管理层向工会提出加薪3%的条件"，"management" 在这里是 "管理层" 的意思。

相关词汇 〉 **Administration, Business, Control**

Market

自由市场和跳蚤市场

"Market"的意思是市场，亦即"为了在规定的时间、规定的地点买东西而相会的场所"，这一用法开始于12世纪，其词源是古法语"marchiet"。"Marchiet"的词源是拉丁语"mercatus"，意思是"trading"（贸易）、"买卖"，也就是经商的意思。"Market value"（市场价值）是约翰·洛克（John locke）的用法。

在日语中用片假名写"free market"这个词时，有两个含义：一是"自由的市场"，意思是不进行任何干涉，根据买方和卖方的意向决定价格与交易量，是根据自由放任的原则而产生的，也称作看不见的手；二是指"flea market"，现在在日语中简略为"flea mar"，这个词的本来含义是"跳蚤市场"。以前，在欧洲各地的教堂前的广场上开设跳蚤市场。为什么叫跳蚤市场呢？就此有不同的说法："因为所卖的东西旧得都长跳蚤了""在当初交易的地毯上长了跳蚤"。

另外，在日语中将"market"也翻译成"市场"这两个汉字。不过，"市场"这两个汉字在日语中有两种读法：一读作"shijou"，意思是"不受干涉的自由的市场"；二读作"ichiba"，跳蚤市场的"市场"接近这层含义。

市场如果读作"shijou"的话就属于较为抽象的概念。商品、金钱、人都存在市场。在商品领域，每个商品都有各自的市场。金钱市场就是金融市场（financial market），金融市场又可以细分为"金钱（资金）市场"和"资本市场"。人或人才市场就是"labor market"。与此相比，读作"ichiba"的市场则是一个具体的概念，如食品、日用品商店。东京筑地市场就是这类市场的典型，在筑地市场等装船、卸船的地方以前有鱼市。"Supermarket"（超市）这个词也源自读作"ichiba"的市场。值得注意的是，在日语中读作"shijou"的市场和读作"ichiba"的市场其实并非完全不同的东西。将读作"ichiba"的市场进行抽象化和概念化处理就是读作"shijou"的"市场"，本来是一个意思。不论是读作"shijou"的"市场"，还是读作"ichiba"的市场其原理都是"auction"（竞拍）。过去参与市场的都是一些特殊的人群，而今通过在互联网上交易，很多人开始在日常生活中参与进来。

市场的原则有三个：一，要有数量众多的买方和卖方；二，买方和卖方同样能够接触到信息；三，商品和服务是可以比较的。

正是因为买方和卖方人数不一样才会出现竞争。数量少的一方处于强势，价格就会扭曲，这就是垄断、寡占。反过来说，卖方和买方都想相互勾结，造成一种接近垄断、寡占的状态。这就是发生 M&A 的原因之一。但是，垄断、寡占不断进展的话，价格就会扭曲，这对整个社会是不好的。因此，政府经常进行干预，禁止垄断现象发生。

市场是开展商务的地方，就市场的规模、成长性、特征等进行调查就是市场调研，对市场的分析就是"市场分析"。将市场按照顾客的性别、年龄、收入、区域等进行细分就是"market segmentation"。市场决定的价格叫作市场价格。市场上的自由竞争就是"market competition"，企业在市场上面临着严峻的生存竞争。自由恋爱就是恋爱市场上的自由竞争，因此竞争非常激烈。

"Market analysis"的意思是"市场分析"。"Stock market"的意思是"股票市场"。"Seller's/buyer's market"的意思是"卖方市场 / 买方市场"。"Emerging market"的意思是"新兴市场"。"Black market"的意思是"黑市"。"The new product finally came on the market"的意思是"这个新产品终于上市"。"Market"还可以做动词使用，如"market the new product"的意思是"让新产品上市"。

相关词汇 〉 **Capital, Competition, Price**

Matrix

行列、母体、基础

母体

"Alma mater"的意思是"母校的校歌"。"Maternity"的意思是孕妇、产妇、母性。拉丁语"mater"的意思是"mother"，也就是母亲。"Matrix"本来是母胎的意思，后来转义为基础、母体的意思，在数学和"Excel"中意思是"行列"。"Matrix"这个词有两层含义，即温柔的"organic"（有机体）印象和纵横井然有序的"mechanical"（机械的）印象，之所以具有这两层含义是因为词源的进化。

大家听到"matrix"这个词后会想起什么呢？是一种生硬的感觉呢，还是一种柔和的感觉呢？如果笔者这样问的话，大部分人会回答"生硬的感觉"或者"是说数字纵横排列的表吧"。

笔者再问："那么，电影中的'matrix'是什么感觉呢？"这次很多人都回答"是一种柔和的感觉""给人一种湿润的、黏黏的感觉"。

"Matrix"的词源是"母"。胎盘给人的感觉比较温和，同样是盘，如果是棋盘的话，给人的印象就是纵横排列的格子，温柔和生硬这两种印象同在就是这个原因。

在组织论中经常提到矩阵组织，其意思是将按照功能、产品、顾客、区域等来分类的多个系统组合起来的一种形态。是优先通过各个专业领域的知识、技能进行管理，还是优先根据商品、顾客、地区等应对外部的管理？而"matrix组织"认为这二者都很重要，双方都要进行管理。不过，矩阵管理更侧重具有生硬印象的"行列"。

特别是在研究开发领域，在多数情况下采用矩阵型组织。这是因为研究人员、技术人员在"核心技术"和"商品"这两个方面都与商务有关。在矩阵型组织中，核心技术和商品双方都有责任人，工程师从双方的责任人那里得到指示，进行报告和咨询（参照"line"一项）。

但是，上司仅限于一人是组织运营的铁则，矩阵型组织和这个原则是相反的。如果违反组织规则还能起作用的话，仅限于位于纵轴和横轴上的上司之间互相理解这一种情况。值得庆幸的是，笔者曾经在这样的组织里工作过，能够对此做出说明。笔者曾经在英国某个公司的日本子公司做过人事部部长，当时笔者有两个上司，其中一个是在东京的康德利·海德（日本子公司的总负责人），男性；另外一个上司是在伦敦的人事部门的总负责人，女性。在日本的男上司就日常工作向笔者给出指示，对任财务部长和业务部长的日本人进行比较，并做出评价。伦敦的女上司召集各国的人事部部长，给出方针，人事部部长之间相互比较，给出评价。把这两个措施综合在一起就可以做到工作的均衡和给出公允的评价。这两个负责人经常进行磋商，笔者在私下里把他们称作"干爹"和"干妈"。

可以说这个案例很成功，令人意外。但是，通常这种模式并不顺利。在有一个以上上司的矩阵型组织中，到底谁是真正的上司是模糊的，有损指挥命令系统的一元化原则，最终责任由谁来承担并不明确。有人就此说出了下述感想："我所在的公司也是采取了项目和技术双重领导的组织。如果优先技术的话就会花费成本，如果削减成本的话技术上就会落伍，重要的是要取得平衡。最近终于适应了这一组织，可以正常运转了。"

在组织图上看起来有两个人，但是决定技术和成本平衡的事实上的决策者，就是那个人本身。能否和"干爹""干妈"顺利协调、做好工作，取决于在交叉点上的"孩子"本人，总有一天权力会转移到"孩子"身上。

"Mathematical matrix"的意思是"数学行列"。"Matrix organization"的意思是"矩阵型组织"。"They live in a virtual-reality world called the matrix"的意思是"他们生活在被称作母体的虚拟现实中"。"A matrix is made through processes of engraving letters on wooden pieces"的意思是"在木块上刻上字作为模子"。

相关词汇 ＞ **Line, Organization, Power, Structure**

Membership

不是免费乘车的成员证明

"Member"的词源是意为"身体的构成要素"的拉丁语"membrum",古法语"membre"的意思是"脏器"。由此在英语中"member"的意思引申为"团体中的构成要素",是"构成要素"。具有成员资格就是"membership",否则就是局外人。有无"membership"可以区分"自己"和"他人"。确定哪里是"member"的范围就是"组织"。

日本人在下意识中使用"我们公司"这个说法,从这里可以看出日本人出自真心的组织观念。说"到这里就是我们"的"我们"就是组织的界限,从这里再往前走一步就是"外面","我们"中有"内部"的相互关系,和"外面"的关系不同。

"Membership"中根据"多大程度属于我们"这个尺度,形成某种等级。相关公司及员工说到底就像亲戚一样,一半是"自己人"或者"我们",一半是"外部",可以说是位于两者中间。

如果观察日本企业之间的关系就可以发现,丰田汽车公司类似于德川幕府。丰田汽车集团公司总共由十三家公司构成,这就相当于德川幕府中的"亲藩",此外还有相当于"谱代"和"外样"的各种各样的公司,与丰田公司主体的关系有亲疏之分。

就个人间的关系而言,正式确定成员资格的是员工名单、名片或者公司徽章。成员在企业中共享企业的身份。在笔者以前供职的汽车公司,如果丢了公司的徽章会被处以罚款,因为徽章是成员资格的象征。

曼瑟·奥尔森(Mancur Olson)在"集体行为论"中就成员资格和组织的关系进行了论述,耐人寻味。总而言之,就是为了"防止免费乘车(蹭好处)"而成立了组织。曼瑟·奥尔森一针见血地指出:"如果人们有共同的关注点的话就会形成共同的目标,为了完成这一目标,而相互合作，这样的想法过于简单。"之所以这么说，是因为如果人真是重视合理性思维的话就会考虑少投入、多获得。这样一来，免费蹭车是最合理的，就会出现蹭车的人、寄生虫、投机取巧者、抬轿子时不仅不用力还让别人抬着走等现象，的确有这样的人。这些人不是真正的成员，为了排除这样的人，需要组织，这就是奥尔森的主张。

为了建立抑制免费蹭车式成员的组织，有下述三个方法：一、分成小组，这就是部门；二、确定说了算的权威，这就是上司；三、根据工作表现有选择性地设计激励机制，予以奖励，这就是奖励制度。这样一来，在组织中就只剩下互相合作的真正的成员，这就是组织管理。

汽车由很多零件组成，这些零件就类似于成员，这些成员就是用金属制作的零部件。但是，在汽车中没有一个零件不起作用。"Organization"这个词的词源就是"身体的构成要素"，身体的构成要素中没有无用的东西。在组织中，成员不是免费乘车者，必须起到各自的作用（参照"function""role"项）。"Member"原本的含义就是"构成要素"，这意味着不免费蹭车，只有认识到自己的作用才能有一个心情舒畅的工作场所。

"Club membership"的意思是"俱乐部会员资格（或者会员权）"。"Apply for membership"的意思是"申请入会"。"You are qualified for membership"的意思是"你有成为会员的资格"。"Incorporation of membership companies"的意思是"设立控股公司"。"Cross-member of the vehicle"的意思是"车的叉形杆件"。

相关词汇 **Company, Function, Incentive, Management, Role**

Meritocracy

根据贡献给予的待遇

"Merit"这个词的意思在日语中被理解为"长处",但是在字典里的第一个翻译项就是"功绩"。"Merit"的词源就是拉丁语"merere",意思是"得到""获取"。因此,"merit"进而转义为针对功绩领取的报酬的意思。如民主主义(democracy)、贵族主义(aristocracy)所示,"-cracy"的意思是"主义","meritocracy"的意思是功绩主义。

如何确定跳槽者的工资呢?对此,人事部门的判断基准有以下三个。其一,公司外部的竞争力。如果公司不给出一个有市场竞争力的工资,就很难吸引能力强的人才。职务在市场上是有定价的(参照"price"一项)。其二,公司内部的平衡。不论是多么有能力的人才,也不能只突出厚待一个人。其三,和本人上一年度的收入的关系。即便工资下降了还会接受工作吗?如果不是在除了工作以外的事情上感受到魅力,在签字时是会犹豫的。

在确定最初的工资时,该员工的业绩只能靠预测,说到底在给能力定价时加入了对业绩的期待成分,这样的工资水准就是根据"meritocracy"确定的。"Meritocracy"的意思是"业绩主义",这个和词源的意思是吻合的。就实际情况而言,也有"能力主义"的成分在里面,也就是说分"能做"和"做了"这两方面。

"Merit pay"本来是指综合评价个人的业绩和能力来进行支付的一种报酬制度,最初的工资是由三个条件确定的,在此基础上再加上和业绩挂钩的奖金,根据"merit increase"这一晋升工资的制度来提高工资。这样一来,就加强了业绩的因素。"Meritocracy"这个词是在20世纪50年代由英国社会学家迈克尔·杨戈(Michael Young)开始使用的术语,据说本来这个词在使用时未必是褒义词。

仅强调个人功绩的社会是否是一个好的社会？不论什么事物都要有个度。如果能力主义、业绩主义过度的话，就会出现贬义的"精英主义"（参照"elite"一项）。然而，令迈克尔想不到的是，社会正朝着认可功绩主义的方向发展。迄今为止对员工的评价要素是性别、人种、出身等"属性"。与此相比，从"能做"和"做过的"方面来评价的话，在公正性方面还是受到认可的。

人们经常把企业竞争比作生存竞争。"Meritocracy"经常被视作"实力主义""自我责任"等词的同义词，这些词的共性是"只有能力强的人才能生存下去"。然而，这种思维方式真的就很合理吗？笔者认为需要慎重行事。

另外，有的领域并不适合采用"meritocracy"这一思维方式。即便是在美国，在公共教育领域"merit pay"（绩效工资）这种薪酬制度也未必普及。也就是说单纯地、机械地追求业绩的做法在公共教育领域是不适合的。

俗话说："有功者受禄，有能者受职。"在西乡隆盛的遗训集里也有这句话，这是自古以来就有的智慧。支付奖励的对象是业绩（功绩），分配能够带来将来的业绩的工作（职务）要根据能力来实施，这就是思考人才管理时基本的心得。对工作支付报酬就是再分配工作，对有业绩的人来说，好的职位比任何报酬都重要。

"Singapore describes meritocracy as one of its official guiding principles"的意思是"新加坡把业绩主义作为国家正式的指导方针之一"。"Determine one's role based on meritocracy"的意思是"以能力主义为基础决定一个人的职位"。"System of radieal meritocracy employed by Nobunaga"的意思是"织田信长采用极端的实力主义制度"。

相关词汇 〉 **Appraisal, Compensation, Elite, Price**

Mission

传道的使命

"Mission"的词源是意为"派遣"或者"让……使用"的拉丁语"mittere"。教会为了在各地传教，向各地派遣传教士，因此传教活动就是"missionary"。在宗教领域"mission"就是传教的意思。在外交领域，"mission"就是使节团、代表团的意思。在汽车领域，"trans-mission"的意思是"将引擎的动力传导给轮胎的机构"。受派遣忠实传达应该传达的命令就是"使命"。

笔者在问学生们"对你来说，'mission'是什么"时，得到了各种各样的答案。有人回答："是使命。"也有人回答："是指特殊的任务。"有的学生反问说："是指教会学校的学生吗？"而来自汽车公司的学生回答说："是'trans-mission'（将引擎的动力传导给轮胎的机构）的简称。"

"Mission"就是"应该完成的任务"。一般认为，这个词作为商务术语被使用是受到军队里的"mission"这个用法的影响。在军队里称完成任务为"mission accomplished"。特别是难度较大的任务称作"mission impossible"，这也是一部电影的名字。

"Mission"就是"传道的使命"。教会以传教为目的，在将传教士派到各地之时赋予的任务就是"mission"。"Mission"的原意是"作为被派遣者接受的命令、完成的任务"。"Mission school"的意思是基督教会根据信仰，以实施普通教育为目的而设立的学校。藤蔓缠绕的教堂、红砖的墙壁、可爱的校服等和"mission"的本质没有关系，这一点需要注意。

"Mission"是由"passion"（激情）支撑的。"Mission"是个很有激情的词，"passion"是个更有激情的词。"Passion"是由"active"（主动的）的反义词"passive"（被动的）派生出的词，是终极的"被动"，意思是受苦、受难，由此转化为热情（参照"action"一项）。为了完成使命，需要经受艰难困苦，这就是热情。带来使命的是蓝图（参照"vision"一项）。因此，"vision""mission""passion"是一组关系密切的词。

"Mission"还有以命相赌的意思。"为了驱除怪兽，不惜身家性命"就是《归来的超人》的主题曲中最有名的一部分。在怪兽出来时，归来的超人拼上身家性命进行战斗，把守护地球作为自己的使命。

在做经营、管理工作时，需要进行冷静的分析，而"vision""mission""passion"都是在讲人的世界观。其中，"mission"本来是宗教术语，而今复杂性和不确定性不断加深，前途无法预料。在这种情况下，在商务领域也出现了略带宗教色彩的词汇，这也是不得已的。

"Mission"对企业来说是战略、价值观、行为指南的源泉。企业在社会上应该肩负什么样的使命？企业向顾客传达的价值是什么？或者说企业到底为了什么而存在？由于有了使命，就产生了战略，就能够明确应该提供的价值，成为日常行为准则（参照"strategy""value""operation"项）。不过，遗憾的是即便读了"mission statement"也感觉不到"passion"，只不过是平淡无奇的作文而已。

"Mission"的主题不仅仅是公司，还可以是"我自己"。自己应该完成的使命是什么？自己能对顾客做些什么？或者自己本来是为什么在工作？通过思考这些问题，自己的职业目标就会变得明确（参照"career"一项）。笔者希望以个人身份撰写企业的使命声明——不是公文而是充满使命感的声明。

> "Mission statement"的意思是"使命声明或纲领"。"Undertake a mission"的意思是"接受使命"。"Execute a mission"的意思是"执行使命"。"Accomplish a mission"的意思是"完成使命"。"A trade mission"的意思是"贸易使节团"，这里用的是"mission"的另一个含义，亦即"被派遣"。

相关词汇 〉 **Action, Career, Customer, Operation, Strategy, Value, Vision**

Motivation

像火、像蝴蝶一样的内心活动

"Motivation" 的词源是 "motio"，意思是动作，这个词进而演变为英语中的 "motion"，法语中是 "motif"，也就是艺术作品中的题目，驱使自己 "想表达"。这些词在英语中演变为 "motive"，意思是动机。"Motivate" 是及物动词，意思是动员、激励。"Motivate" 的名词形式就是 "motivation"，也就是给……动机、激励，直白的说法就是 "干劲儿"。

"Motivation" 一般翻译为 "给……动机、动员、激励"，翻译成这样给人感觉很生硬。英语和日语的思维方式不同，因此才感觉到生硬、别扭。

"Motivate" 是可以加宾语的及物动词，比如 "He motivated me" 的意思是 "他激励我"，或者用被动态，"I was motivated"，即 "我受到他的激励"。这个表述方法在日语中感觉很别扭，但在英语中是个很通顺的表达方式。此外，"motivate" 也是管理学中的一个重要概念。

"Motivation" 有时会因为报酬等的外部原因而提高，我们称此为 "外发式动机"。另外，"motivation" 也指从自己内部涌出的心情，我们称之为 "内发式动机"，日本人认为积极性是自己的问题，这种倾向要比其他国家的人强烈。

"Motivation" 的近义词是 "motive"，意思是由于内部冲动形成的动机。"Motive" 的词源，是表示发育中的 "motif"。在艺术领域，"motif" 是指引起创作动机的题材，进入英语后也被用于指犯罪动机，还指真意、意图等。不管怎么说，"motive" 是指心中内发式的东西，动员、激励人的内发式冲动。

"Motivation" 这个词极有人情味。在积极性高涨的时候，人们会忘我地工作，处于欲罢不能、停不下来的状态。另外，如果没有积极性的话，工作会做不下去，大家都有过这种经历。积极性是个令人捉摸不透的东西，有时候持续时间很长，有时候瞬间就消失了，感觉好像做了一个梦。昨天还很有干劲，像火焰一样有激情，但是睡了一晚就忘记了。有时候因为某个人说的一句话会意志消沉。"Motivation"就像一只正在休息的蝴蝶一样，如果不赶紧抓住的话，稍纵即逝，在想学习或者工作的时候，必须抓住这个时机。

可以说积极性像火一样，有时根本点不着火，有时刚点着火就熊熊燃烧起来，或者马上就熄灭了。需要引起充分注意的是，积极性与企业的生产效率关系密切，是管理学的重要课题。要从经营者的视角（"motivate"一方）和员工的视角（被"motivate"的一方）来认真思考，这一点非常重要。比如，如果设定的目标合适的话就会提高工作动机（参照"goal"一项），同时评价也是很重要的（参照"appraisal"一项）。

人才管理的窍门之一就是激励员工的工作热情，并维持这一状态，也就是说要管理好"motivation"。把"motivation"作为自我管理的对象的做法也很重要，维持着旺盛的"motivation"生活下去也是一种人生方式。我们都曾构想过一种激情燃烧的人生，有时处于忘我的境地，有时能感觉到成长。但是，就连控制自己的"motivation"，都是个很困难的问题，更不要说提高并维持其他人的"motivation"了，也正是因为如此才需要提高自己的调节水平。

"Strong motivation to study"的意思是"强烈的学习积极性"。"Keep motivation at a high level"的意思是"保持着激情"。"The baseball team faces financial difficulties and its members lack motivation to win"的意思是"那个棒球队经济状况很差，队员们缺乏获胜的动机和激情"。"I am getting a rush of motivation"的意思是"突然有了干劲"。

相关词汇 〉 **Appraisal, Commitment, Goal, Management, Zone**

Network

构成小世界的网络的作用

"Net"就是"网","work"就是"工作、作用"。"Network"的原意是像网一样铺开的东西。从这个意义上讲,典型的例子就是"铁路网"。之后,随着电视广播的发展,"network"就引申为"广播网"的意思。在第二次世界大战后,"network"开始表示"人际关系",从20世纪70年代开始多用于电子计算机术语。

"Social networking service"(SNS 社交网络服务)正在一步步改变着世界,而且引起了世界的巨变。如果使用 SNS 的话,通过网络就可以构筑社交网络。SNS 带来的是交流、沟通。虽说如此,却未必是很深的交流。写评论有可能会发怵,而仅点击一下则非常简单。虽然这样做感情很淡,但是也能充分表达自己的心情。在脸书上点击一下"真好"或者"不好"的按钮就能轻松表达自己的感情、观点。

SNS 可以说是类似于频繁寄来的贺年卡,很多情况下人际关系很淡漠,只是靠贺年卡来维系,英语中把这种关系称作"脆弱的纽带"。证明 SNS 具有强度、具有维系感情的作用的是斯坦福大学的马克·格兰诺维特(Mark Granovetter)。

社会上的网络说到底就是社会关系。在家庭、同事这样密切的关系中经常共享信息,从生疏的人那里只会收到用来维系关系的贺年卡,而里面或许夹带着有关跳槽的信息。不仅是跳槽的信息,还有其他很重要的信息也从平常不怎么联系的人那里寄来。由于跟这些人的联系不太紧密,经常因为搬家,关系就断了,SNS 的功能是不让这些脆弱的纽带断线。

在讨论组织的形态时使用"network"这个词,也就是"network 型组织"。这种组织的特征是阶层不深,是扁平的,决策并非只由有限的几个人来进行,整体上是属于分权性质的。

希望读者注意的是"在 network 组织中工作"的表述方式类似于"从马上落马","马"字重复了。这是因为"network"本身就是指网状组织，而且词汇中包含"work"（工作）的意思。

社会正在网络化，SNS 加速了社会的网络化进程。公司本身就反映了社会的状况（参照"fractal"一项）。在网络化的社会，思考"在网络型组织中工作"依然很重要。

在网络型组织中有项目组、任务组、跨功能组等。这些小组都是临时组成团队，灵活地改变成员构成。在咨询公司等专业公司采用网络型组织方式是理所当然的。因为到处都需要进行交流沟通，成本不算低廉。不过，他们正在通过网络技术解决成本问题。

在具有网络性质的工具中，枢纽正在发挥威力。进而，以枢纽为中心形成多个网络，网络不断增多就会形成一个小世界，这种小世界现象随处可见。当人们通过 SNS 得知有如此多的"共同的朋友"时会大吃一惊，社会其实比想象的还小，网络缩短了世界的距离！

"TV network"的意思是"电视广播网"。"Use an application in a network environment"的意思是"在网络环境下使用应用软件"。"Networking skill of MBA"的意思是"MBA 学生构筑人脉的技术"。"Social networking services（SNSs）are now very popular through the world"的意思是"社交网络服务在全世界受欢迎"。

相关词汇 > **Cost, Global, Hierarchy, Team**

Objective

目的、对象、物体、客观、宾语

投掷的目标

　　"objective" 的词源是拉丁语 "jacere"，意思是 "投掷"，"jacere" 演化为 "objective" 的词根 "ject"，"ject" 的意思是投掷。前缀词 "ob-" 本来是 "站在……的前面"，也有 "向着……" 的意思。在语法领域，"object" 的意思是宾语，"object" 的形容词是 "objective"，意思是 "客观的"。法语 "objet" 的意思是 "东西"。

　　大部分语言都是由主语、动词、宾语（也称目的语）构成。由此可见，目的就是事物的本质，为了完成一个目的才做工作。组织是为了达到目的才存在的，为了完成目的才制定战略。即便从经营的视角来看目的也是很重要的。

　　表示目的、目标的单词中有 "goal"（参照 "goal" 一项）或者 "purpose"，那么上述词在意思上和用法上有什么区别吗？

　　第一个区别就是热度的感觉。在体育领域使用 "goal"，而不使用 "objective" 或者 "purpose"。如果是人生的目标的话用 "goal" 或者 "purpose"，而不使用 "objective"。

　　"Goal" 就是 "到达的地点"，这个词给人的印象是 "热的"。"Purpose" 是由表示方向的 "pur" 和表示 "放在那里" 的 "pose" 组合而成，主要表示方向感和意图。与此相比，"objective" 的意思则是冷静的，法语中 "objet" 的意思是 "东西"。"Objective" 还有一个意思就是 "客观的"，在指 "年度末要完成的数字" 时，"objective" 给人的语感就 "不太热"。

　　第二个不同之处在于时间的感觉。在商务领域，经常听人说："虽然完成了 'objective'（近期目标），但是失去了 'goal'（远期目标）。" 有人问 "你到底在为什么工作" 时的 "为什么" 就是 "purpose"。而 "objective" 是指 "本季度的目标" "当下的目标" 等，也就是说

"objective"适合于用在不久的将来要具体完成的目标。

从这一点来看，"goal"和"purpose"是指更远的目标，而"objective"是指更近的目标。就系统论中的目标和手段的阶层结构而言，"purpose"在最上面，往下依次是"goal""objective""end"，最下面是"mean"，这一结构和语义大致一样。

为了进一步从其他角度搞清楚"objective"的意思，我们将它和其属于"兄弟关系"的近义词"object"进行比较。在英语语法中，"subject"是主语，"object"是宾语（在日语里称目的语）。这意味着"subject"是主，"object"是从。但是，仔细一想这里面有点不对劲，本来"sub-"的意思是"下面"。按照逻辑推理，"subject"应该在"从"的位置。这个疑问可以通过理解"subject"是在谁的下面来解决。在基督教领域，人属于仆从，主语加"sub-"就是这个原因。值此之际，站在位于上面的神和位于下面的人之间，进行扰乱就是"objection"（异议、反驳）。

"Objective"也位于神和仆从之间，是在眼前的东西，有目的和客观的意思。本来位于下面的"subject"不知在什么时候演变为主体，主体向前投掷的对象就是目的。笔者认为理解这一关系就可以同时理解英语语法的主谓宾基本结构、基督教的世界观和商务的实质。

"In an objective manner"的意思是"客观的"。"Objective test"的意思是"客观测验"。"Objective opinion"的意思是"客观的意见"。"Objective evidence"的意思是"客观证据"。"Objective reality"的意思是"客观现实"。"Taking an objective attitude"的意思是"采取客观的态度"。"Objective case"的意思是"语法上的宾格"。"A final objective"的意思是"最终目标"。"Accomplish an objective"的意思是"实现目的"。

相关词汇 〉 **Goal**

Officer

将校、官员、干部

在办公室工作的人

本来"officer"是指伴随责任的职务，"officer"的词源是表示服务、买卖的拉丁语"officium"。"Officer"是由表示工作的"opus"和表示"做某件事情"的"facere"组合而成的，"op"演变为"of"，因此工作的场所叫"office"，在"office"的职位就是"officer"。后来，"officer"一词用于指官员、警官等。

"Office"这个词在美国和在日本的用法不同。这个区别类似于"mansion"在美国指豪宅，而在日本指单元楼。在美国的公司里如果你给位于较高职位的人打电话（假如称X）的话，X的秘书就会接电话，回答说："是的，这里是X办公室。"英语中的"office"本来指单间办公室，是董事、律师等办公的房间，那里本来是官方场所。

"Officer"是"office"加表示"人"的"er"构成的，意思是拥有英语中所说的"office"的高级职位。在军队中"officer"的级别是将校、士官，也就是与"办公室"相吻合的职位。

按照美国公司法的规定，称更高级别的职位为"officer"。CEO（chief executive officer）的意思是最高经营责任者。COO（chief operative officer）的意思是最高执行责任者。CFO（chief financial officer）的意思是最高财务负责人，这些词在最后都有"officer"。在美国法律中所规定的"officer"就是日本所说的董事级别。

日本也模仿美国，出现了很多"chief＋officer"的职位。在美国的组织中，相当于各部门的头目。CIO（最高信息负责人）、CTO（最高技术负责人）等。最近CLO（最高学习负责人）的职位也多了起来。

然而，语言是一种有趣的东西，而今已经不把"chief＋officer"算作"officer"的范畴了。比如你问当CEO或COO的人"你是officer吗？"他们或许会回答"不是"。这是因为最近"officer"不仅指高级管理职位，还指中层管理职位或者下层管理职位。"Office"这个词的含义也由办公室演化为工作单位、业务室等意思，词的含义发生了变化。

"Officer"还是"non-officer"是关乎一个人的身份的问题，是个很敏感的问题。为了解决这个问题，有的企业把"operator"（操作者）、"assistant"（助手）以外的人都称作"officer"。在日本公司或者企业中，被支付加班费的是"non-officer"，而得不到加班费的则是"officer"。为了便于区分，有的企业采取了这种方法。

现在，在日本企业中，"officer"除了上述用法之外，还广泛指拥有一定职权，或在某种职位上的人。比如，将审查入境的工作人员称作"immigration officer"，在美国将负责给违法停车的车辆贴罚单的人称作"parking enforcement officer"，这的确也属于一种执行官。"Officer"的这些含义距离将校的印象越来越远这一点也是不争的事实。本来，语言的含义、用法就是不断扩展的，在这一过程中，外延、内涵也会发生变化。

"Chief Executive Officer"的意思是"最高经营责任者"。"Chief Operating Officer"的意思是"最高执行责任者"。"Senior officer"的意思是"高官"。"Military officer"的意思是"陆军将校"，"served as a program officer at the university"的意思是"我在那所大学当过项目官员"。"Office"的例子有"office worker"，即办公室职员，"office hours"的意思是"上班时间"，"office politics"的意思是"公司内部的讨价还价、人际关系"。

相关词汇 〉 **Bureaucracy, Organization, Title**

Operation

实行、作用、工程、作战、手术

发挥现场能力

"Operation"的词源是译为"工作"的拉丁语"operari","operari"也有"进展顺利"的意思。"Operation"的同一词根是"opera"（歌剧）。在演出歌剧时不仅要有动作而且还必须出效果。同样，"operation"表示职场的业务、实施作战、外科手术等意思，里面也同样具有"工作"和"效果"两层含义，"co-operation"的意思是通过合作提高效果。

"Operation"要求好好完成工作，用于各种场合。"Operation"一词在军队里表示作战；在医疗领域，"operation"的意思是外科手术，简称"ope"；在数学领域有"four operations"，意思是加减乘除，通过数学方法研究经营问题称作"operations research"，简称"OR"。

在金融政策中，"operation"是指"中央银行进行公开市场操作"。在金融机构中，"operation"指"所有的交易业务"。业务部门称作"operations"，简称"Ops"。在制造业领域，机械的操作者称作"operator"，开工率百分之百称作"full operation"。

"Operation"和"opera"（歌剧）不光在拼写上、发音上类似，词源也相同。在歌剧中，演员、伴奏、舞台设计人员等在现场分工合作，快速、高效、无误地进行演出，否则观众是不会满意的，商务领域的活动也是如此。

《提高你的业务能力：就是这样的 MBA 初阶书》一书中，远藤功教授对"现场能力"进行了论述，讲述了"operational excellence"（自律性运转）。现场是指实施采购、生产、运输、销售等所有业务的"operation"的场所，现场可以是战场、手术室、剧场、职场。不论现场在哪里，都必须做好专业的工作。为此，必须顺利地完成现场的各个"operation"流程。

战略就是解决"做什么"的问题，因此也可以叫作"what"的问题。与此相比，"operation"是要解决"如何做"的"how"的问题。战略与操作两个要素不分主次，二者中有一个进展不顺利的话就无法在竞争中获胜。

现场会自律性地进行运转，这就是"operational excellence"，这句话说起来容易，实践起来难度很大。因此，如果在组织层面掌握了"operational excellence"的话，就会形成与其他企业或者公司实现差别化经营的可持续性组织能力，这是别的公司或者企业一朝一夕无法追赶的。

教育领域的现场就是教室，在这里"operational excellence"也是至关重要的。按时上课、按时下课、事前联系、安排座席、搬入器材、确认出席率、分发资料、接送客人、安排发表者、回收读书报告、进行反馈等需要操心的事情很多。

这些虽然都是理所当然的事情，但是要做好也是不容易的。

另外，上课内容也很重要。但是，上课时间仅有90分钟，这和歌剧的演出时间是一样的，每个演员要在规定的时间内演完被分配的角色，同时还要在后台进行操作、安排，让整个歌剧顺利地演完。为了让"operation"顺利进行下去，最重要的工作就是做好充分的准备。即便如此，也会发生意想不到的事情，值此之际，不要让其恶化为事故而是将其转化为机会，这就是"chance operation"（机会运作）。

"Military operation"的意思是"军事行动"。"Sales operation"的意思是"销售活动"。"Operative surgical procedure""surgical operation""surgery operation"等都是"外科手术"的意思。"In order to keep sustainable competitive advantage, we need to seek operational excellence"的意思是"为了保持可持续的竞争优势，我们必须做到自律性运转"。

相关词汇 > **Competency, Competition, Professional, Strategy**

Opportunity

机会、良机

奔向港口，抓住机会

"Opportunity"的词源是表示"有利的"拉丁语"opportunus"，与这个拉丁语有关的短语是"ob portum venience"，"ob"的意思是"向着"，"portus"的意思是"港口"，也就是说"前往港口"。过去，在欧洲前往港口意味着获得很大的贸易机会，特别是从亚洲运来香料和陶瓷器就是当时的机会。

"Opportunity"的意思是机会，机会就是希望，这个词的灵魂就是"快要、即将"。"Business opportunity"的意思是商业机会：买卖有望能够成交；有望能够抓住顾客的需求；有望能够向顾客提供只有本公司才有的价值；有望从那里获得收益；收益有望永远持续。

"Market opportunity"就是市场机会。那里到底有没有市场？市场的规模估计能够达到多少？增长率有望达到多少？如果具备这个条件的话，自己公司是否有望发挥其他公司不具备的强项？也就是说是否能够在竞争中获胜？对这些因素进行分析。

"Opportunity"的第二个要点就是将来有望实现的东西。"如果这样做的话，按理说就能够怎样"，类似于寅吃卯粮（还没有抓到狐狸就算计着狐狸皮的用途），但是实现的概率很高。

"Opportunity loss"的意思是"机会损失"，其典型的案例就是店里的商品断货。客人就在眼前，"如果尺寸合适的话就会买的"，然而却断货了，眼瞅着就丧失了销售机会。机会损失意味着本来应该得到的利益却得不到。也就是说，"只要有库存的话，肯定会提高销售额的。然而，断货了"。这种"如果……肯定会……"就属于机会损失。如果不想让机会损失的话，需要做市场调查，需要掌握顾客的需求动向，对将来进行估测，搞生产活动，调整库存量。防止机会损失就是我们日常商务工作的动机。

"Opportunity"的第三个含义，也是最本质的含义就是"port"，包含在"港"这个字里的实质内涵就是"准备、努力和冒风险"。首先，如果不前往港口的话，机会是不会到来的。为了思考"opportunity"的本质含义，我们将"opportunity"这个词，与意思相近的"chance"进行比较。经常说"大捞一笔的 chance"，而不说"大捞一笔的 opportunity"。那么，这两个词的区别究竟是什么？"Chance"的言外之意是"那里有，赶紧去"，"chance"是偶然的，只是一个概率问题，对谁都是公平的，天上掉馅饼就是"chance"。

与此相比，"opportunity"的意思是"认真做调查，搞清楚有多少可能性，看准时机，投入必要的资源，向着成功努力"。在战略 SWOT（强项、弱项、机会、威胁）分析中的"机会"就是"opportunity"而不是"chance"，原因也就在于此。

机会只是为努力和有准备的人准备的。新的事业和市场的出现并非有概率性的，是需要自己发现和创造的，为此，首先需要做准备。童子军的标语就是"时刻做好准备"，正是因为时刻做好了准备才能抓住机会。此外，努力也是必要的，而且机会是只为敢冒风险的人准备的，因此，风险和机会是成对的概念。

"Take an opportunity"的意思是"抓住机会"。"Seize an opportunity"的意思是"更积极地捕捉机会"。"Embrace an opportunity"的意思是"要灵活运用机会"。"Watch for an opportunity"的意思是"瞄准机会"。"A heaven-sent opportunity"的意思是"天赐良机"。"When opportunity serves"的意思是"如果有机会的话"。形容词"opportunistic"的意思是"机会主义的"。

相关词汇 **Market**

Optimization

最佳化

因为期望而排在第一位

"Opt"的意思是期望，"option"这个词的字面意思是"想要的"，因此引申为选择权。"Option"的词源是"optare"，意思是"希望、选择"。"Maximum"的意思是"最大"，因此"optimum"就是根据期望排在第一位的意思。比如最佳解释就是"optimal solution"，得到最佳解释的分数就是"optimal point"，而"optimization"是指在各种各样的束缚中朝着最佳努力。

商学院开设了很多门课，但是，可以说不论哪门课最终目的都是想方设法就"管理"进行说明（参照"management"一项）。在各门课中还有一个共同的概念，这就是"optimization"（最佳化），意思是综合考虑各种各样的条件，找到最佳的解释。

下面笔者以澡堂为例进行解释。如果澡堂的水过热，就无法洗澡，过凉也不行，要设定到对任何人来说"正合适的水温"。这就是澡堂水的"最佳值"（optimal point）。然而，会有各种各样的人来澡堂洗澡。有的人喜欢水热一点，而其他人喜欢温一点的。必须为所有客人着想，找一个最佳值，或者说基于卫生方面因素的考虑，澡堂水要热一点比较好，从更远的角度来看或许这是最佳值。这样，考虑到各种各样的要素，就可以确定澡堂水温度的最佳值。

在商务活动中，必须同时考虑时间、资金、人才、技术、市场等多个制约条件。市场的特性、顾客的希望也属于制约条件，还有必要考虑道德、社会责任等。如果没有制约条件的话，说得极端点就是不需要管理。在各种各样的限制中，满足多个条件的同时，要思考如何分配手头的资源，才能得到最希望的结果。解开这一方程式的答案就是最佳化。

在思考"optimization"这个问题时，仅在这本书中就有很多词可以做参考，这说明这一术语和其他单词的联系很多。战略式决策就是指对有限的经营资源进行最佳分配（参照"allocation""strategy"项）。在金融领域也要思考最佳的筹资方法（参照"finance"一项）。在投资理论中，针对风险要取得最大的回报，这就是最佳的证券投资（参照"investment""portfolio"项）。在现场第一线的工作中，有必要研究最佳的时间分配（参照"operation"一项）。在人事、组织管理领域，对所有的员工来说一般来讲没有最佳答案。在什么时候做决定？一般总是一边摸索一边寻求最佳答案。

在实施最佳化之际，除了考虑制约因素外，还要考虑属于"trade-off"（权衡）关系的各种各样的要素，在此基础上找出最佳答案。属于"trade-off"的关系是指"按倒葫芦起了瓢"，需要权衡。

尽管我们都知道投入众多的销售人员和花费大量的广告宣传费就可以卖得更多，但是这样做就会增加成本。如果让商品具有各种各样的功能，虽然给顾客带来了方便，但是分量会加重，按钮会增多，反而给顾客带来不便。虽然想给优秀的人才更高的薪酬和待遇，但是这样做不仅会导致工资成本上升，还会削弱其他员工的工作积极性。因此，我们必须同时照顾到制约条件和"trade-off"达到最佳化。管理学的奥妙也在于此。

"Optimization theory"的意思是"最佳化理论"。"Optimization problem"的意思是"最佳化问题"。"Optimal point"的意思是"最佳点"。"Optimal solution"的意思是"最佳解决方案"。"Optimization throughput"的意思是"使单位时间内的处理能力最佳化"。"Our competitor offers a better selection of products optimized to customer needs"的意思是"我们的竞争对手提供了最适合消费者需求的一系列产品"。

相关词汇 　**Allocation, Customer, Finance, Investment, Market, Operation, Portfolio, Strategy**

Organization

是生命也是机械的组织

"Organization"的意思是"组织"，其词源是"organ"。"Organ"的一个意思是身体的器官或者脏器，另一个意思是风琴类乐器，特别是指"pipe organ"（管风琴）。"Organ"还有一个词源就是意为道具、工具的希腊语"organon"。"Organ"这个词给人两个印象，一个是与脏器有关，一个是与乐器有关。"Organize"的意思是组织或者总结。

"Organ"有两个意思：其一是五脏六腑，在英语中把脏器移植称作"organ transplant"；其二是乐器中的风琴，"play the organ"不是拿脏器来玩，而是拉风琴的意思。

从"organ"演变来的"organization"表示政治机构、组织，把人系统性地组织起来就是"order"这个词。我们把用有机农业方法栽培的东西称作"organic"，这就是"organ"的形容词。"Organization"这个词给人的印象是拥有各种各样功能的机械，同时也给人一种生成、发展、有关生命的有机性的印象（参照"function"一项）。

在对企业组织进行比喻时，有的时候将其形容成"机械"，有的时候将其形容成"生命"。汤姆·伯恩斯（Tom Burns）和斯托克（G.M.Stalker）指出组织分为两种类型，一类是机械的，一类是有机的。这两个人的研究都是关于外部环境的不确定性和组织形态的关系的经典性实证研究。

机械性组织的程式化程度高，规则、手续、分工严密，阶层多，属于金字塔型。有机性组织程式化程度较低，有弹性，阶层少，属于扁平型。那么，机械性组织和有机性组织这两种形式分别在什么环境下有效呢？结论如下：假如环境稳定的话，机械性组织较为适应；技术革新越快，环境越不稳定，那么有机性组织因为属于扁平型组织，能够灵活地对职务进行分工，能够取得很高的业绩。

上述研究成果比单纯的组织类型论更进一步，主张有效的组织方式是随着环境而发生变化的。就将组织分为机械性和有机性的二分法而言，本来在英语中"organ"就包含着机械性和有机性这两层含义，作为英语的思维方式来说是理所当然的。

如果问医疗人员什么是组织的话，他们会回答说"是指身体的组织"。据说，组织分为上皮组织、结缔组织、肌肉组织、神经组织等。制药公司的高级研发人员告诉笔者下述事实："人体的构成单位是细胞，而高等动物从起源来说是相同的，我们把通过分裂而增加的细胞集团以一定形态分担一定功能的东西称作组织。这是生物化学领域的定义，也就是说组织就是指细胞集合在一起维持生命。"

不管是在身体组织中还是在企业组织中，重要的是各个部分发挥功能，从这个意义上讲，组织就属于机械性的。同时，组织也是生物，从这个意义上讲，组织就是有机的。

脏器"organ"与生命有关，同时也是功能，乐器"organ"虽然是机械，同时也能演奏宗教音乐。人的脏器在起到各自作用的同时，维持着生命，在教堂里，巨大的机械管风琴奏出音乐，在很远的地方就能够听到。同样，在"organization"里面同时存在着机械的世界和有机的世界。

"The organization needs major reform"的意思是"这个组织需要进行大的改革"。"Japan External Trade Organization"的意思是"日本贸易振兴会"。"Organize"就是"系统性地进行调整"。"A well organized person controls a given task in a well thought manner"的意思是"一个组织性强的人深思熟虑做好被分配的任务"。

相关词汇 **Function, Hierarchy, Structure**

Planning

计划方案、制订计划

制定蓝图

"Plan"的词源是拉丁语"planus"，"planus"的意思是"平的"，之后又派生出表示"平易"的"plain"，以及表示"平面图"的"plan"。设计图纸"蓝图"，也有将来的计划的意思。进而，平面图转而表示计划。

"Plan"的意思是平面图，如果有平面图的话，就可以对整体情况一览无余，因此，就可以用纵观大局的视角和视野考虑以后的事情。

在商务领域，"planning"是与经营战略有关的词。亨利·明茨伯格将战略划分为十个学派，其中"planning"学派被定位为传统范畴。在此之前的设计学派这样认为："战略是指根据有意图的计划进行构思。战略就是经营者头脑中的意图，是构思。"（参照"design"一项）对继承了设计学派衣钵的"planning"学派来说，战略是指应用数据精密地描绘设计图。

笔者于20世纪80年代初入职公司，最初被分配的部门是汽车公司的计划部，在计划部描绘了很多蓝图。商品计划、技术计划、销售计划，以及制造、开发、销售的网点扩张计划等，如果没有计划就不能进行决策。如果不按照整体计划推进工作的话，经营、生产活动就会乱套，计划很重要是理所当然的。计划的大前提是"只有制订并实施计划才能改变未来"和"我们有能力制订计划"这一思维方式。

在打麻将的时候，大体上可以分为两类不同的方法，其一是按计划行事。以在最初发牌的阶段形成的印象，朝着目标前进。即便环境发生变化（其他成员的状况和起的牌），不要在意，按照计划进行。第二种是随机应变的方法。不固定自己头脑中的印象，而是根据对方的出牌情况和一个一个的自摸，随机应变，灵活应对。在某种意义上，这属于随波逐流的方法。

旅游也有两种方式，一是之后去哪里、什么时候去，就此事前要制定周密的计划。二是认为"去了之后再决定也不晚"，来了火车就上车，有点小意外反而更有趣。

"Planning"学派相当于麻将中的按计划行事，相当于在旅游时制定的旅程表。进行构思，并计划将构思付诸实施的结构这一点乍一看很具有资本主义式的行动特征。但是，在国家层面使用"计划"的是社会主义国家。已经解体的苏联实行计划经济，制订五年计划，运营着庞大的国家，而今距苏联解体已过了很长时间，现在回想起来，耐人寻味。

"Planning"学派过分拘泥于数字，其缺点是容易忽视不是数字能够衡量的东西。比如如何应对作为商品的氛围、对顾客感性的把握、员工的志向或者是意想不到的事情等。

尽管如此，在运营公司时如果凭感情用事、随波逐流的话是令人担忧的。实际上既要有一定程度的计划性，也要有一定程度的灵活性，在这中间找到最佳值才是经营管理的上策（参照"optimization"一项）。

"Alternative plan"的意思是"替代方案"。"Forward planning"的意思是"制订将来的计划"。"Plan prudently for the future"的意思是"慎重地制订将来的计划"。"She belongs to the planning department"的意思是"她属于策划部门"。"We are planning to extend our business activities into the banking industry"的意思是"我们计划把事业扩展到银行业"。"All actions start from planning"的意思是"一切行动从计划开始"。

相关词汇 **Design, Optimization**

Portfolio

整体上组织均衡

在意大利语中，将意思是携带的"porta"和意思是纸的"foglio"组合起来就是"portafoglio"，意思是公文夹，进而转化为放在折叠包里的公文，1930年左右开始用于指"政权投资组合"。

"Portfolio"就是指公文夹，设计师、创作者把自己的作品放在公文夹里给客户看，进而指整个作品。"Portfolio"这个概念还广泛用于投资理财、商品策划等领域。在投资理财领域，"portfolio"是指分散投资的资产组合。只集中在一个金融产品投资（参照"investment""commitment"项）的话，有全军覆没的危险，而在价格波动不同的数个金融产品中进行组合投资就是分散投资。我们把整个资产组合称作"portfolio"。在思考基金（参照"fund"一项）的"portfolio"之际，首先要考虑资产种类，代表性的资产有国内债券、国外债券、国内股票、国外股票、日元或者外币现金、不动产、实物资产。在上述各类资产中分别配置多少比例就是"portfolio"。

当代"portfolio"理论的要点是巧妙组合风险、回报相关度较低的资产来降低整体风险。我们谁也不能控制回报率，然而如果慎重地搞好"portfolio"的话，价格波动风险在一定程度上是能够控制的。在风险与回报上追求最佳化（参照"optimization"一项）就是"portfolio"管理的目的。

"Portfolio"这个概念也用在商品策划上，这就是"product portfolio"，它的要点是掌握事业和产品的整体状况，并且有效地进行资源分配。思考产品"portfolio"的代表性做法是波士顿咨询公司的PPM（product portfolio management），亦即产品组合管理。要考虑市场成长率、

产品的投资组合管理

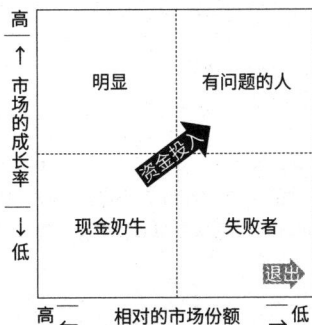

相对的市场份额、事业和产品的相互关系，分为以下几种情况：市场成长率高，市场份额也高；市场成长率低，市场份额高；市场成长率高，市场份额低；市场成长率低，市场份额也低。在这种情况下，要考虑怎样对商品分配资源，这是问题的关键。企业要长期生存下去，要从现金奶牛那里得到资金，将有难度的商品培育成主打产品，这样的话，这些产品总会成长为下一代的现金奶牛。

同样的思维方式也可以应用到组织的人才培养上。在人才的"portfolio"中，成员拥有怎样的专业知识？成员有怎样的职业经历和希望？成员在现在的业务中取得了多大的业绩？人事部门要仔细调查这些情况，掌握在执行企业战略时人员的质和量的优缺点，将这些情况应用到人才培养和将来员工的录用等人才战略上。

"Investment portfolio" 的意思是 "投资资产组合"。"As the customer needs change，we need to review our product portfolio" 的意思是 "由于顾客需求发生了变化，我们需要改变我们的产品结构"。"The photographer has an impressive portfolio" 的意思是 "这个摄影家有一个很好的影集"。

相关词汇 〉 **Career, Fund, Investment, Optimization, Positioning, Staffing**

Positioning

为了保障场所而占位置

拉丁语"ponere"的意思是"放",其过去分词是"positus"。因此,"position"的意思是被放的位置。与此同时,"position"也是给予的"地位"。棒球的阵营、比赛的占位、在市场上的"position"定位等都具有位置和地位这两个含义。"Positioning"的意思是在行业中的地位。

"Positioning"的意思是定位,因为有位置才产生意义,定位就是存在的基础,同时也是存在的理由。笔者认为在商务领域开始频繁使用"positioning"这个词的是广告代理商。广告代理商讲究占位要醒目,商品摆放在什么地方要轮廓清晰、醒目。另外,"positioning"这个词还有扎根确立地位的意思。

如果搞不好"positioning"工作的话就不会在顾客头脑中留下深刻的印象和存在感。商品的特征会与其他公司或企业的商品重叠并混淆,这样一来就不能获得心理份额、品牌知名度,没有定位就意味着没有一席之地。

相比之下,如果能够成功地进行有效定位的话,就能出现"这个地方只有我自己"这一状况。如果能够做到这一点就能够确立独自的地位,拥有这样的位置令人心情舒畅。

定位这个概念也是相对的,要把自己公司(自己)和其他公司(其他人)进行区分,让自己能够早日站在有利的位置,不断扩大市场。不断寻找自己能够在竞争中获胜的点至关重要。在市场营销领域中的"positioning"就是指本公司的产品获得消费者心中的什么位置。

有效的办法就是寻找还没有竞争对手的空白领域。有时候可以找到竞争还不激烈,市场投放和竞争对手具有不同定位的新商品,有时候公司需要对处于不利地位的商品重新定位。

在发生剧烈变化的环境下，即便产品找到了市场定位，长期维持下去也不容易，原因有以下两个：其一，自己或者自己公司的成功会吸引其他公司竞相模仿；其二，市场定位本身经常发生变化。

"Positioning"成为经营战略的关键词则是在20世纪70年代。亨利（Henry Mintzberg）等将此称作"positioning"学派。这个学派的观点是"战略是指确立自己在竞争中的优势地位"。

PPM（product portfolio management）也是对自己公司或者企业的产品进行定位，思考资源的最佳分配的方法（参照"portfolio"一项）。之后，迈克尔·泊特（Michael Porter）分别于1980年、1985年出版了两本书。这样一来，"positioning"学派获得了经营管理战略论的主流地位，时至今日，这一学派依然有着很大的影响力。

"Positioning"也应用到了增加职业阅历（参照"career"一项）领域。考虑自己在组织、劳动市场中的定位，在思考"自己是什么"时至关重要。认真思考自己的定位，在与周围的关系中获得自己的位置、地位。值此之际，要立足于自己的强项，通过自己的强项与别人进行区别，突出自己的强项，让自己的优势凸显出来。如果能够获得好的定位的话，集中精力，守护住这个位置，如果出现了在性格、能力上与自己相似的强有力的对手的话，可以考虑对自己重新定位，增加自己的职场阅历就是自我战略、自我定位。

"Positioning of troops"的意思是"部队的配置"。"Their positioning is opposite to the normal positioning"的意思是"他们的定位和通常的定位相反"。"Positioning statement"的意思是"意见报告书"，申明了公司的立场。"Determine the market positioning of our company"的意思是"确定我们公司在市场上的定位"。

相关词汇 **Career, Customer, Differentiation, Portfolio, Strategy**

Power

能力、体力、权力、威力、工作效率

通过意志和知识获得的"力量"

拉丁语"potentis"的意思是力量，以"potent"为词根的词有"omnipotent"（万能的）、"potential"（有潜力的）等。"iPS"细胞中的"P"就是"plenipotent"（多能的）。"Power"和"potentiality"（可能性）词根相同，"potential energy"的意思是势能，位置越高潜能越大。同样，地位越高权力越大。

在组织管理中，"power"是一个不可回避的题目。在这本书中将"force"也翻译为力量，但是内涵不同。"Power"是一个谜一样的词，为什么会发生权力集中在特定的人手中的现象？仔细思考可以发现，权力并非理所当然的事情。现在将笔者感到不可思议的四点列举如下：

权力的第一个不可思议之处在于它和真心话的关系。笔者问学生们："你们想要权力吗？"很多人回答说："不想要。"不论是谁，如果当面问的话，他都会说"不想要"，可见"power"是个肮脏的词汇，权力和金钱一样都是肮脏的。但是，难道说谁都不想要权力吗？权力是通过和依存度的关系决定的，这一方对对方的依存度越高，对方的权力也越大。不想从属于别人的人希望得到权力，权力对这种人来说至关重要，以至于连真心话都不敢说。可以说思考为什么权力（金钱）成了肮脏的词汇更有意义。

权力的第二个不可思议之处在于它和自由意志的关系。马克斯·韦伯给权力下的定义是："在社会关系中即便排除抵抗也要贯彻自己意志的所有的可能性。"换言之，权力就是违背对方的自由意志而支配对方的力量。但是，在政治上是谁赋予这种权力呢？是我们自己。也就是说，人通过"自己的自由意志"决定"违反自由意志而支配自己的东西"。这就是民主主义。

权力的第三个不可思议之处在于它和"potential"（潜在性）的关

系。如果动用权力的话，可以杀人或者伤人。因此，人服从权力。但是，如果杀人或者伤人的话，那个人就犯法了，与此同时也就失去了权力。也就是说，只有是潜在的，权力才能发挥真正的效力。从力学上来讲，"potential"就是势能，在组织中地位提高了，势能就高了，"power"也就增加了。"Power"除了表示地位之外还可以表示其他的意思，弗朗西斯·培根（Francis Bacon）说"知识就是力量"，这句话的英语是"knowledge is power"。本来"power"应该是"potentia"，也就是说，知识是作为可能性的力量。

权力的第四个不可思议之处就是"Power的两个意思并列"。"Power"的第一个意思是"权力"，第二个意思是"好好工作"。在力学上，"power"的意思是"功率"。在学校教科书中所教授的理科的公式为：功率（P）＝功（W）÷时间（t）。按照这个公式，"power"就是每个单位时间的工作量。"Powerful的人"有两个含义：一是有权力的人，二是在一定时间内能够做很多工作的人。

我在这里想说的是，即便如此我们也必须获得"power"。为了不让想滥用权力的人夺去权力，不滥用权力的你必须得到权力，这就是笔者的想法。

"Turn on power"的意思是"打开电源"。"Electric power"的意思是"电力"。"Power failure"的意思是"停电"。"Mental power"的意思是"精神力量"。"Supreme power"的意思是"最高权力"。"The power of the purse"的意思是"钱包的力量"，也就是财力。"The power of positive thinking"的意思是"有积极思考的能力"。"We have to break his power"的意思是"我们必须挫败他的锐气"。"Stop abuse of power"的意思是"停止滥用职权"。

相关词汇 〉 **Elite, Expert, Force**

Price

通过供需和战略决定价格

"Price"（价格）、"praise"（褒奖）、"prize"（奖）这三个词字面意思相同，词根也相同。古法语中的"pris"（之后演变为"prix"）表达价格、价值、工资、报酬、名誉、奖章等意思，比如大奖就是"grand prix"。拉丁语"pretiun"也有价格的意思，"preti"是根据劳动、工作情况给予回报的意思。

商品都有价格。不管多么好的产品如果价格过高，作为商品是不会成功的。相反，价格定得过低，也不能反映商品本来的价值。同样的商品，售价因商店而异的话，会发生什么情况？会进行价格仲裁。比如，在这边旧书店卖100日元，摆放在角落的书，在旁边的旧书店有可能标出较高的价格。那样的话，在便宜的地方买、在贵的地方卖就可以赚取差价，这种行为就是套利行为。这种行为听起来有点铜臭气，钻营取巧，但是，冷静地想一想，低买高卖就是商人的基本套路。反过来说，正是因为有人从中赚取差价，价格才得以收敛。

在经济学教科书最初的一章就写着"价格是通过供求关系决定的"，但是，这和我们的实际感受有所不同。企业在定价时会想"如果是这个价格的话应该能卖出去"，事实上是在向市场询价，消费者会将自己估摸的价值和价签进行对比，一边斟酌着自己的财力决定是否购买。这就是现实情况。

人们常说一物一价。但是，最近因条件不同，价格发生变动的情况也多起来了。在超市，如果有的商品当天想卖完的话，那么在傍晚就会降价，飞机票价和宾馆客房价因预约的时间不同，价格也有所不同。我们把灵活变动改革的做法称作动态定价，供货商为了全部售光商品，会灵活地变动价格，以此来获取最大收益。

这一思维方式再进一步就是价格通过供求关系实时进行波动。在东日本大地震后，人们开始讨论需求响应问题，这就是实时价格波动的典型案例。在电力行业，根据供电能力和需求量的大小实行浮动电价，如果电价高的话，用户就会节省用电；如果电的使用量下降的话，电价就会下调，这样就会有人开始用空调。价格就是调节阀，会找出最佳值（参照"optimization"一项）。经济学教科书上就讲过这个道理。

问题是价格上涨到什么程度？需求会下降到什么程度？显示这一价格与需求关系的指标，就是价格敏感度。测定价格灵敏度的方法之一就是 PSM（price sensitivity measurement），即价格敏感度分析法。价格高到什么程度就感觉到高，进而因为贵就不买了？价格便宜到什么程度就感觉到便宜了，进而因为价格太便宜感觉有点怪，反而不买了？

价格不仅仅是由供求关系决定的，定价本身就是个战略，价格里面包含着信息。有时候高昂的价格会被理解为是公司或企业对自己的商品有自信的表现，有时候高昂的价格本身也能让顾客感受到价值。但是，如果价格过高，谁也不会买。一般来讲，商品越便宜卖得越多，这也是不争的事实。经营者是靠低价在竞争中取胜还是定高价，走高端路线？这个问题很微妙，很难回答，这是因为"price"本身就很敏感。

"Price-earnings ratio"的意思是"股价收益率"。"Price-fixing"的意思是"操纵股价"。"At any price"的意思是"不管付出怎样的代价"，由此派生出"无论如何""绝对"的意思。"Asking price"的意思是"希望的价格、提示的价格"。"Price sensitive customer"的意思是"报酬格外敏感的顾客"。"Commodity prices have gradually been rising"的意思是"价格正在逐渐上涨"。

相关词汇 **Business, Competition, Market, Optimization, Strategy**

Professional

知识性职业、专业性职业

挂起招牌决胜负者

"Professional"的词根"fess"的意思是公开宣布。"Profession"的原意是能够在公共场合宣布自己有特殊知识和技能。"Professional"的意思是"拥有能够对外公开宣布的能力、技术、资格的专业人员"。有时候是指首先通过公开宣布才成为专业人员。不管怎么说,其本质是"挂出招牌一决胜负"的意思。

在思考"professional"这个词的含义时,总是想到体育领域的例子:职业棒球、职业足球、职业高尔夫、职业摔跤。从这个意义上讲"professional"的反义词就是"amateur"(业余的)。"Amateur"的词源是"爱的人",在技术上和其他方面经常超过"professional",不能妄下结论称"professional"就是熟悉业务的内行,而"amateur"则是不熟悉业务的外行。在体育领域,"professional"的意思是以该体育项目为职业,仅靠从事此体育项目就能维持生活。但是,对"professional"的理解仅局限于上述内容是否就足够了?我们比较一下三个国家的学者对"professional"所做的经典解释。

德国的马克斯·韦伯研究了资本主义精神的发展过程,对"professional"做的解释是"作为使命的职业"。马克斯·韦伯指出:"拉丁语'professsio'和'professional'的意思相似。而且'professional'和近代意义上的自由职业(liberal professions)意思相同,具有比较深层的内涵。"

美国的赖特·米尔斯(Charles Wright Mills)指出在组织中存在着"professional",并就此做了分析。也就是说,有些员工既是受雇佣者也是职业专家。之后,在企业组织内部开始出现新型的专业职位。

日本的太田肇指出"professional"必须有专业知识、专业技术、一定的理论基础和泛用性,且要有由专家团体或者专家组织制定的标准,以及对能力及其他资质进行评价的体系。

对以上三个人的分析进行总结可以发现："professional"属于一种内涵性，虽然存在于企业组织内部，但是如果被称作"professional"的话是要具备一定条件的。

在日语中经常将"professional"简称"pro"。理解"profession"这个词的关键在于"fession"的部分，"fess"的意思是挂出招牌，公开宣称这就是我能创造的价值，从这个意义上讲，"professional"也属于"commitment"（承诺）。"professional"也可以解释为可以凭这个技术、专业活下去，但是要做到这一点是需要经验的。相反，可以先宣称自己是"professional"，然后再积累相关经验。最关键的是包含在"professional"这个词中的含义是主体性和自立性。

传统的"professional"是通过特定的职业名称称呼的，职业名称即是这个人的身份。在英语中"lawyer"（律师）、"designer"（设计师）、"councillor"（政务会委员）、"trader"（商人）等词中都有"er"这个表示"人"的后缀词。"analyst"（分析师）、"stylist"（发型师）、"florist"（花店、园艺爱好者）等词里都有表示"人"的后缀词"ist"。上述这些人都是典型的"professional"。在日语中有医师、调理师（烹调师）、园艺师等带"师"字的人；有辩护士（律师）、宇宙飞行士（宇航员）等带"士"字的人；有建筑家、翻译家等带"家"字的人；有技术者、研究者等带"者"字的人，这些人都是"professional"。

换句话说，"professional"是指能够公开称自己是"er""ist""师、士、家、者"等的职业。"Professional"的必要条件不仅仅是资格，还包括从别人那里得到的招牌、从思想工作态度中能够感到的职业精神。这就是包含在词根"fession"中的"professional"这个词的灵魂。

"Professional ethics"的意思是"职业道德"。"Professional education"的意思是"专业教育"。"He often uses professional jargon"的意思是"他经常使用行业的专业术语"。"Always be professional at work"的意思是"请一直对工作保持职业精神"。"A young upwardly mobile professional individual"的意思是"年轻的积极向上的专业人才"。

| 相关词汇 | **Business, Capital, Commitment, Expert** |

Profit

衡量采购、制造、销售能力的尺度

就"profit"的单词结构而言，由如下两部分组成：其一，前缀词"pro-"，意思是向前；其二，词根"fit"，意思是作用。两部分组合起来就是"向前制造"，最终演变为利益、利润的意思。"Proficere"是拉丁语，意思是前进。"Proficere"的过去分词"profectus"演变为古法语，最终进入英语，演变为"profit"。

商务活动如果不能获利的话就不可能持续下去，因此"profit"是个很重要的词。乍一看"profit"这个词是司空见惯的，没有必要就此进行思考。但是，笔者还是想深入地探讨一下这个词的用法。为了搞清楚"profit"这个词的深层含义，有必要对"proficiency"（熟练程度）这个关键词的含义进行考察。

在英语中将英语能力的程度称作"English proficiency"，包括英语在内的语言能力的程度称作"language proficiency"。人之所以使用语言是为了完成某项任务，我们将完成、执行某一任务、课题的能力的尺度称为"task proficiency"。熟练程度的意思可以解释为"为了具有某种能力的进度"。

表示利润的"profit"和"proficiency"的词根相同，词根相同意味着两个词的本质意思有相同之处。"profit"翻译成利益或者利润。也就是说"profit"的意思是"收益减去为了得到收益所花费的费用"，这个解释虽然有点绕口，但是确实是"profit"最基本的意思。"Profit"这个词的"灵魂"在于采购、制造、销售的过程以及管理这个过程的能力及能力的程度。正是这个原因，"profit"可以加表示能力的后缀"-able"，形成"profitable"这个新词，意思是有获得利润的能力。从这个含义上说，"profit"的反义词是"cost"，亦即成本（参照"cost"一项）。"Profit center"（利润中心）是负责盈亏核算的部门，而"cost center"（成本中心）

因为销售额较低，被认为是不产生利润的部门。

如果把"minus profit"看作"profit"的反义词的话，与"loss"就是同义词。PL（profit and loss statement）就是盈亏计算书，它和资产负债表（balance sheet）都是各种财务报表的核心内容，都是让成本产生利润的积极性的财务表，"loss"和"profit""cost"不同，是损失的意思。

正是因为"profit"是个重要的词，所以也有很多近义词，如"earning""gain"，这两个词都是赚钱的意思。之所以"earning""gain"这两个词表示"赚钱"的语感较强，是因为其含义是分成。我们将每股收益率称作 EPS，股票本身不涉及采购、生产、销售等环节，通过拥有和买卖股票获取的收益并不是"profit"（利润），而是属于"earning"（直接获利），还属于 capital gain（资本收益）。"Profit"有一些近义词，表示投资回收，如"revenue""return"。"Revenue"的意思是"再次（re）""来（venue）"，而"return"的意思是"再次（re）""回来（turn）"。

有些词和"profit"有相似的意思，词根也相同，如"benefit"。"Benefit"的前缀词是意为良好的"bene-"，再加上意为作用的"fit"组合而成。"Profit"和"benefit"两个词都有"fit"部分，和"profit"一样，"benefit"也同样表示利益，但是"benefit"更强调恩惠，在人事制度中，"benefit"的意思是福利。

笔者撰写本书的目的是希望读者同时提高英语和商务"proficiency"，因为笔者认为这样做会给读者们带来"profit"。

"Net profit"的意思是"净利润"。"Profit sharing"的意思是"利润分配"。"Make a profit"的意思是"赚钱"。"Profit maximization"的意思是"利润最大化"。"Profit-oriented"的意思是"以营利为目的的"。"With profits on the decline, it was decided to make some management changes"的意思是"由于利润下滑，公司决定转变经营方针"。

相关词汇 〉 **Asset, Cost, Sales**

Promotion

向前推进的活动

"Promotion"的前缀词"pro-"的意思是向前,"promotion"的词根"motion"的意思是动作,二者合起来就是"向前进,前进一步"。在市场营销中,"promotion"是指包括广告、宣传、公关在内的广义上的促销活动。在一般情况下,"promotion"也可以是推广的意思,比如"promotion of Buddhism"的意思是佛教的传播。在人才管理领域,"promotion"的意思是升格、晋升,其反义词是"demotion",意思是降格、贬谪。

在市场营销中,"promotion"有广义和狭义两层含义。在广义上,"promotion"是指市场营销框架4P :"product"(产品)、"price"(价格)、"promotion"(促销)、"place"(市场定位)中的一个。"Promotion"在这里面的意思是指为了提高顾客对商品和服务的关注度(认知度、好感度、品牌忠诚度),让顾客购买自己的商品或者服务采取的所有措施。"Promotion"的原意是"向前进行",包含下述含义:一、让顾客在前阶段也就是购买前就知道商品的存在,宣传商品的魅力(广告、公关);二、在后阶段,让顾客参加开展的活动,如柜台促销。

广义的"promotion"不仅仅是为了销售而采取的追求眼前销售额的措施,而是维护和培育品牌的整体上的活动。可以说"promotion"是培养商品粉丝的一种机制。狭义上,"promotion"被称为促销,包括吸引顾客购买商品的活动、在销售活动中予以协助的活动。销售奖励也属于"promotion"之一(参照"incentive"一项)。进而,"promotion"的意思又引申为用于促销的海报、小册子。

促销活动有的润物细无声,慢慢出现效果,有的是通过降价销售,追求速效,但是,降价销售也有副作用。近年来,商品在功能上差别越来越小,有人认为在柜台进行狭义促销活动的效果会相对提高。另外,以前公司通过大众媒体做广告来达到促销的目的，然而，网购的顾客在不断增多，公司经营者需要考虑促销预算投入的转型。

　　"Promotion"这个词的用法，也有完全不同于市场营销的。人才管理领域"promotion"的意思是晋升、升格，在人事组织中前进。那么，晋升、升格实际上的主语是谁？晋升、升格不是能够凭自己的意志决定的，因此主体在组织方面，是有人让员工晋升、升格，在公司中是指对员工的人事变动有影响力的人。因此，尽管英语的语言习惯是避免用被动态，但是与晋升、升格相关的表述一般来讲是用被动态，如"she(he) was promoted"，意思是她或他得到了晋升。笔者推测把晋升者放在主语位置，不让人注意是谁让晋升的，可谓用心良苦。"Promotion"的反义词是"demotion"，即降格，在这种情况下更要隐藏主语。

　　有个词叫作晋升抑郁症。一般来讲谁都希望晋升、得到提拔，但是，一旦晋升之后就会感到责任特别重，夹在上司和部下之间受夹板气，非常烦恼。一般认为，晋升抑郁症都是由于这种精神压力造成的。

　　由上述可知，"promotion"是促销、推广的意思。包括精神在内的健康促进在英语中是"health promotion"。在晋升过程中，会有各种各样的人间烦恼、欣喜上演。但是，笔者认为首先要重视自己的健康。

　　"Promotion of education"的意思是"教育的普及、促进"。"Japan Society for the Promotion of Science"的意思是"日本学术振兴会"。"Getting a promotion at work"的意思是"在工作中得到晋升"。"Move up the promotional ladder"的意思是"在组织内不断晋升"。"Special promotion"的意思是"特别提拔"。"Promotion by selection"的意思是"提拔晋升"。"She was picked up for promotion"的意思是"她得到了提拔"。

相关词汇 〉 **Concept、Incentive、Sales、Staffing**

Questioning

在研究问题的本质

"Quest"的意思是探索或者追求，"question"不仅仅是问题的意思，还有"为了搞清楚事实而提问"的意思，在学术领域，提问的目的是探索真理，发现本质。另外，"questioning"的意思是站在对方的立场上问问题。

日本人的提问方式、对提问的态度实在不敢恭维，在很多情况下，日本人不懂装懂，这可以说是日本人的特征。在孩提时代，日本人如果提问的话，大人会斥责说："这么简单的事情也不明白吗？"孩子因此在心理上受到伤害，这样的人不在少数。或者说认为如果提问的话会失礼，因此也就不提问了。在日语中将提问说成"质问"，从汉字字面意思上就会感到失礼。

"Question"的词根"quest"的意思是探索。探索在语感上和质问相去甚远，这是因为"quest"的意思是求知。在决定研究开发的题目之际，提问的能力非常关键，在销售现场，如果问为什么能卖得出去的话就会得到启发或者暗示。

欧美社会进行沟通的特征之一就是"question & answer"（Q & A）问答。提问就是介入对方之中，之后才能互相理解，问题问得好的话不是无知，而是提问者明白了要探索什么的佐证。

如果没有提问的话就不会有回答，与其说对某件事情发问，不如说某件事情一开始就有问题。"Questioning"绝非一个崭新的方法，可以上溯到苏格拉底时期，苏格拉底认为只有通过提问对方才能帮助自己产生想法，因此将提问称作"助产妇术"。

提问的能力既是个人的能力也是组织的能力。有的公司老总或者上司经常对部下说："别插嘴，我说什么你就做什么。"在他们手底下工作的话就不能提问，于是，提问和探索也就被封杀了。如果谁都不发问的话，就不会产生新的思路，也就不会出现新的变化。

"Questing"并非问不明白的事情，而是"理解对方的心情"。正是因为想理解对方的心情才提问的，为了共同探索才提问的。提问可以诱发人的洞察力，有很多东西只有人家提问的时候自己才能发现。在具体指导如何提问时要注意"倾听"和"发问"是一对概念，通过提问进行回顾，进而对是否掌握了学过的东西进行自我反思，这就是学习（参照"learning"一项）。

笔者在向欧美人提问时，曾经被夸奖"Good question"。这句话可以有两种解释：其一，"这是个好问题，抓住了事物的本质"；其二，"没办法回答，该怎么办"。如果是这个意思的话，可以说这句话不是在夸奖，似乎是在讽刺。这两种心情的差异很微妙，只能靠观察对方的表情才能做出判断。"Good question"本来的含义是"能够促进共同探索的高质量的问题"。

不要觉得懂就满意了，要发现本质的问题，经常相互提问，一直坚持下去，这就是学习型组织。为此，企业需要创造一种自由豁达的组织文化，什么意见、问题都能听到（参照"culture"一项）。有了这种组织文化才能提出真正的有价值的问题，自然而然地碰撞出思想火花，不断地探索真理。

"Questioning mind"的意思是"探索精神"。"Questioning techniques"的意思是"提问技巧"。"Multiple choice questions"的意思是"多项选择问题"。"Questioning is at the heart of teaching"的意思是"提问是教学的核心环节"。"The Socratic questioning is to ask questions surrounding a central issue"的意思是"苏格拉底式的提问是指围绕着中心课题的问题"。

相关词汇 **Assertiveness, Culture, Knowledge, Learning**

Recruit

录用新人才的活动

"Recruit"本来是军队术语，用作名词时意思是新兵、第一年的新兵或者是"新来的"。"Recruit"做动词使用时意思是征集新兵、新人的活动。法语词"recrue"的意思是新生事物，"recruit"的词源就是法语词"recrue"。"Recrue"的词源，是意为创造的"creare"，或者意思为扩大的"crescere"。"recruiting"和"recruitment"就是指组织招募成员。

"Recruiting"或者"recruitment"的意思是录用、招聘活动，根据笔者的经验来看"recruiting"用得更多，在人事部门这两个词都使用。"Recruit suit"（招聘者的制服）和"recruit fashion"（招聘者的时装）都是典型的日式英语。日式英语是外国人觉得日本有点怪的典型，详情如下：

"Recruit"在表示行为时，主语就是开展招聘活动的企业。如果是面试官的着装称作"recruit suit"的话还说得过去，但是应聘者穿"recruit suit"的话就有些怪异了。

"Recruit"表示人的时候，意思是新兵、新人职者，这类人应该是已经被录用的人，而在录用之前的应聘者穿"recruit suit"，这种想法本身就很怪。

且不说语言上的问题，所有的应聘者都穿同样的衣服这本身也是很奇怪的行为。大家都穿同样的衣服去应聘，让人感觉到一种趋同的社会压力，可笑的是面试官还问应聘者："你觉得自己合群吗？"

在英语里将应聘者的活动称为"job search"或者"job hunting"（这个词颇具狩猎民族的特色）。笔者认为不论是企业统一招聘应届生，还是临时招聘，企业一方的招聘活动和应聘者的求职活动，都是一个相互营销的过程。招聘人才的企业要宣传自己企业的业务的魅力、职场的魅力、员工人际关系的魅力。应聘者或称候补者要展示自己的能力、工作热情、与其他人的协调性。企业聘用人才的标准可以分为以下四类：

1. 性能信号。在这里主要是指学历、职场履历等，这些能够让人事部门预测将来能取得的业绩。当然这些指标有时候也不完全靠谱。尽管如此，用人单位在招聘时受到这些因素的影响也是不争的事实。

2. 发展潜力。通过业务、职务在企业或者公司里持续获得成长的可能性。

3. 能力。为了衡量一个人的能力，有必要让应聘者接受精心设计的面试。

4. 化学反应。意思是测试应聘者对企业文化的适应性，看看是不是与企业合得来。

21世纪前半期是就业困难的时期，之后以2005年为界，就业形势发生了180°大转弯，企业开始大量招聘应届毕业生，之后，由于发生世界性金融危机，就业形势又急速恶化。企业招聘的变化根据，就是经济学教科书中所写的供需关系（参照"market"一项）。而且人有从众心理，这加速了应聘活动的复杂性。在经济情况好的时候，企业的经营者看到其他企业纷纷积极招聘员工的新闻后，会想"我们企业也得抓紧时间招聘员工"，这进一步加剧了对人才的需求。这时一个应聘者可以接到好几家公司或者企业的录用通知。因此，各个用人单位为了防止发了录用通知书而不来报到的情况，要多发一些录用通知书。这更加剧了人才供不应求的形势。而在经济不景气时，会发生相反的现象。

整个组织新陈代谢就是"recruiting"这个词本来的含义。正是因为"recruiting"和"recreation"的词源相同，"recruiting"这个词的本质就是"面目一新"。这一点可以将"recruiting"和同样表示录用、招聘的

"hiring"进行对比，就会一目了然。也就是说，"recruiting"这个词和企业组织本来就具备的"organic"这种感觉是合拍的。

> "A raw recruit"的意思是"刚刚入职的新员工"。"A new military recruit"的意思是"刚刚入伍的新兵"。"Our basketball team is recruiting tall guys"的意思是"我们篮球队正在招聘个子高的男孩"。"Recruitment of executive trainees"的意思是"正在招聘干部候补人员"。"A recruitment staff"的意思是"负责招聘的员工"。

相关词汇 〉 **Competency, Culture, Market, Staffing**

Relationship

联结和缓冲的状态

拉丁语"reerre"的意思是提到,其过去分词是"relatus","relatus"进入古法语中,进而演变为英语的"relation"。"Relation"的意思从提及引申为关联、相关。"Relate"是"relation"的动词,意思是"使……相关联"。"Relation"的意思是关系、关联或者亲属关系。"Relationship"的意思是"关系状态"。

"Relation"的意思是关系,在表示部门的时候用复数"relations",而"relationship"是指"构筑关系的状况"。"Relationship manager"即公关部经理,负责与企业组织外部的利益相关者构筑和协调关系。

那么,怎样才能构筑"relation"?有一个方法就是关系营销,这项工作由客户关系经理来负责实施。也就是说,和顾客(参照"customer"一项)构筑良好的关系维持长期的交易,换言之就是努力确保回头客,为此,与其追求一次性收益的最大化不如提高顾客的满意度。保持与原有的顾客的密切关系相当重要,但是如果只是频繁接触的话,反而会让顾客反感。首先要努力了解顾客,掌握顾客的需求。

RM(relation manager)即公关部经理,作用大体分为以下两类:一是"spanning",与外部的相关者进行联系;二是对来自外部的冲击进行缓冲。也就是说,RM的功能类似于汽车的悬浮。

詹姆士·汤普逊(James Thompson)在1967年运用"boundary spanning"(界限联结)这个概念就企业或者公司中能够与外部进行联结的部门进行分析。如果把RM作为与外部环境进行衔接的界限联结者来定位的话,就可以明白RM在公司或者企业的各个部门中起着多么重要的作用了。

"Spanning"的动词是"span",有延伸和联结两个含义,"span"的意思是横跨时间、距离的范围的时间和空间。打个比方来说,"span"

的意思是在河流、水渠上架桥，有机地、主动地将内部和外部连接在一起。我们把这样的功能称作"boundary spanning"，"boundary"上进行的业务就是界限性业务，"spanning"的活动被译为界限联结。

营销、采购、公关、广告等不论是在哪个领域，RM 都是界限联结者，运用各种方法向各自负责的利益相关者收集情报，构筑人际关系，为了提高双方的收益，联合行动。公关部经理通过构筑相互信任关系，确保联手采取行动，才能做好自己负责的利益相关者的联结工作。

另外，RM 还起着让企业免受环境变化带来的影响的作用，这就是"buffering"，意思是缓冲，指企业受到外部环境的冲击后进行吸收的功能。RM 通过缓冲功能减弱环境变化带来的不确定因素。负责公关的部门作为代表自己（企业或者公司）的专家和外部进行直接交涉，担负起减震的功能，将外部环境的变化与对企业组织造成的伤害降到最低，如果说"spanning"的功能是进攻的话，那么"buffering"的功能就是防守。

有时"spanning"伸张过度，"buffering"功能也会衰退，RM 对此要有充分的心理准备。即便如此，RM 也不要气馁，继续与外部进行联手、交涉等，为了企业或者公司的存活把工作进行下去。

"A blood-relation"的意思是"有血缘关系者"。"Blood relationship"的意思是"血缘关系"。"A personnal relationship"的意思是"人际关系"。"A close relationship"的意思是"关系密切"。"Relationship building"的意思是"拉关系、构筑关系"。"Bear no relation to"的意思是"与……没有关系"。"Relation between causes and effects"的意思是"因果关系"。

相关词汇 〉 **Customer, Stakeholder, Trust**

Restructuring

重构

重新调整企业结构

  "Structure"就是构筑结构和组织，前缀词"re-"的意思是"再次"。因此，"restructuring"的意思本来是重组、重构组织结构、企业结构。为了重组企业有时候需要采取积极措施，缩小企业规模、从不盈利的领域撤资、裁减员工、调整雇佣关系等，这些措施中有的不得人心，但是也是不得已而为之的。在日本提到"restructure"这个词只强调裁员等负面印象，导致这个词出现了贬义。

  直到今天，在日本社会对"restructure"这个词还具有负面印象。日本人经常说的一句话就是"中年、老年公司员工由于害怕被裁员而瑟瑟发抖"。企业为了存活，需要"restructure"，砍掉亏损部门，缩小企业或者公司的规模，在这一过程中，必然要解雇一些员工，因此，日本人对"restructure"这个词是有负面印象的。

  但是，本来"restructuring"这个词里面是包含着积极含义的，也就是说，变革企业组织结构使组织更有效、效率更高。企业经营环境是经常发生变化的，因此，企业有必要抛弃迄今为止已经适应的企业结构（参照"structure"一项），采用新的经营战略，迅速学习有效利用新的经营战略的方法。

  笔者最初读到题为"restructuring"的书是在20世纪80年代中期。当时日本还没有使用片假名来书写这个词，它还是作为字面意思使用，也就是"重新构筑企业结构"。

  有些行业不景气是由于结构造成的，需要进行整理合并，企业要生存下去的话，这些措施是必要的。但是，重组重构的含义不都是负面的，为了企业或者公司的将来着想，在自己企业内部对事业、业务、部门重新进行组合（参照"portfolio"一项）是不可或缺的。有时候需要重新分配资源（参照"allocation"一项），这才是真正意义上的

"restructuring"。通过设立新的部门或者通过并购、合作来获得企业成长所必需的业务、事业，这是一种积极的进取性的经营态度。重组或者重构不仅仅是缩小规模的意思，有时候还要扩大规模。

20世纪90年代，日本经济长期萧条，在这一时代背景下，"restructuring"一词也就成为企业瘦身、缩小规模的同义词。从那个时候开始，在日本"restructuring"一词就开始有了负面含义，而且以片假名而非英文的形式在日本社会广泛流传开来，直到今天这个负面印象还挥之不去。有的词在使用时会偏离原来的意图，以讹传讹，改变了原来的意思，笔者认为"restructuring"就是一个典型案例，其实，英语也有这种倾向。

企业裁员可以削减成本，可以在短期内一定程度上恢复企业的业绩。但是，如果企业只是采取缩小规模的办法也不会提高员工的工作热情和责任感，也就是说，企业在进行重组、裁员的同时还要采取其他积极的配套措施，否则，企业组织会逐渐衰败下去。

在日本已经无法期待新兴市场那样的高经济增长率了。既然如此，企业有必要在某种程度上用缩小或者扩大规模的方式，机动灵活地调整事业或者业务领域（参照"domain"一项）。为了维持高效的企业组织，企业经营者要掌握经常实施结构变革的能力。这就是企业生存下去的能力，企业经营者有必要持续性地实施本来意义上的"restructuring"，即重组事业结构的措施。

企业应该具备随着环境的变化而调整企业结构的能力，这就是笔者造的词汇"restructuring-ability"（重组能力），即变革事业、业务结构的能力和自己改变自己的能力。可以说这也是最根本的企业组织能力。我们要改变"restructuring"这个词的负面印象，否则这个词不可能在日本社会长期存在下去。

"Promote the restructuring" 的意思是 "推进事业重组"。"Profitability of the company improved as a result of the additional restructuring" 的意思是 "该公司通过进一步的重组改善了盈利能力"。"The business restructuring plan was approved by the syndicate of the banks" 的意思是 "经营重建计划得到银行的认可"，在这种情况下，"restructuring" 与其说是指缩小业务规模、裁员，不如说是指之后的重建。

相关词汇 ▷ **Allocation, Domain, Market, Portfolio, Structure**

Retention

保持、维持、挽留

持续吸引人

"Retention"的词源是拉丁语"tenere"，意思是保持，"tenere"演变为"tain"，意思是继续，"tain"前面加上表示重复的"re-"，就形成"retain"，意思是"保持好多次"，进而引申为持续力、记忆力。"Retain"的名词形式是"retention"，在企业组织中的意思是"为了防止人才辞职进行挽留""将人才的离职率控制在一定的比例之下"。

"Retention"这个词在市场营销领域中的例子有"customer retention"（客户保留），在人才管理方面的例子有"employee retention"（挽留员工）。

"Maintain"（维持）、"sustain"（延伸）、"contain"（包含）等词的相同部分是"tain"，意思是"保持"。"Retain"的字面意思是"持续保持多次"。"Retain"的名词就是"retention"。不论是顾客还是员工，都需要持续地维持关系。

"Customer retention"的意思是为了维持较高的顾客满意度，获得忠实顾客的活动。积分制度就是典型的"customer retention"，企业必须本着殷勤好客的精神持续稳定地提供真正的服务，否则顾客就不会成为忠实的顾客（参照"customer"一项）。

"Employee retention"的意思是把员工挽留在组织中。员工的业绩提高的话，离职率就会降低，离职率用计算公式表示就是"离职人数÷期初及期末的员工平均数"。这个比例未必低就好，要有一个健康的新陈代谢比率。但是，如果高频率重复离职和招聘的话，必然给经营活动造成压力。这是因为会投入大量成本。

与招聘有关的一系列活动会产生直接和间接的费用，其中直接费用中有代表性的，就是支付给外部的招聘专家的费用。如果委托猎头公司招聘员工的话，所需要的成本是录用人才年收入的20%—30%。另外，企业内部负责招聘的部门要投入运营成本，企业高层、生产线负责人对应聘者进行面试也花费时间，员工入职后需要进行培训和教育，这些会造成企业盈利机会的丧失（参照"opportunity"一项）。这样一来会造成各种各样的间接成本，招聘、评价、选拔、教育、培训等一系列过程都需要花费间接费用，新招聘的员工在培训期内需要人工费，新招聘的员工在工作初期也存在隐性成本。

另外，离职者造成广义的成本如下：生产效率和质量下降；对其他员工的工作热情和职业道德产生影响，知识的积累不能继承延续；对顾客的维持也产生负面影响。这是因为有的员工在离职时会把顾客带到竞争对手那里。如果不能挽留住员工，不仅会降低企业的组织能力，而且会有利于其他公司或者企业，对竞争十分不利。也就是说，不能挽留住员工会带来双重的不利。

如果一个企业或者公司的离职率超过10%的话，人事部门就会忙碌起来，就会无休止地重复离职、招聘、离职、招聘的过程。

在欧美企业有一个人才流动模式，广受认可，这就是：吸引（attract）、维持（retain）、开发（develop）这一基本框架。在这个语境中的"retain"还包含着许多方面，如工资、奖金、福利待遇、晋升、加薪、考核等人事制度的实施和人才管理等大部分活动。事实上这些都包含在入职和离职之间，广义的员工的维持、挽留里面。

"Employee retention program" 的意思是 "员工维持项目"。"Training is your investment in human resource development and retention" 的意思是 "培训是对人才培养和人才挽留的投资"。"Try these tactics to retain your employees" 的意思是 "为了挽留员工，试一下这些方法怎么样？" "The retention of the stick" 的意思是 "事件现场留下的拐杖"。

相关词汇 > **Agent, Compensation, Cost, Customer, Employability, Opportunity, Recruit**

Role

角色、作用、任务

根据期待扮演角色

"Role"的意思是"人在参加某项活动时扮演的角色"。"Role"的词源是表示纸卷的"roll"，在上面写着角色和演员的名字。"Role model"的意思是在扮演角色时"自己想模仿的样板"。"Role"是一种扮演，在戏剧中体现为角色，在工作中体现为分工，就是"act"（戏剧或者行为），其结果就是"performance"，即演出表现或者在工作中做出业绩。

人在组织中要担任某项角色，或者说起到一定作用，并根据角色或者分工做出判断、采取行动，并针对这一角色或者分工拥有自己的身份。

"Role"本来是戏剧术语，指角色、剧里的人物。在企业组织中的"role"是指伴随职务的工作，起到的作用和"role"一样，"performance"也在戏剧领域和商务领域使用。"Performance"在戏剧领域是指在舞台上扮演被分配的角色，为了演出一场好戏而努力。企业组织的成员通过各自起到各自的作用，来努力提高个人和企业组织的业绩。

人在社会上通过扮演好自己的角色实现自我的价值，在自己究竟该扮演什么角色，或者从事什么职业合适的问题上探索，而答案要在与社会成员相互作用的过程中进行尝试、确认和修正。阐明这一点的是实用主义创始人之一的乔治·赫伯特·米德（George Herbert Mead）。与角色、作用相关的概念有多个，笔者将其分为角色期待、角色取得、角色矛盾三类。

角色期待（role expectation）是指在相互关系中，就他人扮演的角色做出正式、非正式的期待，比如人们期待被分配到财务部门的应届员工扮演的角色是财会人员。自己必须知道别人期待自己做什么，否则人家会说"这个新来的什么都不懂，进不了角色"。

取得角色（role taking）意思是自己好好学习别人期待自己扮演的

角色，并吃透这个角色的本质。通过这个过程，将这个角色真正变成自己的东西。

上述这一流程在角色或者分工明确的职场上很容易观察到。员工如果意识到角色要求和自己的价值观是一致的则很容易接受，反之则不容易接受。但是公司等组织对员工的期待是早日了解自己的角色，只有了解了自己的角色才能扮演好自己的角色，做好自己的工作，也就能在工作中感觉到自己的价值，这样的部门就会形成独特的职场文化（参照"culture"一项）。

角色矛盾（role conflict）是个人因为角色之间的矛盾而烦恼，有一种被撕裂的感觉，在商务领域也经常发生这种情况。角色矛盾可以分为两类，其一是角色之间的矛盾。两个以上的他人希望自己承担一定的角色，自己都接受了，然而这些角色是相互矛盾的。职业人角色和家庭人角色之间的矛盾就属于这种情况，就此有很多调查研究。其二，角色内的矛盾，意思是在一个角色之中包含着互相矛盾的角色期待。这些矛盾会给工作带来困难，让人处于进退维谷之中。

一个人只有理解角色期待，获得角色、巧妙地处理角色矛盾才能在职场上游刃有余，其能力才能被别人认可，这是优秀的员工所具有的共同特征（参照"competency"一项）。

"Play a role of"的意思是"起着……作用"。"Play a supporting role"的意思是"扮演配角"。"Role taking"的意思是"获得角色"，具体是指在理解周围期待自己应扮演的角色的基础上取得该角色。"Be someone's role model"的意思是"成为某个人的角色样板"。"Role distance"的意思是"角色距离"，以清醒的头脑看待角色，在心理上保持距离。"Female role"的意思是"旦角"。"Fill the role of"的意思是"起到……作用"。

相关词汇 〉 Action, Competency, Culture, Function, Management, Value

Sales

営业、销售

收集数字的行当

"Sales"源于古英语"sala"，意思是递给，与表示申请牺牲的"saljan"同源。古英语的"sellan"和"sell"相似，意思是献上。从19世纪开始，"sale"出现"商店以比平时便宜的价钱销售商品"的意思。

营业一词在日语中和英语中表达的意思不同，是令人难以理解的一个词。营业顾名思义就是"营生"的意思，用直白的话解释就是"做生意"（参照"business"一项）。日本企业和公司中有营业部，其实其他部门也在"营业"，在开展业务。然而，令人颇感意外的是日语中的"营业部门"在英语中是"sales department"。

与英语中的"sales"直接对应的日语词是"贩卖"（销售）。尽管如此，在日本一般不把负责销售的部门称作"贩卖部"（销售部），而称作"营业部"。在日本认为只有销售才是在营业，因此在日语中把"销售部"称作"营业部"正好说出了日本人的心里话。

在英语中，"sale"这个词有两个含义：其一是销售；其二是降价销售。"For sale"的意思是（个人的东西）正在销售，相反"not for sale"的意思是"非卖品"。"On sale"的意思是（店里新产品等）正在销售或者正在廉价促销。"Sale"单独使用的话就是"销售"的意思，当"sale"写在木牌上时就是"廉价促销"。

与销售有关的业务有很多种，以企业为对象的销售业务在日语中称作"法人营业"，以个人为对象的销售业务在日语中称作"个人营业"。具体的销售方法有两种：其一，将商品运到顾客那里销售，称"行商"；其二，顾客来店铺买商品，称"坐商"。此外，我们把以老顾客和小店为对象的销售行为称作"路线销售"，把以新顾客为对象的销售行为称作"开拓型销售"。还有一种销售方式是一户一户地转悠兜售，称作"door to door sales"。其中，难度最大的销售方式就是事前不进行预约而直接到顾客家兜售，如果没有意外的话，这种销售方法会一直被拒之门外的，销售人员要想锻炼自己的精神耐力的话，这种销售方法或许是最有效的。

已故作家中岛以自己的销售经验为基础指出："有的人适合搞销售工作，有的人不适合搞销售工作，这一点非常明显。一个人是否适合于搞销售工作关键在于是否具备狩猎的本能，收集数字是搞好销售工作的一个必要条件。有的人把销售工作当作一种游戏，做起来津津有味，不知疲倦。如果是这种性格的人的话，不管对销售业务熟悉与否，都能以自己的方式完成销售任务。"

销售业绩可以清楚地表现在数字上，销售部门的专业销售员们都有各自的销售方式，能否确立有自己特色的销售方式决定着能否提高销售业绩。比如口若悬河讲解自己的产品是一种销售方法，而不厌其烦地认真倾听客户的声音也是一种常见的销售方式，而且这种销售方式还能取得良好的销售业绩。

笔者既做过以个人为对象的销售业务，也做过以法人为对象的销售业务。在做以个人为对象的销售业务时最有效的方法就是别出心裁，比如有时候会忘记拿计算器。有一天，笔者将计算器忘在了客人那里。后来，笔者想起来去顾客那里取，顺便问了一句："您觉得那东西怎么样？"顾客回答说："我决定买了。"这样，一笔买卖就谈成了。后来笔者经过分析发现：顾客只是想在营销人员不在场的时候做出决策。顾客做出决定不会花费一周时间，有时候顾客会说"一周以后再来吧"。这句话不可当真，一周后来的话，顾客会说已经决定买别人家的了。笔者对此深有体会，之后每次都故意把计算器落在顾客那里，30分钟之后返回来取计算器，顺便问一句："您觉得那东西怎么样？"与其说这是狩猎本能倒不如说是被逼急了之后想出的办法，可谓"下策"，这个办法虽不高明但是很有效。

　　由此笔者深深感到营业的"业"既是技术也是修行，是需要长期磨炼才能掌握的。

　　"Sales forecast"的意思是"销售额的预测"。"Sales team"的意思是"销售团队"。"Retail sales resumed in the previous month"的意思是"上个月的零售额恢复了"。"Last year's model is not any more on sale"的意思是"去年的样式今年已经不卖了"。"Sale pitch"的意思是"销售时进行的说明"，本来是在实际演示销售中使用的说明词，投资银行的营销团队在进行金融商品的说明时也使用这个词。

相关词汇 〉 **Business, Professional, Promotion, Style**

Security

不用担心

在拉丁语中"curare"的意思是照顾，进而演变为"care"。前缀词"se-"的意思是离开。"Cure"和"care"意思相同，因此，"secure"的意思是不需要照顾，也就是不需要担心、安全的意思，"security"就演变为保障的意思，其内涵是有可以信赖的土壤，能够确保安全。

作为一般术语来讲，"security"的意思是保障。联合国安理会的英语就是"security councill"，"能够确保安全吗"中的"安全"在英语中也是"security"，也就是不需要担心的状态。"Job security"的意思是职业的稳定，没有失业的危险，可以放心工作。如果感觉到职业的稳定受到威胁的话就不能放心工作，责任感和工作动力会急速下降，何谈对企业组织做出贡献？

直到世界金融危机爆发之前，在华尔街获得高工资是可能的，但是工作稳定性不能算高。在金融领域，人工费在相当大的程度上作为可变动的费用来对待。经济情况好的时候就招聘人才，经济情况不好的时候就解聘。这一过程不断重复，"hire & fire"（不断招聘、不断解雇）成为金融行业的习惯。同样是金融行业，欧洲企业虽然不像美国企业那样支付给员工高额的奖金，但是相对来说比美国金融业工作稳定。从这一点来看，风险和回报是匹配的。

"Security"还有一个意思就是证券，当证券讲时通常使用复数形式，亦即"securities"。在美国"job security"（工作稳定性）很低的人们从事"securities"（证券）工作可以看成是一种讽刺。《史努比和查理·布朗》中出现的莱纳斯这个人物非常清楚事物的本质，被认为是有解决问题能力的智慧者。但是，莱纳斯总是被姐姐露茜挖苦，而且总是把自己喜欢的毛毯带在身上。幼儿为了放心，总是毛毯不离身，我们称此为"security blanket"，可以说因为莱纳斯总是毛毯不离身才确立了这么一个鲜明的人物形象。值得注意的是"security blanket"的意思发生了转变，用于"像莱纳斯那样的学识渊博让人放心的人"。

总而言之，"security"的意思是不用担心，进而引申为保障。"You are secured"的意思是"不要紧，你不用担心"。"Business"的意思本来是"总是操心，很忙"（参照"business"一项），在工作不稳定的情况下工作的话，总是担心自己会被炒鱿鱼，如果处于不必担心工作会丢的状态的话，才能够踏踏实实把心思用在顾客和同事身上。

尽管企业把工作的稳定和安全作为企业方针提出来了，如果业绩跟不上去的话就无法保障员工工作的稳定，也就是说稳定保障工作的大前提是企业的业绩。从这个意义上讲，企业经营者的责任重大。另外，提高整个社会的工作稳定性本来是国家的工作，为了维持低失业率，可持续性的经济增长是不可或缺的。衣食足而知礼节，只有保障了生活的安全才可能互相学习互相帮助。

"Public security"的意思是"公共安全"。"Security deposit"的意思是"保证金"。"Security investment"的意思是"证券投资"。"Sense of security"的意思是"放心感"。"Security analyst"的意思是"证券分析师"。"What is most stressful is dealing with today's lack of job security"的意思是"最令人郁闷的是如何应对工作不稳定的问题"。

相关词汇 〉 **Business, Cost, Retention**

Service

服务、侍奉

侍奉、服务

"Service"的词源是拉丁语"servitium","servitium"是由表示"slave"（奴隶）的拉丁语"servus"加名词词尾"-itium"构成。因此，"service"的意思是侍奉、服务、做工。之后，"service"的意思又转化为兵役，还开始出现"tea service"（茶具）这样的使用方法。"Service industry"的用法始于1940年。

而今，"经济的服务化"已经成为长期趋势，第三产业的就业人数已经达到七成，即便是在各个产业的 GDP 的构成比中，第三产业也占到了七成多，第三产业的地位越来越重要。

与"service"相关的词有"service industry"（服务产业）和"service business"（服务行业），在谷歌上检索就可以发现这两种说法的数量在英语、日语和中文中都不相上下。

"Service"是否属于产业？"Service"是否属于商务？这两个问题是最基本的问题。就这两个问题的回答而言，"是"和"否"都是成立的，下面笔者就此进行简单的讨论。

问题1："Service"属于产业吗？

对此表示肯定的人说道："当然，服务就属于产业。产业是指第一产业、第二产业、第三产业。服务业属于第三产业，因此也就属于产业的一部分。因此，服务业就是产业，这再正常不过了。"

对服务业持反对意见的人说道："不，服务业不是产业，'industry'这个词也有工业的意思，而工业属于第二产业。因此，服务业也不属于第三产业。因此，在下定义时就不能把'service'称作'industry'。"

问题2："Service"是商务吗？

对此持肯定意见的人说道："当然，服务属于商务。零售批发等商业，银行、证券、保险等金融，以及电力、通信等社会基础设施，宾馆、餐馆等狭义的服务等大都是有偿的服务，因此属于商业、行业。"

对此持否定意见的人说道："不对，服务不算商业或行业。你说话前能不能过过脑子？服务一般用于公共服务、公务（public service）、医务、医疗服务（medical service）、兵役、军务（military service）、礼拜（church service）等。难道这些都属于商业吗？不是吧。贯穿这些行为的是服务精神、奉献精神，至少侍奉的本质含义就不是以营利为目的。"

由上述可知，同样是"service"这个词，有的认为属于产业，有的认为不属于产业。另外，在有的语境中"service"就是商业，而在其他的语境中又不是商业的意思。也就是说，"service"具有"industry"和"business"两个含义，这就是"service"这个词的特征。

2011年发生东日本大地震，以此为契机，"service"这个词中包含的奉献、服务的一面重新被认识，但是，这并不意味着"service"不是商业。可以说东日本大地震发生后不久的应对措施和复兴措施让我们深刻体会到："商业界、产业界都对整个社会做出了奉献，进行了服务。没有奉献、服务的人是不行的。"

综上所述，"service"的含义是产业或商业，或者二者兼而有之，这就是"service"的本质。通过思考这一本质我们可以从中发现回答什么叫产业、什么叫商业这一基本问题的线索。

"Client service"的意思是"客服"。"Home delivery service"的意思是"送货上门服务"。"Service agreement"的意思是"服务协定"。"Gas is slightly cheaper at self-service gas stations"的意思是"自助服务加油稍微便宜一些"。"Public service"的意思是"公共服务"。"Medical service"的意思是"医疗服务"。"military service"的意思是"兵役"。"Church service"的意思是"礼拜"。

相关词汇 ＞ **Business, Hospitality**

Staffing

负责网罗人才、配置人才的工作

古英语"staff"的意思是表示职业身份的"拐杖"，这就是"staffing"的词源。"Staff"有两层含义：一是与"line"相对的概念，从这个意义上来讲，"staff"就是作为参谋协助高层做出决策；二是职员、员工、要员，比如一般事务性职员就是"clerical staff"，"staffing"就是人员配置、人员安排。

"Staff"在军队里指参谋本部、幕僚，在戏剧、音乐、体育等领域指后台的工作人员，在企业里指间接的部门。"Staffing"的意思是人力资源的调配，是指招聘、分配、人事变动、配置等狭义上的人事工作。如果说将有限的资源进行最佳分配就是战略性决策的话，那么"选择谁"就是一个战略性决定（参照"strategy"一项）。

如果要问人事工作最重要的功能是什么？大部分日本人会回答人事变动和人员配置。不管采取什么样的战略和战术，说到底起决定作用的还是"由谁来做这件事"，这也就是"人事就是万事"的原因所在。

可以说招聘工作是关于"如何从劳动市场筹措对本企业的经营和战略最合适的人力资源"的活动。经常储备好人才，不论是在企业内部还是在企业外部总能够找到最合适的人才，这就是招聘活动，也是"staffing"的一部分工作（参照"recruit"一项）。

日本企业的常规做法是每年招聘应届毕业生，招聘之后就要分配部门。如果在招聘时就指定部门的话，就没有分配这个环节或者概念。入职公司的应届毕业生因为事前没有确定在什么部门工作，在接受分配时心情总是很紧张。新入职的员工正式报到以前，日本企业的人事部门需要做分配准备工作，这就属于典型的"staffing"。分配（日语中汉字写成"配属"），意思是"将新入职的人分到所属的地方"，之后新入职的员工就会归属某个部门，在那里工作。

在很多日本企业，人事变动意味着员工定期在企业各部门之间进行轮岗，在欧美企业里，企业内部也有轮岗的现象。日本企业进行定期轮岗时，事前不会和员工通气，会直接决定下来，有时候企业会突然通知某个员工"从下个月开始到国外分公司吧"。相比之下，欧美企业的人事部门会认真地将本人的意向和组织的意向进行调整。

配置是包含分配和人事变动的更广义的术语，在配置上人尽其才是最典型的"staffing"。和配置意思相近的词是安排角色，英语叫"casting"，在演电影和演戏时需要安排角色，同样，在企业的运营中安排角色也具有决定性的意义。

安排角色在日语中写成"配役"这两个汉字，据说日本的做法是先确定演员，再分配角色，就像一个经常到各地巡回演出的剧团一样，有效地利用有限的人力资源。"Casting"一词在英语中也有钓鱼的意思，具体做法是先确定角色再找演员。

"Cast"的意思是演员，也有铸件的意思。铸件是将金属熔化后倒入模子里制成的，演员也要将自己融入角色。但是，演员在表演方法上就会体现出个性，演员既是被动的也是主动的、能动的。

演员表演的角色（part）也有"零部件"的意思。在演戏时，能够表演的角色是整体的一部分，每个演员竭尽全力演好自己的角色，就能把舞台撑起来。

"Casting"是制片人工作的关键，企业经营者就是制片人，由"casting"来决定舞台、业绩。在企业中招聘、分配、人事变动、配置对相当于制片人的企业经营者来说是一项具有决定意义的重要工作。

"Staffing arrangement" 的意思是 "人员配置"。"General staff" 的意思是 "总参谋部"。"Examination of staffing level" 的意思是 "审核人员编制"。"The function of strategic staffing is to recruit and retain employees to perform jobs in line with your company's overall goals" 的意思是 "战略性人员配置功能，是指为了实现公司的整体目标，招聘并维持足够的员工来完成工作"。

相关词汇 〉 **Allocation, Recruit**

Stakeholder

SPECIAL 利益相关者

"Stake"的意思是赛马等的赌注或者赌金，以及针对赌注的收益。在赛马中，"stake"的意思是让参赛的马主人都出同样的钱作为分配的本金，从这个意义上引申出利益关系的意思。"Stakeholder"就是赌资的保管人或者具有类似利益关系的相关人。

企业把与企业有关系的人称作"stakeholder"，"stake"的意思是利益、利害。本来，"stake"是与赌博有关的词，复数"stakes"就是赌资的意思，赛马由马主们共同出资，获胜者赢得这些钱，这是一种竞争。由此，"stakeholder"转而指投资者和与企业休戚相关的人。20世纪90年代以后，"stakeholder"泛指直接或者间接与企业有利害关系的人。

企业和各种各样的利益关系者保持着关系。其中最具有代表性的有供应商（supplier）、社会（public）、员工（employee）、顾客（customer）、投资者（investor）、合作者（alliance）、购买公司债的人（lender），将这些词的英文首字母拼在一起就是 SPECIAL（特别的）。负责采购、广告、宣传、公关、人事、营销、投资者公关、策划、财务的各个部门分别是应对各个企业利益相关者的公关部门（参照"relationship"一项）。

SPECIAL 中的利益相关者都同等重要，这里不存在哪一个特别重要哪一个不太重要的问题，这是因为无论缺少哪一个"stakeholder"企业都不能生存下去，而且"stakeholder"这个词与"公司是谁的"这个根本问题有很大的关系。

2008年9月15日，爆发了世界金融危机，世界局势发生了很大变化。当时，对于"哪一个企业利益相关者更重要"这个问题的回答也发生了变化。但是，通过世界金融危机人们搞清楚了一件事情，这就是仅仅反映投资者意向的极端"投资者中心主义"将企业的本来面目给扭曲了。

对企业的本来面目的扭曲让整个金融系统乃至资本主义都直接面临着自我毁灭的危机（参照"capital"一项）。

通过东日本大地震和核电站事故这样惨痛的教训，人们再次痛感企业是社会公共财产。另外，通过零部件的供应，企业开始重新认识自己和供应商的关系。企业或者公司是供应商、社会、员工、顾客、投资者、合作者、融资者等所有企业利益相关者的企业或者公司。

企业为了取信于社会，各个部门都要起到作用，各部门必须起到从自己面对的企业利益相关者那里敏感地接收信息的信号接收器的作用。

与此同时，负责和企业外部进行公关的部门有必要成为向各个利益相关者发送信息的信息发送器。虽然各个部门针对各自负责的企业利益相关者采取的措施、方法不同，但是它们向外传递的信息必须是与企业一致的经营态度、经营理念，这一点至关重要。

"Stakeholder interests"的意思是"企业利益相关者的利益"。"Stakeholder engagement"的意思是"利益相关者的正式的相互关系"。"Ensure that you involve your key stakeholders at all stages of your research project"的意思是"如果进行调查的话，在所有阶段一定要让你的主要的利益相关者参与进来"。

相关词汇 **Capital, Investment, Relationship, Role, System, Trust**

Strategy

元帅的工作

"Straegos"是希腊语，在雅典是统帅、元帅、总司令官的意思。由"staegos"派生出"strategia"，意思是总帅下达的命令、指挥。"Stategla"在法语中变形为"strategie"，进而在英语中变形为"strategy"，"straegos"的词源"stratos"的意思是远征。

战略就是为了实现蓝图、使命，站在长远的、大局的视野上，通过最佳分配有限的经营资源，对做什么和不做什么明确指出方针、方向、策略、措施，予以实行、实践、实施（参照"vision""mission""allocation"项）。

战略比战术（参照"tactics"一项）更长远，更从大局角度看问题，比蓝图更具体更务实。操作（参照"operation"一项）讲的是"how"的问题，而战略讲的是"what"的问题。

战略式经营是指在分析外部环境、制订经营计划的同时，创造内部环境，有效地开展战略并予以实施。企业经营中，多数情况下战略意味着"竞争战略"，战略的目的是确定持续性的竞争优势。迈克尔·波特（Michael Porter）说从大的方面讲战略只有三个：其一，成本优势，意思是在制造、流通、销售各个过程中实现低成本，扩大市场份额；其二，差别化，自己企业要有独具特色的商品、服务；其三，聚焦定位，企业通过将经营资源集中在特定的顾客层、技术、商品、区域、渠道实现低成本和差别化。

"Strategy"这个词源于"strategos"，作家盐野七生把"strategos"译为国家政治战略官员。最著名的"strategos"就是出现在世界史教科书中的伯里克利（Pericles，公元前495年至公元前429年），伯里克利长期担任国家政治战略官员职务，其中大半生时间担任国家政治战略官员议长。

斯巴达通过严格的军事训练打造出一支强大的陆军，雅典属于海军国家，不擅长陆战，却要与斯巴达对抗。伯里克利采取的战略是尽量避免与斯巴达进行陆战，为此在包括港口在内的海岸上修筑城墙，将所有市民迁移到城墙内侧居住。也就是说，伯里克利制定了方针、策略，并予以实践。

伯里克利作为元帅采取的战略不仅限于指挥作战，而是组成提洛同盟加强海军，这一战略属于组织论范畴。此外，伯里克利还制定了从平民中选拔官员的制度，这一战略属于制度论范畴。另外，伯里克利还修建了帕尔特诺神殿，我们认为雅典的黄金时代就是典型的希腊文化，这一时代正好和伯里克利做统帅和政治家的时期是重合的。

雅典之所以出现黄金时代是因为伯里克利作为统帅在战略、组织、制度、文化等领域制定并实施了较完善的政策措施，统帅所做的工作就是战略。另外，还有一种职业叫战略家，意思是就投资战略提出建议的专家，与此相比，"strategos"就是本来意义上的"统帅"（参照"general"一项）。"Strategy"在这本书中有很多的关联词，由此可见，在经营领域"strategy"是个核心词汇。

"Investment strategy"的意思是"投资战略"。"Formulate a sales strategy"的意思是"制定营业战略"。"Secrecy is the soul of strategy"的意思是"秘密行事是战略的灵魂"，换句话说就是谋略重视隐秘。"Strategic thinking"的意思是"战略式思维"。"Strategic decision making"的意思是"战略式决策"。"Strategic management consulting firm"的意思是"战略经营咨询公司"。

相关词汇 > **Allocation, Investment, Mission, Operation, Structure, Sustainability, Tactics, Vision**

Structure

構造、結構、構築、建築、構成、組織

构建的东西

拉丁语"struere"的意思是积累、组装、伸展。拉丁语"structura"的意思是相互组合调整。从这两个词派生出"construct"（建筑）、"structure"（构造、结构）。后缀词"-ture"的意思是"……东西"。"Structure"加上前缀词"in-"就是"instruction"，意思是"指示构筑结构"。

"Structure"的意思是"事物组合起来、成立"，相当于人体的骨架。特别是在建筑物、建造物领域，"structure"是最重要的词。比如拱形通过将力分散形成很强的结构，在建成后结构很强劲，而且外观庄严，是哥特式建筑的主要特征。"Structure"分为刚性结构和柔性结构两种，通过这一结构可以抵抗外力，保护和维持自己的存在。

"Structure"还广泛应用于自然科学（例如分子结构）、社会科学（例如社会结构）、人文科学（例如文章结构）等各个领域。商务领域中商品、资金、资本、人力资源都有各自的结构。在商品领域有"packaging structure"，是指轻便、强韧的包装结构，为了既强韧又美观，下功夫进行各种各样的设计。在资金、资本领域有"capital structure"，意思是资本构成，特别是指负债和股东资本的组合（参照"asset""equity"项）。"Deal structure"的意思是M&A方法。在人力资源领域，有"organizational structure"，意思是组织结构（参照"organization"一项）。组织有两个层面的含义：其一是"structure"具有无机物性质；其二是"organization"具有生命力、有机物性质，能够成长下去。"Structure""organization"在单独使用时都翻译为"组织"。

艾尔弗雷德·D. 钱德勒（Alfred D. Chandler）的著作《战略与结构》（*Strategy and Structure*，1962）是管理学的经典著作。在这本书中表示组织的词不是"organization"而是"structure"，用了两个"S"打头的

```
                    ┌─────────┐
                    │ Strategy │
                    │  战略    │
                    └─────────┘
        ┌─────────┐           ┌─────────┐
        │ System  │           │Structure│
        │  系统   │           │  结构   │
        └─────────┘           └─────────┘
              ┌─────────────────┐
              │  Shared Value   │
              │   共有价值观     │
              └─────────────────┘
        ┌─────────┐           ┌─────────┐
        │  Staff  │           │  Skill  │
        │  员工   │           │  技术   │
        └─────────┘           └─────────┘
                    ┌─────────┐
                    │  Style  │
                    │  风格   │
                    └─────────┘
```

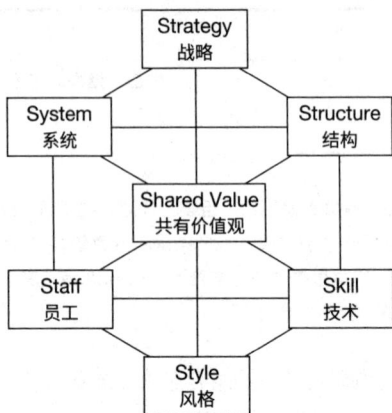

单词，合辙押韵，非常讲究，可以说这也是这本书成为名著的原因之一。

麦肯锡（McKinsey）的七个"S"，是非常有名的理论框架，分析了组织的现状，在推进组织变革中大有裨益。麦肯锡的七个"S"包括以下两类：其一是"硬S"，包括战略（strategy）、结构（structure）、系统（system）；其二是"软S"，包括员工（staff）、技术（skill）、风格（style）、共同的价值观（shared value）。在麦肯锡的这本书中用"structure"来表示组织这个词，当然这是为了凑七个"S"。不过，从硬件角度来讲使用"structure"要比使用"organization"好得多。

"Structure"这个词的灵魂在于积累、组装。作为组织的"structure"不仅是一个表现在组织图中的指挥命令系统，而且指肉眼看不到的信任关系、力量均衡等，是由各种因素组成的（参照"line""trust""power"项）。

"A structure of a building" 的意思是"建筑物的结构"。"Structure of the play" 的意思是"作品的结构"。"The structure of the human body" 的意思是"人体结构"。"Organization structure" 的意思是"组织结构"。"Sentence structure" 的意思是"句子结构"。"Compensation structure" 的意思是"报酬制度"。"Complex structure" 的意思是"错综复杂的结构"。"The need for structural change" 的意思是"结构改革的必要性"。

| 相关词汇 | Asset, Design, Equity, Force, Line, Organization, Power, Strategy, Trust |

Style

讲究和特征的结晶

"Style"的词根是"sti","sti"的意思是像"stick"（棍棒）那样又细又尖的东西。在法语中，"stylo"的意思是自来水笔，由此引申为文章的形式亦即文体。文体的外延进一步扩大，进而指整个表达方式，进而派生出风格的意思。"Style"的词源是表示"类型"的希腊语"estilo"，因此，"style"在管理领域表示管理类型的意思。

"Style"的第一层意思就是"样式"，如建筑样式、服装样式，巴洛克样式、洛可可样式等。进而，从这里引申出"style"的第二层含义，与生活和工作方式有关，如工作方式、营业方式、投资方式、经营方式等。"Style"能够跟很多词组合使用，同时，还派生出第三层意思，这就是符合嗜好，符合口味。第四是和时装有关的用法，"stylish"的意思是在生活中很讲究，有品位，将"style"推广就是流行。"In style"的意思是流行，是指让人敏感的神经能够捕捉到的状态。

"Style"这个词的意思可以用"风、流、型、式"这四个汉字来概括。可以看出"style"这个词有多种解释，这些解释也有重叠的部分，与此同时，"style"的含义也不断加深。

商品有一定的基调和样式、风格，同样企业组织也有基调和风格。对员工来说，企业组织的风格和自己的生活方式是否匹配有着决定性的意义。

经营方式是麦肯锡的七个"S"之一，主观因素较多，计算估测较难，也很难进行分析。但是，每个企业或者公司都有自己独特的风格，这决定了该企业的企业文化和管理方式。

"Style"的本质就是"不发生变化的东西"。比如企业高层经常改变经营方式的话，就会给部下带来很大的麻烦，从来也不会有人问"这周的经营方式是什么"，风格也不是一朝一夕能够掌握的。正是这个原因，一旦确立了风格就不容易改变。

卡洛斯·戈恩（Carlos Ghosn）引进了新的经营方式，因此在1999年以后日产汽车公司堪称凤凰涅槃浴火重生。改变经营方式意味着企业组织的各个角落都要全面地改变工作方式（参照"transformation"一项）。

下面对笔者关于"style"的看法进行整理归纳：

"Style"就是个性。"Style"以哲学、嗜好为源流，经年累月，不断升华、日臻精致。这样，"style"就成为企业的节奏，体现在所有的经营活动和商品中。

"Style"意味着差异。始终与别人或者标准性的东西有差别，这样才能产生个性，拥有完整的"style"就是很有效的差别化策略。

"Style"就是讲究。我们常说"神在细节中"，只有将自己独特的讲究、嗜好贯穿在细节中才能形成完整的"style"。

"Style"就是一根筋，只有反复练习才能获得，一旦获得了之后就会重复。"Style"是通过持续性和一贯性形成的，因而本来就是保守的。

"Style"是可以改变的。从理论上讲，"style"是保守的，如果做好心理准备下定决心的话也是可以改变的，只有如此，才能对企业组织实行变革。

"Modern style"的意思是"摩登样式"。"Japanese-style food"的意思是"日本料理"。"A colloquial style"的意思是"口语体"。"Out of style"的意思是"已经不流行了、已经过气了"。"The style is the man"的意思是"文如其人"。"The tribe's traditional life style no longer exists"的意思是"那个部落的传统的生活方式已经不存在了"。"Investment style"的意思是"投资方式"。"Management style"的意思是"经营方式"。

相关词汇 〉 **Culture, Structure, Transformation**

Sustainability

从下面持续支撑的力量

"Sustainability"的词根"tain"的意思是维持或者支撑，"tain"的词源是拉丁语的"tenere"。因此，"sustain"的意思是从下面支撑。因为是从下面支撑，因此可以长久。"Sustain"加上意为可能性的后缀"-able"就是"sustainable"，意思是"可持续的"。"Sustain"的名词是"sustainability"，是与环境问题密切相关的关键词。

　　"Sustainability"的意思是可持续性，指的是人类的活动能够持续到将来。"Sustainability"是思考21世纪的科学、经济或者经营活动时不能绕过去的一个关键词，在"sustainability"之前出现的是"sustainable development"，译为可持续性发展。在1987年的联合国报告中对"sustainable development"下的定义是："我们这代人不要损害下一代人为了满足需求的能力，在这一前提下满足我们这一代人的需求。"提出这一概念的背景是地球暖化、酸雨和全球性环境问题。

　　对企业来说，"sustainability"就是企业要持续性地保障收益，持续性地进行经营活动，将来也能持续性地为企业利益相关者（参照"stakeholder"一项）提供价值的可能性。企业要考虑的不仅是自己企业获得利润，还要考虑如何为社会这个生态系统做出贡献，因此，"sustainability"与"企业的社会责任"（corporate social responsibility，即CSR）有着密切的关系。企业的社会责任里面还包括企业直接参与环保活动。企业在进行经营活动时要时刻挂念着将来的社会，这样做的话自然而然就能担负起企业的社会责任。

　　在论述经营战略时，"sustainable"这个词的含义就会缩小。也就是说，实施经营战略的目的是获得可持续性竞争优势。而今，不论什么商品都很快会被通过逆向工程的方法模仿，为了能够真正构筑可持续性的竞争优势，必须提高能够经常开发并提供优秀产品、服务的企业组织能力。随着"sustainable"这个词的频繁使用，经营战略论和企业组织论之间的距离逐渐缩小。

以前的经营战略论的大前提是"行业"，在行业这个框架中思考如何在市场地位的竞争中获胜是至关重要的（参照"positioning"一项）。

也就是说，在行业中的企业数目是一定的，自己要和在同一行业的其他企业争名次。然而，其他行业的企业通过技术突破开始进入这个行业，与原有的企业进行竞争，这种案例不在少数。另外，随着全球化进程的不断深化，而今不论在哪个行业都面临着和全世界的企业进行竞争的状况。

观察在这一新环境下依然保持着可持续性竞争优势的企业，可以发现这些企业并非在商品和技术上完全实现了和其他企业的差别化。这些企业通过在和顾客、社会、投资者、员工、供应商、合作企业等所有的利益相关方的关系中提供优良的价值，构筑了一个企业生态系统，真正强大的企业拥有不断提高自身的超能力。

能够提高自身组织能力的企业不断拉开了与其他企业的距离，而且企业的组织能力并非自上而下提高的，而是自下而上提高的，"sustainability"这个概念为我们提供了一个从与以往不同的、从低角度思考问题的暗示。

"Learning for sustainability"的意思是"为了可持续性而学习"，这句话是2005年爱知世博会的地球市民村的题目。"Environmental sustainability"的意思是"环境的可持续性"，这是环境问题的一个关键词。"Achieve sustainable growth of our company"的意思是"我们公司要实现可持续性发展"。"Sustain a company's competitive advantage"的意思是"维持公司的竞争优势"。

相关词汇 **Competition, Sevelopment, Force, Positioning, Stakeholder, Strategy**

System

系、系统、体系、装置、制度、体制

部分合在一起形成整体

　　"System"的前缀词"sy-"和"syn-"意思相同，都是"合成"的意思。例如"synergy"的意思是"营造合成效果"，"synthesizer"的意思是"发出合成音的电子乐器"，"synthesis"是辩证法中"正、反、合"的"合"。"System"的词根"stem"的意思是"竖起来"。"Systema"是希腊语，意思是有组织的万物、整个宇宙，到了拉丁语演变为"systema"，进而演变为英语的"system"。

　　"System"是一个很令人费解的概念，很难理解其本质。自然科学的研究人员会说"system"是一个系统，很多人认为"system"就是指"IT system"，有些人会在脑海里浮现出会计制度，有些人会联想起整体厨房，各种各样。

　　"System"这个词乍一看有很多内涵和外延，但是究其本质就是"合成"，部分与部分相关联，形成整体。即便是单独、单个不能成立的东西，合在一起就能成立。"System"并非单个要素的简单罗列，多层面的相互依存关系才是"system"的本质。下面笔者以"合成"这个含义为主线，对"system"的用法按照从具体到抽象的顺序进行论述，详情如下：

　　　　1. 意思是系统，"公交系统""系统性学习法"等就是典型案例。分成几个部分再进行系统整理，在进行每个部分的工作时也能看到整体图。

　　　　2. 输入输出系统，计算机系统就是典型例子。

　　　　3. 指个别要素组合在一起的整体，整体厨房就是个典型例子。

　　　　4. 表示制度的意思，麦肯锡的七个"S"之一就是"system"。报酬制度是人事制度的一部分，也是企业制度的一部分，一个系统成为更高层次的系统的构成要素，进而形成更大的整体。

　　　　5. 各个构成要素之间相互关联，形成一个整体上的大的秩序，这种理解把"system"看作一种状态。把生命、环境称为"system"就是基于这一理解的一种观点。

"我想系统地学习。"在这种情况下"系统地"的意思是"systematic"，"systemic"也是"system"的形容词，在世界经济危机中金融所具有的系统性风险一览无余。"System"这个词有时候可以作为形容词来使用，有代表性的例子就是"系统性思考"，这种思维方式强调重视事物"合成"这一点，重视的不是个体而是整体的关联。

"System"本来就不是静态的，一个变化影响到其他，其他变化再影响到其他，最后又回到自己本身，周而复始。系统性思考的要点之一就是"leverage point"（平衡点），"leverage"就是杠杆，"point"就是有效的支点。阿基米德有句话非常有名："给我一个足够长的杠杆和一个支点，我就能把地球撬起来。"

社会和企业组织就是"system"，人际关系错综复杂，有一个"琴弦"就能够撬动整体或对整体产生影响和效果。相反，有时候"不协和音程"就会露出狐狸尾巴，暴露整体。按摩的穴位有可能在与疼痛部位不同的令人意外的地方，如果只按疼痛的地方的话是不起作用的，应该掌握整个身体的情况进行按摩，这样才能治病，这种做法从某种意义上来说就是系统性思维方式。

"An educational system"的意思是"教育制度"。"A taxation system"的意思是"税制"。"The decimal system"的意思是"十进制"。"The circulatory system"的意思是"身体的循环器系统"。"The bicameral system"的意思是"两院制度"。"Single-seat constituency electoral system"的意思是"小选举区制度"。"A system of production and sales, called wholesale system"的意思是"被称作批发制度的生产和销售制度"。

相关词汇 〉 **Function, Organization, Structure**

Talent

才能、素质、有才能的人

增加钱的人

"Talanton"是古希腊的重量单位，"talentum"是古罗马的重量单位，用于称黄金的重量。一种说法认为"talanton"是指33千克左右的黄金。此外，"talanton"也是通货单位，一个单位相当于数千天的工资。在《马太福音》第25章第14节至30节中，根据三个仆人的能力托付给他们"talanton"，从这个故事引申为"才能、能力"。

有个词叫"talent war"，意思是企业之间争夺才华横溢的人才，"talent"的词源"talanton"是表示金银的重量的单位，因此，"talanton"也用于表示货币单位，一个单位相当于数千天的工资。

在《圣经·新约》中有一个以"talanton"做货币单位的有名的故事。一个人要到国外去，就叫来了仆人们，把他的财产交给了他们，按各人的能力，给他们银子，一个给了五千，一个给了两千，一个给了一千，就走了。

这里的仆人就是"servant"，财产是"property"，能力就是"ability"，交给就是信托，也就是"entrust"，在英语中就是这样表达上述意思的。

那么，这三个仆人分别带来什么结果，主人回来后受到怎样的评价呢？接到五千的仆人将这部分钱增加了一倍，受到主人的大力表扬；接到两千的仆人也将这部分钱增加了一倍，同样得到了主人的夸奖，而接到一千的仆人对主人说："我把钱藏到了地下"，又把同等数额的钱还给了主人。于是，主人骂道："你个坏家伙，懒蛋！"

笔者没有资格讲基督教教义，因而只是把这个故事抽出来讲，认为这个故事和现代的经营思想一脉相承。在基督教中与神形成对照的仆人，从股东的立场来看就是公司或者企业的董事。总而言之，股东提供资金，过了一年就会让公司经营者做年度报告，如果资金量增加的话，股东就会表扬经营者；如果资金量没有增加的话，经营者就会受到股东的批评。

委托的资金额就是对那个人的才能表示信任的佐证，增加的资金额就是那个人的才能的证明，这就是现在"talent"这个词引申为表示"人才"的过程。

有才能的人才不是那么容易得到的，比如即便是在经济不景气的情况下，企业也纷纷争夺有才能的人。托马斯·皮特（Thomas J. Peters）这样问道："有没有人因为养着有才能的人而烦恼？"有才能的人多多益善，如果能够有人增加企业的资产的话有多少都可以。

"Talent"这个词在日语中是文艺工作者的意思，现在已经成为日式英语，产生了独特的意思，因此，在日语中已经无法理解"talent"这个词的本质。所以，我们应该再次回到《圣经》中咀嚼"talent"的本质含义，只有这样才能真正知晓欧美人是如何理解"talent"这个词的。其实，《圣经》是具有现实意义的书籍。这一点我们也应该牢记在心。

"She has a natural talent for music"的意思是"她有音乐天赋"。"He has a talent for generalship"的意思是"他是一个将才"。"A reservoir of talents"的意思是"人才的宝库"。"Her talent was quickly discovered by the producer"的意思是"她的才能很快被制片人发现了"。"The war for talent"的意思是"人才争夺战"。

相关词汇 **Asset, Competency, Trust**

Team

一起牵引的伙伴

古英语"togian"的意思是拉、拽的动作，由此派生出"team"这个词，意思是用来拉东西的家畜。"Togian"和"tug boat"（拖船）的"tug-"在意思上一脉相承。即便是今天，"team"还表示拉雪橇、拉车的动物，后来转化为朝着目的一起流汗、工作的伙伴的意思。在工业革命以后开始使用"team player"等词。

听到"team"这个词，有什么感觉呢？笔者在教室里问同学们这个问题时，回答"感觉到温暖和积极进取""感觉到有精神"的人很多，将同学们对"team"的这个印象和这个词的原意对照，可以说大体的感觉是正确的。

和"team"这个词组合使用的有"work""goal""play""spirit"等词，可以说这些是形成"team"的四个要素。下面笔者对包含这些要素的术语按照顺序进行阐述。

1. "Team work"的意思是团队不是一起玩耍的伙伴，而是一起工作的同事，因此，"team"本来就和"work"这个词很搭配。"Team work"也意味着团队朝着目的"很好地起作用"（参照"work"一项）。

2. "Team goal"的意思是组成团队的目的就是达到目标。设定个人目标的基本原则是里面包含挑战的因素，达到并非不可能的水准（参照"goal"一项）。在设定团队目标时需要注意以下两点：其一，必须发挥团队精神；其二，确定角色，任务分工，找准时机，齐心协力。设定团队目标时如果做到上述两点顿时能够鼓舞干劲。

3. "Team play"的意思是每个人同时扮演各自的角色，和团队的其他成员一道，一边思考整个团队的事情，一边行事。个人无论表演得多么出色，只是机械地凑在一起的话是比不过团队合作的。

4."Team spirit"的意思是团队精神，精神把向着目标的想法统一起来。当一个团队充满"为了团队"的心情时，整个团队或者组织会拧成一股绳，取得很好的成绩。团队精神这个词相对比较新，据说是在进入20世纪以后出现的。提到"team"这个词最耳熟能详的就是体育了。团队精神这个词用德语说就是"teamgeist"（团队之星），在2006年的世界杯足球赛上成为官方用球的名称，是阿迪达斯和拜耳联合开发的，这种足球比以前的足球更接近完美的球体。"Teamgeist"这个名称中也表现出两家公司合作的精神。

将团队独特的优点应用到组织运营中就是团队型组织，在专业公司中最能体现团队型组织的特征。每当出现新的项目就组成"team"，即便是在大企业中分割为小的自律性单位运营时也称"team"。

在总结上述"team"的用法时，笔者发现"team"这个词中的漂亮话、正面印象、正面含义比较多。但是，也有例外，最后笔者就这个例外进行阐述。以前，在东京涩谷有一种人称作"teamer"，笔者向经历过这些事情的人问了当时的情况，他们说道："涩谷的中心街道就是'teamer'，这已经是很早以前的事情了。因为组成团伙因此被称为'teamer'，穿着清一色的夹克，这是'team'的标志。他们也没有什么特殊目的，不过只是在街上游荡，大人们都离他们远远的。""Teamer"这个词已经过了气，没人再用了。以英语为母语的人听到日本人这样糟蹋英语会大吃一惊的。

"Form a team"的意思是"组成团队"。"A rescue team"的意思是"救援队"。"An undefeated team"的意思是"常胜军"。"Team policy"的意思是"团队的方针"。"Did you make the team?"的意思是"你进入团队了吗？""There is no 'I' in team"的意思是"在团队里没有'我'"，即要发挥团队精神，不要搞个人英雄主义。

相关词汇 **Company, Goal, Motivation, Role, Work**

Technology

技术的逻辑

"Technology"是由表示技巧的"tekbno"和表示学问的"logia"构成的词。希腊语中的"tekhnologia"的意思是就如何对待工匠（craft）、技术（technology）进行系统思考。在英国的工业革命达到顶峰时，"technology"引申为机械技术。"High technology"这个词出现在20世纪60年代，之后缩写为"high-tech"。

"Technology"可以翻译为技术、技能和技巧，可以看出三个翻译词里面都有"技"这个汉字。"Technology"有时表示工具有时表示工具的用法，是由表示技巧的"techne"和表示学习的"logia"组合而成的。技就是"logic"，这个词反映出希腊是学问的发祥地。

表达"技"的有两个英语单词，分别是"technique"和"technology"，那么，这两个词有什么区别呢？"Technique"是指特定的人的东西，而"technology"则是众多的人互相合作而形成的东西。进而，科学为"technology"提供支撑，可以说没有不是以科学知识（参照"knowledge"一项）为基础的"technology"，在科学中重视因果关系、要素的还原和再现。

如果明白了因果关系，就会明白为了产生好的结果该如何做，然后，才能应用到"technology"上。要素还原是科学的基本方法，"sci"的意思是分开、分类，这就是科学的"科"。如果能够将看起来复杂的东西分成要素的话，事物就会变得简单、可以理解。在科学中也很重视再现这个词，把同样的要素凑在一起在同一过程中进行试验，如果发生了相同现象就可以认为有再现性，这和具备了食材、食谱、烹调餐具就能做出饭菜是一个道理。

那么，"technology"的存在意义是什么？这是为了顺利地、巧妙地控制环境。可以说"technology"是个很好的东西，但是在使用时也有需要注意的地方，有时"technology"会像脱缰的马一样无法控制，有时我们会受到"technology"的控制，比如我们不能控制核能。

"High-tech"是技术的精华，但是技术越来越出现黑匣子化的趋势。人类自己创造的东西人类自己却控制不住，笔者认为很多人会隐隐约约感到这一令人恐怖的现象，尽管如此，我们也不能在技术竞争中失败。

西部迈指出："仅仅掌握了技术知识的人，只能在技术能够运用的范围内发现新的目的。"这就是技术主义。技术的意思是通过技巧制定对社会有益的机制，只有简单方便谁都会用，谁都能从中得到幸福的机制才是好的"technology"，家电产品、汽车因为满足了这一条件才开始普及，iPhone 和便利店也是如此。

商学院教授技术管理（management of technology，即 MOT）课程，这门课程是一个重要领域。顾名思义，技术管理就是对技术进行管理（参照"management"一项），也即是说用我们的手来处理技术。在不陷于技术主义的同时，我们还要创造灵活应用技术逻辑的机制，这本身就属于一种技术。

"Information technology"的意思是"信息技术"。"Cutting-edge technology"的意思是"最尖端的技术"。"Technology savvy"的意思是"精通技术"。"The product reflects the latest technology"的意思是"该产品反映了最新技术"。"It is not clear if this advanced technology has any market applications"的意思是"还不清楚这项先进技术是否能够商品化"。

相关词汇 **Knowledge, Management, Relationship**

Title

题目、职衔、称号

椅子、工作和能力

"Title"的词源是拉丁语"titulius","titulius"的意思是戏剧、书的名称。这个词进入古法语中演变为"title",进而进入英语,表示题目。意思是副标题的"subtitle"也用于指小标题、电影的字母。卫冕战也使用"title"这个词表示冠军的称号、名誉。人事领域的术语中"title"表示组织内的地位、职衔。

笔者这本书的"title"就是《提高你的业务能力:就是这样的 MBA 单词书》,在确定了"title"的时候概念也就确定下来,对拳击的世界冠军来说冠军称号是很重要的,对一本书来说题目也很重要。

在企业组织中"title"的意思是职衔,在公司中地位最高的"title"是董事会的老大董事长。董事长在英语中叫"chairman",意思是主持董事会的人。"chair"的意思是开会、总结,直译的话是"椅子人","chair"是中学一年级最早学习的英语单词之一,很多学习英语的人在单词本正面写上"chair",背面写上"椅子",正是这个原因,之后很少有人再次查字典。以前日语中有个词叫"腰挂就职"(意思是在找到目前这个工作之前临时做过的工作)。"腰挂"意思是坐,但是坐的是长椅,不是有靠背的椅子。主教的椅子、法官的椅子、公司老总的椅子都是有靠背的很棒的椅子,这与职衔密切相关。

"Chair"这个词的词源和"cathedral"(大教堂)是一样的,准确地说"cathedral"这个词来自"chair","chair"是权威的象征,也就是权力本身。

"Pay for position"是在美国出现的概念,表示报酬,意思是报酬是针对地位支付的。"Position"就是椅子,椅子就是"title",也就是说椅子和"title"关系密切。在日本经常说"几十万石的大名(诸侯)",说明地位和报酬关系密切,因此这并非不可思议。如果降格、从椅子上下来、职衔发生变化的话，工资也会降下来。

"Pay for job"这个概念中，报酬是针对完成的任务支付的，这属于职务工资。"Title"可以跟在职务和地位的后面，在现实生活中浑然一体，但是，职务和地位是完全不同的概念，这是因为职务与"do"有关，而地位与"be"有关。

"Pay for person"这个概念是日本的习惯，报酬是针对人或者能力进行的，其背景是通过定期人事变动实施的轮岗。一个人根据公司的命令，职务会发生变动，如果每当职务发生变动时在工资待遇上都有涨跌变动的话，员工是不会理解的。在这种情况下日本的公司引进了"针对人所拥有的职能（执行工作的能力而支付）"的概念，将对外使用的部长、次长、课长、系长等职衔和报酬分离来支付，这一制度在现在的日本企业或者公司中非常普遍。这意味着在日本公司或者企业中对职能也加上了某种"title"。

严格区分椅子、职务和能力这三个概念是很困难的，比如"chairman"这个"title"是赋予谁的？是针对董事长的椅子还是针对他或她所主持的职务？还是针对坐在那里的人的能力？事实上"title"是椅子、职务和能力这三个概念的混合，可以看出"title"这个概念的实质并不容易理解。

"Job title"的意思是"职衔"。"Title certificate"的意思是"权利书、资格证书"。"Title holder"的意思是"冠军"。"Title favorite"的意思是"冠军候补"。"Subtitle"的意思是"副标题"，但是在电影中是字幕的意思。"Title"的动词"entitle"意思是"被赋予权利"，如"Employees are entitled to paid leaves according to years of service"的意思是"员工根据工作年限可以获得带薪假"。

相关词汇 **Compensation, Concept, Officer, Positioning, Power, Work**

Transformation

变革、变形、变化

大幅度变形

"Transformation"的前缀词"trans-"的意思是移动、度过，词根"form"的意思是形状。"Form"的词源是"formare"，"formation"的意思是构成、编成。因此，"transformation"的意思是改变形态或者变形，不仅仅是变换组合，还指就像昆虫从卵经过幼虫、蛹的阶段变成蝴蝶一样，完全发生变形。在商务领域，"transformation"是指从根本上改变组织结构、事业结构。

"Transformation"就是完全变形的意思。斯坦福大学商学院的罗伯特·柏格曼（Robert Burgelman）是笔者的老师中给笔者留下印象最深的，他教授战略管理学课程。笔者曾经翻译过罗伯特的《战略就是命运》（日文版的题目是《英特尔的战略》）中的一章，这一章的题目是创业和变形。英特尔这个企业一直存在着，但是经营模式发生了巨大的转变。

据说达尔文曾说过："在这个世上生存下来的生物是最强有力的生物吗？并非如此。是最聪明的生物吗？也不是，而是那些能够适应变化的生物。"

有人指出上面一段话实际上是后世的人编造的，这一点姑且不论，环境变化了生物也要随之发生变化这一点是肯定的。变形、转变是生存战略，不过，是不是所有东西只要变了就是好的？很明显并非如此。必须区分"可以改变的东西"和"不得改变的东西"（参照"wisdom"一项）。

约翰·科特（John Kotter）写了一本书，题为《领导变革》，成为畅销书，在书中科特列举了在推行企业变革过程中容易犯的八种典型的错误：

1. 在还没有出现真正的危机时就急于进行变革。

2. 在推进变革时忽视了采取相关措施。

3. 低估了企业蓝图的重要性。

4. 在没有对员工充分讲解蓝图的情况下就实行变革。

5. 允许新的企业蓝图有障碍。

6. 忽视取得的短期成果。

7. 过早地宣布变革取得胜利。

8. 忽视将变革植根于企业文化。

规避上述错误并非不可能，如果理解到位、拥有充分的技术技能的话错误是可以避免的，至少是可以减少的。为此，科特如下建议道："重要的是要具有推进变革不可或缺的领导能力，而且这个领导能力是综合性的，远远超出优秀的经营管理能力。这是解决问题的关键所在。"

由此可见，要对企业实施变革需要强有力的领导力量。科特指出企业领导的作用在于"找准企业的发展方向，要有很强的经营动机，要鼓舞员工"（参照"motivation"一项）。科特的领导能力论被称作实施变革的领导能力（transformation leadership），也是对企业组织进行变革的领导能力。员工们会跟着鼓舞自己干劲的领导干下去，只有具有企业蓝图和工作热情的人才能对企业进行变革。实施变革的领导，需要以企业蓝图为根据，给予企业组织进行变革、让企业不断发生变化的能力。

"Transform heat into power"的意思是"将热转换为动力"。"Completely transform into something different"的意思是"变成与迄今为止完全不同的东西"。"Organizational transformation"的意思是"组织的变革"。"Transformation leadership"的意思是"实施变革的领导能力"。"This is a transformation in which imagination collaborates with memory"的意思是"这是将想象力和记忆力进行组合形成的变革"。

相关词汇 ▷ **Leadership, Structure, Organization, Vision, Wisdom**

Trust

信赖、信用、信托

由真实创作的东西

　　古英语"treowian"的意思是相信，"trust"和"true"（真实的）、"truth"（真理）的词源相同。因为是真实的因此可以信赖，而信赖创造真实。在古诺尔斯语中"traust"的意思是很强的信赖。后来，"trust"引申为企业联合体亦即托拉斯的意思，是为了减少企业竞争而采取的一种垄断形式。"In god we trust"（我们相信上帝）是美国国家的信条之一。

　　信赖是企业经营的基础，尽管如此，"trust"这个词仍充满了悖论。"Trust"这个词如果不小心脱口而出的话，信赖就会不翼而飞，只剩下怪异和不信任。越是口口声声说信赖，信任就越离我们而去，这真是一个不可思议的词。下面从为数众多的案例中简单介绍几个：

　　1. 如果有人说"你就相信我吧"，给人的感觉反而是无法相信。这是因为如果存在信赖关系的话就是不说这句话也会相信的，越说这句话越证明没有信用。

　　2. 如果有人对你说"不要相信我"，这时你会感到困惑。这是因为如果相信那个人所说的话，就意味着你不能相信他，如果你不相信他的话，"你不要相信我"这句话本身就不能相信，反而你能够相信他，这就是"自我提及的悖论"。有名的"克里特人的谎言"也和此是同一个系统的逻辑。

　　3. 如果大家当了间谍，最先做什么？要是我的话，首先是"投入对方怀中"，努力赢得信任。如果是这样的话，现在大家认为最能信任的人，就有可能是送上门来的间谍。就间谍行为，信任和背叛是一对概念，因此，就容易编造故事。

　　4. 假定大家是火鸡，会信任每天喂食的主人，直到最后的一瞬间火鸡都相信主人。火鸡总有一天会被主人杀掉的，可悲的是这时大家已经沦为刀俎之肉，最终也不会知道自己被主人背叛了。这是多么可悲的事情，然而类似的事情在人生中有很多。

5. 假定大家是小偷，大家会把目标瞄准在什么样的房子或者公司呢？据说有的小偷专门瞄准贴着保安公司的标识的地方。2007年被抓的小偷招供说："我认为能够和保安公司签合同说明这个办公室里有钱。"这件事情还上了新闻，听说了这件事情的真正的有钱人中，有人开始烦恼该如何处理保安公司的标识。

6. 契约这个概念中也包含悖论。在合同上签字是信任的佐证，但中国人常说："如果互相信任的话，为什么还把那么琐碎的事情写进合同里呢？"查尔斯·汉迪（Charles Handy）称此为"中国式合同"。

在扎扎实实、老老实实做好每一件事情之后自然就会产生信任。这是因为信任不是自己说"请相信我吧"，而是其他人看到这个人的行为感觉到的。在这一点上，信任和信仰不同，信仰是即便没有证据也相信。笔者认为只有在实践之后获得的信任才不会背叛自己。

"Establish one's trust"的意思是"构筑信赖关系"。"Trust bank"的意思是"信托银行"。"Trust to chance"的意思是"把命运托付给上天"。"Self-trust is the first secret to success"的意思是"成功的秘诀是首先相信自己"。"The best way to find out if you can trust somebody is to trust them"的意思是"发现你是否能相信某个人的最好的办法是相信他们"。"On trust"的意思是"从头到脚相信"。

相关词汇 ▷ **Confidence, Security**

Uncertainty

不可分类性

拉丁语"cemere"的意思是筛选，由此引申出拉丁语"certus"，意思是确实能够识别。因此，"certain"的词根"cert"，意思就是"能够区分的确实的事情"。"Certain"加上表示否定的前缀词"un-"就是"uncertain"，"uncertain"的名词就是"uncertainty"，而"uncertainty"的意思是不能筛选，在这一语境下引申为不确定。

现代的企业经营环境不确定性不断增加，"不确定性"简直成了表述现代社会约定俗成的说法。但是，不确定性真的一直在加重吗？有人对这一说法表示质疑："在原始社会的狩猎时期，人们不知道能否打到今天的猎物，那个时期的不确定性远远高于今天。"

从词源上可以发现，不确定性的意思是"很难通过筛子加以区分，很难筛选"。与其说不确定性是"不明白"的意思，不如说是"不知道如何分类"的意思。富兰克·奈特（Frank Knight）指出"uncertainty"的意思是"不能预测发生概率的威胁"，而"risk"的意思是"能够预测发生概率的威胁"。

约翰·加尔布雷思（John K.Galbraith）写了本书，名为《不确定性的时代》，成了畅销书。从那个时候起，"不确定性"这个词在日本开始普及。1977年，英国广播公司 BBC 播放了《不确定性的时代》的内容。1978年，日本也播放了这本书的内容，给日本社会带来了冲击。这本书的前言中写道："在鼎盛时期的经济思想中强调的是确定性、确实性，而当代的各种问题面临着诸多的不确定性。二者形成了鲜明的对比。"

日本经济高速增长时期，世界的经济氛围确实很好。1970年举行的大阪世博会打出的旗号是"人类的进步和协调"，人们也确实相信明天会更美好，当时就是这样一个时代。那时，日本的学生运动也开始进入收尾阶段，年轻人对此反驳说："上好高中考上好的大学，进入好的公司，这是家长给我们安排的人生道路。我们怎能任家长摆布呢？"虽说如此，正是因为经济增长很快，经济条件很好，年轻人才能说出这样的话来。笔者认为与经济萧条时相比，实际上这属于一种奢侈的想法。

据说，约翰·加尔布雷思着手写《不确定性的时代》这本书是在1973年左右，当时正好爆发了石油危机，从这时起，全世界开始进入了大的转型期。在此之前，时代氛围都是处于直线上升期，1969年，阿波罗11号在月球着陆，人类登上月球还是第一次，这就是这个时代的顶峰时期。然而，人们感觉到时代已经发生了某种变化。

不确定性未必仅是指时代变化这一宏观上的变化，不确定性也是个人所面临的问题。比如，一个人在企业组织中越是晋升，其面临的不确定性就会越大。

每天所做的工作是和规定的客户按照规定的顺序、手续开展工作，这些工作都是可以筛选分类的。在人才派遣公司把这种工作称作"filing业务"，意思是业务或者工作可以分类归档。与此相比，有些工作需要有高度的专业知识做出判断，有些工作和新市场、新产品关系密切，这类工作很难归档分类，这就是所谓的非定型业务。

由于不能把某项工作或者业务归为哪一类，因此只好暂且归类为其他，这样一来，归类为其他的业务就会不断增加，大概大家都会有这样的经历。在这种情况下，"filing"亦即分档归类则显得非常重要。由于不可分类性的程度越来越高，领导或者管理人员必须不断学习如何处理不确定性的问题。

"Try to manage uncertainty" 的意思是 "努力应对不确定性问题"。"I will clear up any uncertainties before the class begins" 的意思是 "在上课前我必须克服一切不确定性"。"Frank Knight explained the important differences between risk and uncertainty" 的意思是 "富兰克·奈特解释了风险和不确定性的重要区别"。

相关词汇 〉 **Complexity, Leadership, Management**

Unit

单位、单一体、一套、构成单位

既是一个也是所有的东西

"Unit"的词源是"uni"，意思是"一个"。"Unit"的意思是本身就能够完结的"一个"，是一个不能再细分的单一体，由此引申为表示测定某物时的单位。后来，"unit"开始与表示单一性的"unity"和"digit"混用。如果把"unit"本身作为一个整体来考虑，则作为单数来对待，如果作为针对整体的构成要素来定位的话，则作为复数来对待。

在本科或者研究生教育阶段，学生上了课后，会考试或者写读书报告，这样就能得到学分，在音乐领域也经常说"组成单位"，学分和音乐单位都是"unit"，这个词的词根是"uni"，意思是一个整体、一个。"unique"的意思是在这个世上唯一的，独一无二的。

对"uni"进一步追根溯源，会发现"onion"（洋葱）的意思。据说埃及在建金字塔时，使用的劳动力就是"onion"这个词，而"onion"和"unit"词源相同，如同洋葱剥皮一样。将"onion"这个词"剥一层皮"就会发现，这个词和"one"一脉相承。在葡萄牙语中"one"读作"un"，很多日本人会想起在上中学一年级学习英语时把"one"读作"o ne"（日语中是"尾根"）时哄堂大笑的尴尬场面。也就是说"one"就是"un"，"un"就是"uni"，"uni"就是"one"。

我们把强烈的伙伴意识称作纽带、团结。在发生东日本大地震和核电站事故之后，很多日本人开始认真就团结的意思进行思索，"unity"的动词就是"unite"。

纽带（在日语中写作"绊"）属于非正式术语，而表达纽带的正式术语则是"union"，比如英联邦的气质就是"union Jack"。"Union"这个词也是工会的意思，表示工作在第一线的员工们团结起来的意思。工会的正式名称是"labor union"。劳动者如果是一个人的话会很弱，如果结成"union"团结起来的话就能够与雇主对抗、斗争。本来，工会起着重要的作用，但是，在19世纪最初25年，在英国建立工会、开展工会活动是非法的。随着时代的发展，自由结社权、集体谈判权被认可为国民的基本权利。

在很多国家，本来工会是按照职业组织起来的，后来统一在一起，在各个行业成立了工会组织，得到了发展。与此相比，日本的工会到第二次世界大战后才发展起来，而且发展过程比较特殊，这就是"企业内工会"。在日本经济高速增长时期，企业内工会、终身雇佣、年功序列被称为三件法宝，企业内工会是日本式经营的特征之一。这样一来，日本的工会与公司，二位一体，被认为是一种良好的劳资关系，工会在日本的发展过程在外国人看来是不可思议的。

能够获得学分（unit）的地方、能够实现团结（unity）的地方、独特的（unique）学问领域大量集中的地方就是大学（university），大学这个场所也是知识的世界（universe）。与此同时，"universe"也有宇宙的意思，把洋葱（onion）切成圆圈的话，看起来的确像一个小宇宙。

"Unit"是一个也是全部，一个人要为全体服务，全体也要为一个人服务，这句话用英语说就是"one for all, all for one"，这就是"uni"。以"uni"为词源的词有单位、团结、联合、工会、宇宙、大学等，就像切成圈的洋葱一样不断扩展。

"Measurement units"的意思是"计量单位"。"A unit of length"的意思是"长度单位"。"Monetary unit"的意思是"货币单位"。"Unit cost"的意思是"单位成本"。"A unit with administrative responsibilities"的意思是"管理责任的单位"。"Unit"作为整体用作复数的例子有"small military unit"，意思是"小型部队"。

相关词汇 〉 **Labor, Learning**

Value

价值、真正价值

商务所追求的东西

在拉丁语中，"valere"的意思是"强的"，拉丁语"valour"的意思是勇武。这两个拉丁语在英语中演化为"valiant"，意思是雄赳赳、雄壮。另外，"vailere"也是"有价值"的意思，进而出现了"valence"这个词，意思是"原子价"。在古法语中，"value"表示"价值"，进而进入了英语。

商业、商务就是追求价值，因此，就包含"value"的商务术语而言，笔者能想到以下这些。

"Value proposition"，可以翻译为"价值提议"，意思是能够向顾客提议的价值。求婚时常说："我打算让你变得幸福"，这其实就是某种意义上的价值提议。

"Valuation"，意思是价值评估，这个词是在 M&A 时使用的最典型的术语："以什么价格购买某个企业比较合适？"不仅在并购时使用"valuation"这个词，大部分投资案例在进行决策之前都要评估投资的价值，这就是"valuation"。如果一方要给另一方东西，当然有必要调查、评估对方是否有与之相应的价值。比如："这个家庭是否具有把我的宝贝女儿嫁过去的价值？"相亲的过程在某种意义上说可以解释为相互之间进行严格的"valuation"。

价值投资也是一种投资方式，与增值投资比较来使用。关注股价今后的上涨属于增值投资，而价值投资关注的是股价现在较为低廉，也就是说与企业的本来价值相比现在的股价过低，市场忽视了这只股票本来的价值，结果这个企业的股票被不合理地低估了。价值投资就是着眼于确信被低估了的股票的一种投资态度。

不管怎么说，与本来的价值相比，发现价值被过分低估这一点可以说是投资的正确态度。不过，要进行价值投资的话，必须了解企业股票本来的价值，也就是说要有判断价值的眼力。

投资眼力就是看透别人没有发觉的价值时购买，等别人发掘了其价值，使价格接近其本来的价值时就要卖出。但是，这件事情是"说起来容易，做起来难"的典型，因为一般人看不透的事情，自己也看不透。如果没有相当程度的专业知识的话，是不会发现这个价格与本来价值相比明显被低估了，因此，投资眼力是很特殊的东西。这一现象不仅表现在股票中，绘画、古董也是如此，采购商进行采购也是如此。

在超市中有很多都是物有所值、物超所值的好商品，超市重视的是价格的低廉。与此相比，真善美、自由、正义、公正等价值概念并没有包含在商业价值中，这些是无法定价的至高的东西，属于另一个层面的价值。

个人的价值也属于无法定价的价值。个人的价值是指自己拥有的价值观、个人非常珍视的价值。比如对那些不想忙忙碌碌，而是想过有品位的生活的人来说，品味、高雅就是价值观。在物超所值的商品降价销售时，买了之后感觉到很划算、很高兴的人是和"品味"这个价值观格格不入的。

价值是由"价"和"值"两个字组成的，价就是价格，值就是本来的价值，这是一种解释方法。但是，价也有真正价格，值也有价格的意思，也就是说这两个字的意思也有混在一起使用的时候。追求价值就是商业，而价值有下述两种含义：其一是相对价格，令人感到相对便宜的价值；其二是无法定价的、用钱买不来的、具有至高无上含义的价值。其实，在现实生活中这两个含义是浑然一体的。

"Numerical value"的意思是"数值"。"Name value"的意思是"名字的价值"，也就是名声。"Atomic value"的意思是"原子价"。"Face value"的意思是"面值"。"Net Present Value (NPV)"的意思是"净现值"。"Economic Value Added(EVA)"的意思是"经济附加值"。"The value of achievement lies in the achieving"的意思是"实现的价值在于实现本身"。

相关词汇 > **Investment, Price**

Vision

视觉、未来的蓝图、将来的构想、展望

只有拥有愿景的人才能看到的东西

"Visual"和"visible"的词根都是"vis","vis"的意思是眼睛能看到的东西。"Video"的词根"vid"和"vis"一脉相承。"Vid"的词源有两个：一是"videre"，意思是看；二是"visonem"，意思是看、看得见的东西，能够看透的东西，能够预测的东西。"Vision"的意思是能够看透东西的洞察力，"vision"也是"只有看得见的人，才能看到未来的样子"。"envision"的意思是"在心中勾画未来"。"visionary"的意思是有先见之明。

"Vision"是与"看"有关系的词，是从内部涌出来的具有独创性又很确实的愿景，拥有愿景的人会看得很清楚。拥有愿景或者蓝图很重要，这一点不言而喻，然而，并非任何人都能看到蓝图。

当今世界信息化和全球化同时在进展，社会的不确定性越来越大，每向前走一步都是黑暗。在这种情况下，人真正需要的就是愿景、蓝图。愿景就是灵感，如果愿景在团队、组织中渗透的话就会起到注入精神、注入活力的作用。愿景如果受到整个组织的尊重，员工会心悦诚服地采取符合愿景的行动，组织就会拧成一股绳，齐心协力。

给组织和员工制定愿景、蓝图是领导的责任。员工们、部下们的价值观会在蓝图下统一起来，组织的每个成员都会产生很强的责任感（参照"commitment"一项），组织（参照"organization"一项）就会拥有生命力。另外，如果企业利益相关者理解了企业的蓝图的话，企业就能得到他们的强有力的合作（参照"relationship"一项）。

需要注意的是有些貌似"vision"却不是愿景、蓝图。"Vision"并非一篇作文，不论词藻有多么华丽，词句读起来多么抑扬顿挫、铿锵有力，如果华而不实的话很快会露馅的。如果在"vision"中使用的词汇空洞无物的话，就不能产生共鸣。制定愿景、蓝图的人首先自己要理解其中的内涵，用自己的话来表述，否则就不会有感染力，不会碰撞出火花。

"Vision"不仅仅是梦想，尽管描绘了美好蓝图的领导会清楚地向组织明示目标，但是到达目的地的过程则是灵活有弹性的，这种情况往往很多。如果不明示如何才能实现愿景、蓝图的话，那么再好的"vision"也只不过是画饼充饥而已。领导向组织明示实现"vision"的路线也是一种"vision"。

愿景、蓝图并非对未来模糊的印象，如果领导不明确指出如何在经营活动中将其付诸实施的话，员工或者部下就不会跟着你干下去。领导要明确指出这样做能够为社会做出什么贡献，还要明确如何给员工们带来幸福，只有这样，员工们才能热血沸腾，工作热情饱满。

"Vision"当然不是幻想、妄想。幻想是不存在的东西，而"vision"则是有朝一日总会成为现实的东西。但是，人并不容易区分愿景和幻想，愿景和幻想仅隔着一层窗户纸。"只有拥有愿景的人才看得到"的就是"vision"，而在其他人看来，这个"vision"只不过是幻想而已。

孙正义在创业第一天就向两个临时工明确指出了"信息革命"这一"vision"。然后，孙正义站在橘子箱子上发表演说，称"软银行在30年后就像卖豆腐的一样"。卖豆腐的数豆腐的单位是1丁、2丁（在日语中"丁"就是"块"的意思），同样软银行的销售额也是以1兆、2兆（"兆"和"丁"谐音，1兆=1万亿）计数。然后，在10年后的2010年，软银行的确像卖豆腐的一样，营业额达到了以兆计数的程度。

"Look into your heart and your vision will become clear"的意思是"看你的心中就会有清晰的蓝图"。"Vision"这个词在日常生活中也常用，比如"Wearing glasses would correct your vision"，意思是"戴上眼镜的话你的视力会得到矫正"。"The image of one's vision"的意思是"用自己的眼睛能够看到的蓝图"。"Double vision"的意思是"重影"。

相关词汇 > **Action, Commitment, Leadership, Mission, Organization, Relationship, Uncertainty**

Vocation

职业、天职

作为神的召唤的天职

"Vocation"的词根"voc"的来源如下：一是拉丁语"vocare"，意为向神喊、神的呼吁；二是拉丁语"vox"，表示声音。"Vocal"和"voc"的词源相同。"Vocation"是指用神的呻吟被叫的东西，"vocation"进而引申为具有带着使命感做的工作、天职等内涵的职业。在英语中"calling"和"vocation"有同样语感的氛围，和"vocation"一样也是"被叫的东西"。

在英语中表达工作的词有很多，每个词分别有着细微的差别，"job"的意思是一项完整的工作，"work"是指带来效果，能形成作品的工作，填入职业栏里的叫"occupation"，专业职务是"professional"（参照"work""professional"项）。

此外，表示工作的还有宗教色彩较浓厚的词，这就是"vocation"。"Vocation"源于"神的声音"，被译为天职，其意思是基于使命感、内心的冲动而做的工作（参照"mission"一项）。马克斯·韦伯说："产生资本主义的正是'vocation'这个词。"那么，为什么资本主义在基督教新教国家，比在天主教国家更能发展起来呢？为了回答这个问题，马克斯·韦伯写下了代表作《新教伦理与资本主义精神》。（大家回想一下欧洲的金融危机是在哪个国家发生的？）

在16世纪领导宗教改革的是基督教新教的加尔文。加尔文的教义如下：一是勤勉、节俭、禁欲，二是劳动在宗教上被认为是好事情。这些基督教新教的伦理道德发展为资本主义精神，这就是马克斯·韦伯的主张。

顺便说一下，在这里马克斯·韦伯在表达精神这个意思时用的词是"guist"，有两层含义：一是家具等物品谁都没有碰一下就发出响声；二是个德语词，表示勤勉、禁欲、节俭的精神。基督教新教的"guist"的教义之一就是集中精力做工作，这一点进而引申为每个人勤奋工作攒钱，积累资本，产生了资本主义。

其实，本来并没有人想发展资本主义，只不过是为了忠实地恪守宗教的教义而对自己的工作有自豪感，专心致志地做好工作而已。但是，就结果而言，整个社会提高了生产效率，积累了资本。

马克斯·韦伯为了表达工作这个含义，使用了德语词"beruf"，意思是神的意志或者神的召唤，与表达工作的英语单词"calling"和"vocation"意思接近。

在宗教革命以前，圣就等于不工作、不劳动，而俗才表示工作、劳动。加尔文主张接近神的道路不是待在修道院里，而是在现世勤奋工作。加尔文的这一主张从根本上颠覆了当时圣和俗的关系，意义不亚于哥白尼革命。人们为了得到自己是被神选择的人的确证，为了完成业绩，竭尽全力去工作。

在日语里一提起"天职"很容易误解为能够发挥自己天性的特殊工作。然而，资本主义精神的"天职"，包含在"工作是神的意志的召唤"这一概念中。

"Vocational school"的意思是"职业学校"。"Vocational education"的意思是"职业教育"。"I decided to make medicine my vocation"的意思是"我决定把医师作为我的职业"。"How can you make your vocation more like your vacation"的意思是"如何才能把工作当作休假一样"。

相关词汇 **Mission, Professional, Work**

Wisdom

心灵贤明

"Wisdom"来自古英语"wisdom","wisdom"是由"wise"(贤明)加名词后缀词"-dom"构成。词根"wis"的意思是"看得见",进而引申为知道、明白、有判断力。"Wise man"的意思是"明白事物本质的贤明之人"。"The three wise man"的意思是出现在基督教新约中的东方的三贤者(三博士)。

管理者、领导者的工作可以分为两类:其一,坚持经营战略和方针,不断开展业务;其二,为公司或者企业掌舵,大胆慎重地改变经营方向,这就是变革(参照"transformation"一项)。

这两类工作都很重要,不能变的事情要坚守,应该改变的要变革,最难的事情就是判断什么是正确的什么是不正确的。做出应该改变什么不应该改变什么的判断也是很困难的,而且不论做出什么判断,付诸实施也是非常重要的。

总是在变的人会让部下、员工感觉到跟不上,如果没有稳定性的话,不可能产生忠诚。但是,不能实施变革的人,部下也会离他而去。

有一个词叫君子豹变,这个词来自"君子豹变,小人革面"。这八个字的意思是:"小人只是装作顺从而已,而君子根据情况和必要像豹子一样发生变化。"

如果是真正的"君子"的话,不会害怕变化,而且假如条件、状况发生变化的话,不会执着于自己以前说过什么,会果断地抛弃,改变自己的主张和行为方式。在这种情况下,真正的"君子"会就自己的行为方式、思维方式认真思考:应该改变什么,应该保留什么?这个做法是非常有必要的。为了理解这一点,一个名叫尼布尔(Reinhold Niebuhr)的宗教人士有一段祷文有参考价值。其实这段祷文已经有约定俗成的译文,笔者尝试了以下新的译法,以飨读者。

"上帝啊，请告诉我如何才能沉下心来，不改变不应变的东西。上帝啊，请给我坚强的意志、勇气，改变那些应该变的东西。上帝啊，请给我心灵之贤，让我辨别应改变和不应该变的区别。"

第一句话中的冷静、沉着是"serenity"，达到明镜止水的境地，是指内心的静谧。第二句话中的勇气、气量是"courage"。如果不克服恐惧就无法改变现状，进入新世界，也可以说成是内心的强韧。第三句话中有智慧，是"wisdom"这个词。为了将智慧与脑子好、脑子贤明加以区别，笔者将"wisdom"一词译为"心灵之贤"。

那么，"wisdom"的反义词是什么？笔者略加思考，想到了"小聪明"这个词。如果根据小聪明来实施变革的话，就会"改变了不该改变的东西，而应该改变的东西却没有改变"，这是最糟糕的一种情况。如果不掌握"wisdom"的话，能力和工作热情也会起负面作用。

佛教中的智慧是指判断、鉴别真理的心理活动（参照"knowledge"一项），目的是弄清楚深奥的本质，"wisdom"的词源就是"看得见"。无论是佛教中的智慧还是"wisdom"，都是鉴别的意思。"Wisdom"就是分辨正确的东西和不正确的东西之间的区别，进而付诸实施，用行动来证明自己的判断。

"Conventional wisdom"的意思是"社会理念"。"Wisdom of nature / mankind"的意思是"自然或人类的智慧"。"Wisdom tooth"的意思是"智齿"。"The accounting people are questioning the wisdom of spending so much on the marketing campaign"的意思是"会计对决定在市场营销活动上支出这么多表示质疑"。

相关词汇 〉 **Judgment, Knowledge, Transformation**

Work

工作、职业、劳动、研究、作用、作品

作品、工作

"Work"的意思是较为系统、大型的劳动。"Work"这个词来自古英语"we（o）rc"。"Work"也有研究和学习的意思，如"homework"。"Work"不仅指工作过程，还从这个意思引申为产物，有时候还是"作品"的意思。但是，表达收入时不使用"work"这个词。与"work"相比，"job"的词源是"干草山"，因此，"job"的意思是"用车运干草的动作"，转化为一项具体的工作或者任务的意思。

表达工作这个意思的词有好多，笔者在其他章节讲过的就有费事的工作（labor）、在神的召唤下从事工作（vocation）。在这一部分，笔者将讲解与工作有关的重要的词"work"，在讲解时为了突出"work"的内涵，采取了与"job"比较的方法。

首先，我们先讲一下"job"这个词的含义。在表示工作的词汇中，"job"这个词是最常用的，它的意思是短期的临时工作，通过这一工作可以获得收入。因为"job"这个词给人的印象有点"随便"，在正式的文书中不怎么用，这是笔者在人事部门第一线了解到的对"job"的印象。

在表扬别人时经常说"good job"（干得好），在这句话中的"job"给人的感觉并非一个很大的项目或者任务，而只是表示"工作状况或者进展程度不错"。虽然"job"也表示工作，但是规模并不大，意思是"这个工作结束后，进行下一项工作"，也就是说，"job"是每个场合、状况所需要的作业、工序的连续。在经济领域，经常听到"人尽其用"，这里的"用"指的就是"job"。

与"job"相比，"work"是一项规模较大的工作，有着明确目的，并且要出成效，里面也包含着努力的意思。此外，"work"还表示"能够很好地起作用"。比如在英语中经常说"it works"，意思是进展顺利，某个工作很有成效，运行正常，发挥了正常的功能（参照"function"一项）。

从体力劳动到研究活动，甚至艺术，"work"这个词的含义很广，"workload"的意思是负荷，"workforce"的意思是劳动力，"workplace"的意思是职场、工作单位，"workshop"的意思是作坊、创作室。

在《英语词义印象辞典》中对"work"的解释是"在音韵上能够感觉到力量，使出全身力气"。确实，在用力干活时会情不自禁地喊出"work"这个词。

"Work"还有作品、手工制作等含义。顺便说一句，"work"这个词作为工作的意思使用时属于不可数名词，而作为作品的意思使用时属于可数名词。

"Work"这个词还用于经济领域。曾任通用电气 CEO 的杰克·韦尔奇（Jack Welch）最先使用"work out"这个词，非常有名。"Work out"的意思是一种过程，即"尽最大可能将解决问题、改善业务的权限下放给现场第一线，这样就可以加快决策的速度并付诸实施"。"work"这个词里面包含着"彻底地在整个企业"改善业务的气势和干劲。

首先要在企业内部跨部门召集理解企业组织内课题的成员，成立小组。然后，小组的成员们群策群力，找出解决方案，拥有决策权的管理部门当场决定是否采纳这个解决方案。解决方案一经采纳就要付诸实施，这一权限要下放给小组领导。

本来"work out"这个词是20世纪初在拳击领域使用的术语，意思是"想方设法克服困难、做下去"。还有一个词是组合词"work alcoholic"（酒精中毒）。干工作是件好事情，但是工作过度就成了类似于酒精中毒式的工作狂，这是我们需要注意的。

"It took five years to complete this work" 的意思是 "完成这项工作花费了五年时间"。"Working memory" 的意思是 "工作记忆"，是指为了理解、学习和进行推理暂时记忆的信息。"Life work" 的意思是 "毕生的事业"。"Work and life balance" 的意思是 "工作和生活的平衡"。"Work style" 的意思是 "工作作风"。"He is constantly at work" 的意思是 "他总是在忙于工作"。"Clerical work" 的意思是 "单纯的事务性的工作"。

相关词汇 〉 **Business, Function, Labor, Professional, Team, Vocation Business**

X-culture

磨合的文化

"X-culture"并非正式的表达方式，"X"在这里就是"cross"的简略的表达方式。"Cross"是"跨"的意思，"culture"的意思是"耕作的东西"，亦即文化。在写法上可以写成"cross culture"两个单词，也可以在这两个单词之间加"-"符号隔开，写成"cross-culture"，特别是作为形容词使用时这种倾向更明显。一般将"cross-culture"翻译为跨文化，严格来讲应该翻译为"跨文化间的"。

笔者在写这本书时，负责编辑这本书的人制定的方针是"26个英文字母打头的词，至少每个字母安排一个词"，在写到"X"时笔者开始犯愁了。众所周知，以"X"打头的英语单词非常少，翻遍整本词典也找不到与管理、经营有关系的词。

编辑的要求虽然强人所难，但是想方设法达到这一要求也属于一种"管理"，于是笔者绞尽脑汁进行了思考，结果决定将"cross-culture"写作"X-culture"。在谷歌中检索"X-culture"，发现有126000条相关信息，由此可以断定这个词是存在的。

"X"在英语圈国家被认为是一个幽默、俏皮的词。比如有时候将"extra"（超群）写作"xtra"，也就是说将"ex"这个读法置换为"X"，很俏皮。"Xerox"这个词里面有两个"X"，因此看起来有些"紧绷"的感觉。

此外，将"Christmas"简写为"Xmas"，这里的 X 是表示基督的希腊语的第一个字母。也有说法认为"Xmas"的"X"表示十字架，"X"事实上就属于象形文字，这在英语中是很罕见的，十字架的英语是"holy cross"，笔者认为"X"在这两方面的因素兼而有之。

"X-culture"的"X"意思也是来自交叉形。本来在"culture"前面加上"X"是想凑数，但是没想到"X"里面还真有很多内涵。"cross-culture"的意思是"跨文化"，在全球化进程不断加深的情况下，人们越来越强调理解跨文化的重要性。笔者认为理解跨文化并不是那么简单的事情。文化是指"理所当然"的大前提（参照"culture"一项），排除文化和语言不同的人的过程就是一部世界历史。在很多情况下，觉得理解了跨文化实际上却误解了跨文化。比如日本的圣诞节说到底是日本式的，日本人自认为圣诞节的英语应该简写为"X'mas"，这也属于日本特有的错误，在英语中应该是"Xmax"。

即便在短时间内不能理解跨文化，也要积极尝试接触跨文化，否则是不会开启对其他文化的理解的。"X"所包含的意思是相逢、交流、磨合的组合体，对理解跨文化基本有三种观点：其一，认为"其他文化是不能真正理解的"，这是一种悲观的看法；其二，认为"这个世上存在着与自己的大前提不同的东西"；其三，"即便如此，其他文化也是可以接触的而且这种接触是建设性的"，这是一种信念。

对跨文化的理解偏差是造成根本性文化差异的重要原因，因此，笔者建议应该在接触跨文化时先暂时忘掉"跨文化"这个词，将其置换为"X文化"来思考，这样做比较合适。

笔者认为在理解"X文化"时有以下几个阶段：

第一，把其他文化看作外面的东西予以排斥。

第二，虽然不排斥其他文化，但是意识不到自己的文化与其他文化的区别。

第三，自以为已经理解了跨文化，但是这种理解只是浅层次的，实际上属于误解。

第四，在认识到不可能真正理解其他文化的基础上，努力去理解跨文化。

第五，让自己的文化和其他文化接触，找出共同点。

第六，通过让自己的文化和其他文化进行磨合发现新的东西。

笔者认为同样是"X"，最初对它的印象是"叉"，而这个叉逐渐转变为"cross"或者"X"，这个变化就产生出特别的价值。

"Cross-culture communication"一般翻译为"跨文化交流"，但是笔者认为翻译为"跨文化间的交流"更为恰当。"Cross-culture comparison"的意思是"跨文化间的比较"。"Cross-culture training"的意思是"为提高对跨文化的理解而进行的训练"。"cross-cultural management"的意思是"在跨文化状况下的管理"。

相关词汇 〉 **Culture, Global**

Yield

从生产活动中得到的果实

"Yield"源于意思是支付的古英语"gieldan",进而,"yield"从工业、农业的生产活动转义为产值、收获量。另外,"yield"也表示产出的意思。"Yield"和从中世纪到近世在欧洲各地形成的"guild"(工商业者的行会)是同一个词源。

日本企业定期进行人事变动,因此,很有可能出现一个外行空降过来做上级的情况。在某个企业,有一个人以负责财务的董事身份,调到了某个部门做领导,这个部门的某个年轻人去向新调来的领导说明情况,年轻人见完新领导后回到了自己的座位上,一副很遗憾的表情说道:"我们新来的领导连什么叫'yield curve'(收益曲线)都不知道,真让人失望。"

的确,负责财务工作的董事如果不知道"yield"的意思的话,是无法工作下去的。大概是董事本人学习不够的原因吧?当然,也有人会质疑这样的人事变动是否合适,但是,这事也不能都怪这个财务董事,这个词汇本身也有"责任"。之所以这样说是因为"yield"这个词因领域不同用法也各种各样,如果这个新任的财务董事是从生产部门调过来的话,会认为"yield"是产额的意思,具体是指理论上与实际上产出合格品的比率。

如果新领导是来自化学研究背景的技术部门的话,会认为"yield"的意思是收率,是指在发生化学反应后得到的实际收量和理论收量的比率。

如果新来的领导原来是市场营销部门的人的话会听说过"yield management"(收益管理)这个词,是指将收益最大化的市场营销的手法,即根据营销期设置不同的折扣率,使得在整体上实现收益的最佳化（参照"optimization"一项）。在航空业，降低空座率就意味着收益，这一经营理念也在其他行业开始应用。

在金融、财经领域，"yield"的意思是收益，其中"yield curve"就是一个代表性的术语，我们称其为收益曲线。

收益曲线是指在偿还期限之前，用图表来显示各种流通债券的收益。横轴的意思是时间，纵轴则是最终收益，是指直到最终偿还日一直拥有的债券。假如预测将来利息会上涨的话，曲线图越向右，收益越向上，我们把这称作"正收益"。相反，假如预测将来利息会下跌的话，曲线图越向右，收益越下降，我们称此为"负收益"。

新闻中经常说："随着利息的上升，国债价格就会下跌。"为什么会发生这样的现象？即便市面上的利息上升了，已经购买的债券的面值利率也不会上涨。与面值利率高的新国债相比，手头国债的魅力减色不少，因此开始出售手头的国债，这导致国债的价格下跌。从以低于面值的价格购入的投资家角度来看，该国债的收益率大于面值利率，假如市面上的利息下跌的话，会发生相反的现象。

在生产、技术、市场营销、财务等部门，因领域不同对"yield"的解释也有所不同。但是，"yield"这个词的灵魂只有一个，即"yield"就是成果、果实。笔者的这本书再讲一个单词就结束了，希望这本书的读者们能收获丰厚的果实。

"Compound yield"的意思是"复利"。"The land yields a good harvest"的意思是"这块地带来了丰厚的收获"。"Yield a return"的意思是"产生回报"。"The company's stock has a relatively low dividend yield"的意思是"该公司的分红较低"。"Yield to"的意思是"屈服、败给"。"Yield to none"的意思是"不输于任何人"。

相关词汇 **Finance, Interest, Optimization**

Zone

最终集中的状态

希腊语"zone"的意思是"带"，后来这个词引申为热带、亚热带等地带的意思。到了近年，出现了"in the zone"这个短语，表示在体育比赛中能够下意识地超常发挥。在经济领域也使用"zone"这个词，指的是一种精神极度集中，能够连续取得显著的业绩的状况。

"Zone"就是"带"的意思。在市场营销中，"volume zone 商品"是指卖得最好的一类商品，"price zone"的意思是价格幅度，"zoning"是指按照每个商品群思考摆放的场所，"golden zone"是指顾客的视线容易达到的货架的高度，"gray zone"是指既不是完全的白色也不是完全的黑色的中间地带，亦即灰色地带。

"In the zone"指的是一种在体育比赛中能够下意识超常发挥的状态，特别是体育运动员等在发挥出最高水平时感觉到的身心一体的某种特殊状态。在经济领域，"in the zone"指的是一种精神极度集中，能够连续取得显著的业绩的状况。"Zone"是本书的最后一项，笔者尝试着把渐入佳境的状态命名为"Z"。

进入"Z"的状态是指精神极度集中的状态，准确地说"Z"是降下来的东西。在思考"这是什么状态"之际，笔者经常使用的方法是思考"这不是怎么样的状态"。

1. 精神集中是指没有勉强做什么的状态，是自己真心喜欢的东西。此外，还要了解容易发生"Z"的时间、空间、环境等。起床后不久、睡觉前不久、暗处、安静的地方等，条件各种各样，因人而异。笔者认为在"Z"的条件具备的情况下，抓住时机最为重要。

2. 精神集中是指不同时做几件事情，如果同时这也做、那也做，就不会进入"in the zone"亦即"Z"的状态。有的人总是在上班的电车里进入"Z"的状态，或许这是因为在电车里什么事情都不能做。

3. 精神集中与精力不分散是同义词。为了做到精力不分散最起码的条件是尽量避免心情散漫，这一点非常重要。精力分散是因为有其他喜欢的东西进入视野，在短时间内屏蔽这些东西是行之有效的方法。

4. 精神集中意味着不受干扰。有时候会因为一点小事情就从"Z"的状态回到了普通的状态，这样的话，刚才还是天才的人现在就会变成凡人。比如就工具而言，用惯了的工具是最重要的。

米哈里（Mihaly Csikzentmihalyi）将完全集中、投入、进入忘我境地称作"flow"。在处于"flow"的状态时，人就会在某项活动中集中精力，与此同时，就会增强自制力。人完全感觉不到痛苦，感觉时间在一瞬逝去，以后想起这段时光时会说："那时的自己到底是怎么回事？"这说明精神高度集中。

"Flow"的体验只有在下述情况下才会出现，即并非简单到无聊的地步，也不是难度太大感觉不可能会做，导致内心非常不安，也就是说是一种有可能会做的可能性。换言之，可以认为"zone"是指能够产生"flow"的一个区域。

"Z"是英文字母表中的最后一个，"Z"本身就有终极、最后的意思。笔者希望读者能够培养谁都拥有的、精神高度集中的"Z"。

"Move out of your comfort zone"的意思是"离开舒适圈"。"A neutral zone"的意思是"中立地带"。"A safety zone"的意思是"安全地带"。"Chukyou Industrial Zone"的意思是"中京工业地带"。"A prohibition zone in golf"的意思是"打高尔夫的禁区"。"Zoning plan"的意思是"分区规划"。

相关词汇 〉 **Motication, Price**

Epilogue
尾声

一、要不断积累辨别词汇之间差异的能力

　　"Business school"（商学院）是一个非常耐人寻味的词。"School"是学习的场所，"skhole"派的哲学、神学是严格意义上的做学问的形式。在希腊语中"skhole"的意思是空闲，这意味着"business school"是个忙碌与闲暇共存的场所。笔者认为商学院就是一个"在百忙之中，忙里偷闲，快乐地研究商务的本质的场所"。

　　"本来这个词的意思是什么来着？"笔者经常在工作单位问起这个问题。比如在发工资之前，笔者会问："本来工资是什么意思来着？"但是，商务活动第一线非常忙碌，根本没有闲暇时间想这些问题，人们会以半责怪的口吻回答说："杉浦！你问的问题很有趣。但是，还是先工作吧。"但是，要是现在的话，笔者可以反问他们："那么，有趣（interesting）的本来意思是什么？""利息（interest）怎么会和有趣有关系呢？""同样是工作，英语中有许多不同的说法，你所说的工作到底是指其中的哪一个？"

　　正如笔者在前言部分讲过的那样，词汇是构成世界的基本单位。词汇就类似于砖，无数块砖垒起来就会建成"世界"这个坚固的建筑物，学习词汇就意味着巩固基础。但是，词汇单个来用没有意义，通过积累

每个单词的微妙的差异、区别才会有意义、词义。反过来说，只有理解了词汇的不同之处才能真正地理解词汇。词汇的微妙差异存在于与近义词的相关性中、使用方法的不同之中、具有相同意思的不同语言的单词之间，在不断积累单词之间的差异时才能形成一个整体概念。对笔者来说，这就是世界、宇宙（universe），能够学习这一点的地方就是"大学"（university）。

二、掌握整个星空的情况及世界的变化

单词的数量像星星一样多，星星的数量算上六等星用肉眼能够看到的共计约8000颗。用肉眼能够看到的是"半球"，也就是说是星星总量的一半而已，这个数量与高中生想要掌握的单词数量差不多。在这本书中选择的120个单词就像一等星、二等星那样重要，闪耀着光芒——至少笔者这样认为。

假如星空的整体面貌是世界的话，想方设法来理解这个世界就是这本书的另外一个野心勃勃的目的。在商务领域，会看到整个森林（整个社会）、树木（个别企业）、树叶（个人）。这三者的关系类似于思想、文章和单词的关系。拥有一个带有能够自由变换倍率镜头的望远镜就是笔者发自内心的愿望（desire）。顺便说一句，"desire"的"sire"本身就和星星有关系，"desire"这个词原来的意思是"想看到看不到的星星"。

这本书的原稿是笔者在五年前编制的题为"理解管理、组织人才的125个关键词"的英语词集。笔者以这本集子为基础，不将关键词局限于人才、管理领域，而是重新筛选了与整个管理领域有关的术语。从结果来看，新术语增加了许多。人需要一直学习，跟上语言以及思维的更替，这是不争的事实。

笔者在筛选术语时尽量做到各个领域的平衡，但是最终人才、组

织部分的术语更多一些，占到整体的三分之一。这一点说明笔者的世界观失之偏颇，是能力局限所致，希望读者予以理解和谅解。

三、用脑子来思考日常生活中的命题

选择哪个词、如何进行组合、在什么样的语境中使用因人而异，词就是人本身。大江健三郎写过一本小说《日常生活的冒险》。在这本小说中，主人公是个少年，名字叫斋木犀吉，如下说道："试着想一下，以前有道学家和哲学家，都用自己的脑子努力思考基本的命题，而且用自己的声音来表达。但是，今天不再有这样的人了。现代的人们认为在两千年的历史中就各种各样的基本命题已经做了充分的思考。因此，认为自己没有必要再思考了，而是买来一套百科全书放在书架上，这样就放心了。我很讨厌这种做法。涉及本质的事情的话，我都用自己的脑子思考，找出我自己专用的答案。"

据说斋木犀吉的原型是大江健三郎的姐夫伊丹十三，导演过《女税官》《女律师》等电影，上述这些文字让人联想到伊丹十三年轻时所说的话。

笔者阅读《日常生活的冒险》还是在大学本科的时候，当时是20世纪70年代末。笔者受小说中去冒险的齐木少年的影响，第一次去美国留学。当时，留学生的数量还很少，留学算得上是冒险，之后拼命学习英语。

以此为契机，在20世纪80年代初，笔者在汽车公司的国外部门开始了走上社会的冒险，目睹了日本公司积极在国外开展业务的实际情况。1988年，笔者带着家人第二次到美国留学。1990年，笔者在斯坦福大学商学院获得了 MBA 硕士学位。从准备到毕业，笔者一直在和英语"搏斗"。

之后，笔者在美国人经营的咨询公司工作，学到了战略和组织管

理的框架，然后在美国和英国的金融机构积累了人事与金融的现场第一线的工作经验。在这期间，笔者的上司一直是美国人和英国人，日常交流几乎都是用英语。

在2000年前半年，笔者又积累了新的国外工作经验。早稻田大学商学院在新加坡搞了一个项目，笔者为项目负责人。本来用英语上课就很难，又是在国外上课，更是困难。不仅如此，笔者还要负责和合作学校、当地政府进行交涉。当时，笔者连说梦话都是英语，真是痛苦不堪。但是，换个角度来看这个问题的话，这个时期英语真正成了自己的语言，和母语差不多了。当时，笔者并非在脑中进行日语、英语互译，而是获得了由英语、日语这两个原体系构成的两个世界。之后，笔者在东京开设英语讲座，主要教授留学生课程，一起完成英语论文。

四、自己制作单词本

世界这个整体由词汇这个部分组成，在词汇这个部分中包含着世界这个整体。因此，必须对词汇有明确的理解，否则就无法构筑自己的世界，和别人共享自己的世界也是不可能的。

笔者正在思考这个问题时，恰巧想起来刚才引用的斋木犀吉的话。就在商务领域使用的单词而言，不要仅读教科书的说明就认为已经理解了，要用自己的脑子再一次进行整理，这就是贯穿这本书的最基本的思想。

就商务领域的关键词而言，要一边往返于英语和日语两个世界之间，进行立体的理解。要找到每个词的词根，在具体的例句中根据自己的经验，从过去和现在两个角度进行理解。不要仅看词典的翻译，要对照着自己的经验用自己的话重新说一遍。笔者每当在商务领域遇到一个关键词，就重复上述过程。迄今为止笔者是这么做的，今后也会这样做下去。为了做到这一点，需要对自己的经验进行总结归纳，从中得出新的结论，创造新的知识，这是唯一的做法。

本来，单词本就不是别人给的而是自己制作的，单词本上的内容会不断增加，这是因为制作过程本身就是一种学习。因此，笔者希望读者们像上中学时那样制作"自己的单词本"，然后根据理解准备"自己专用的答案"，也可以成为其他人的参考资料。这就是本书的真正目的。

五、反省和感谢

有人主张"说话"就是将心里的东西释放出来。将自己说过的话写出来反复读是一种痛苦的体验，因为这无异于公开了自己实际上还没有真正理解某件事情的证据。有些事情是很尴尬的，但是自己不觉得，稀里糊涂过去了，有的时候还会发现自己做了更尴尬的事情，这真是丢丑。但是，只有以这些尴尬事情为动力才能重新开始，我们要相信最重要的事情是自我反省、深思。

在结束语（epilogue）说完之前笔者想再补充几句话。词汇就是"logos"（理念），"logos"这个词个人的印象是重而生硬，稍微换一下字母就是"logue"，意思是"说话"。"Prologue"的意思是"前言"，"epilogue"的意思是"结束语"，"epi"的意思是"上面的"，因此，"epilogue"的真正含义是"稍微再加上一点"。

这本书是为数众多的商务术语中，一小部分术语的目录（catalogue）。在写作过程中，为避免自言自语（monologue），尽量采用了对话方式（dialogue）。

笔者对早稻田大学商学院的60个在校学生、校友、已经找到工作的人、700多听过我的讲座的各位表示感谢。与此同时，我对新加坡商学院的早稻田南阳双语 MBA 课程的约100名学生表示衷心的感谢。在本书中使用的例句是由 CEL 英语解决方案最高经营责任者曾根宏先生提供的。这里笔者对曾根宏先生表示感谢。

对笔者来说，大学、商学院是非常难得的地方。现在令我感慨颇深的是在这里的每次相逢都是弥足珍贵的。从世界范围来看，"thank you""谢谢"等各种语言都有表示"感谢对方"这一心情的词，与此相比，只有日语中的"有難い"（感谢）这个词是"很难有、很难得"的意思。因为不总有才很难得，而不可能发生的事情也会出人意料地成真，这也是很难得的。

各位读者从前言读到结束语，笔者自知才疏学浅，各位能够耐着性子读下来，要谢谢各位对笔者的宽容。笔者的妻子智子一直以来与读者共度风霜，吃了不少苦头。在这里，笔者对妻子再次表示敬意，以此来做结束语，谢谢。

杉浦正和

出版说明

"早稻田 MBA 系列"丛书以早稻田大学开设多年的经典商业课程为蓝本，经多位授课教授整理、归纳、完善，旨在通过系统的讲解和来自大厂一线的案例，帮助读者立竿见影地提高业务能力。

众所周知，引进版图书的出版周期长，因为审批和翻译都需要较长时间。这就要求引进版图书的内容具备跨越时间的经典性，实际上这也是大多数出版方一直以来的思路。

显然，该丛书也具备这一特质。早稻田 MBA 商业课程多年来一直是该校商学院人气和口碑双优的经典课程；授课老师经验丰富、解读深入浅出，且都参与了丛书的撰写工作；丛书中所引案例皆为著名公司的真实案例，这也为丛书中的理论和方法提供了实际的参考。其中部分案例来自最早开课时的讲授内容，因其代表性且涉及内容不受时间影响，故保留，似乎也可作为该丛书略具经典性的佐证。

此外，因为原课程是日语课程，作者团队也是日文写作，所以原书中的许多表述和案例多采用日语读者的立场。对此，在译、编过程中，我们进行了部分优化，在不影响原意的前提下淡化了语言、文化的差异；仍有部分内容修改后或表述差异过大或导致阅读难度增加，经对比后保留原表述方式。请读者朋友在阅读时注意。